阅读成就思想……

Read to Achieve

阅读成就思想……

Read to Achieve

下一个风口

新质生产力驱动下的科创投资逻辑

THE NEXT TREND

邱伟 著

中国人民大学出版社
·北京·

图书在版编目（CIP）数据

下一个风口：新质生产力驱动下的科创投资逻辑 / 邱伟著． -- 北京：中国人民大学出版社，2024. 8.
ISBN 978-7-300-33005-1

Ⅰ．F276.44

中国国家版本馆CIP数据核字第2024GF4952号

下一个风口：新质生产力驱动下的科创投资逻辑

邱 伟 著

XIAYIGE FENGKOU：XINZHI SHENGCHANLI QUDONG XIA DE KECHUANG TOUZI LUOJI

出版发行	中国人民大学出版社		
社　　址	北京中关村大街31号	邮政编码	100080
电　　话	010-62511242（总编室）	010-62511770（质管部）	
	010-82501766（邮购部）	010-62514148（门市部）	
	010-62515195（发行公司）	010-62515275（盗版举报）	
网　　址	http://www.crup.com.cn		
经　　销	新华书店		
印　　刷	天津中印联印务有限公司		
开　　本	720 mm×1000 mm　1/16	版　次	2024年8月第1版
印　　张	15.5　插页1	印　次	2024年9月第2次印刷
字　　数	235 000	定　价	69.90元

版权所有　　侵权必究　　印装差错　　负责调换

本书赞誉

本书聚焦新质生产力赛道，囊括了投资于主流行业头部企业的经典案例。一众商战投资故事，虽深浅不同，详略有异，但剖荚得豆，探骊得珠，寓理论于辞采，隐内义于情节，使读者在舒适阅读中体悟到深刻的投资原理，对专业投资人和有志财经实务的读者都很有价值。

刘寒星
专业投资人，全国社保基金会原股权投资部主任

美国研究发现股权投资贡献了美国47%的IPO，美国市场76%的市值，89%研发开支。解决我国科技卡脖子的问题，培养出更多科技的独角兽，培育我国的新质生产力，股权投资至关重要。这本书揭示了如何在高科技领域进行股权投资的奥秘，又讲述了一个个鲜活的企业案例，值得一读。

刘民
香港中文大学金融学教授、香港中文大学EMBA（中文）课程主任

新质生产力的崛起正在改变我们的世界，而科创投资则是抓住这一机遇的关键。但投资不仅是资金的投入，更是智慧的较量。本书以纵览全局的视角，以案例为王,以故事为引,通过科技创新不同领域的真实案例和生动故事,揭秘了科创投资的内在逻辑,带你领略科创投资领域的风起云涌。在享受阅读乐趣的同时让你学习到投资的精髓,在感受投资魅力的同时激发你的创新思维,洞悉创业市场的无限可能。无论你是投资新手还是资深玩家,相信都能从中获得宝贵的启示。

韩鹏
亦弘商学院联席院长

在人工智能和科技革命的大背景下,资本的创新配置对于推动行业发展尤为关键。本书以纵览全局的方式,对经典投资项目进行分析,有助于提升读者对资本创新配置的认知能力,同时也为专业投资者提供了深入理解行业变革、预测新质转换的宝贵视角。这种知识的传递和分享,对于投资界的专业人士和对投资感兴趣的读者来说都非常有价值。

郑伟鹤
同创伟业创始合伙人、董事长

投资,就是在总结历史经验和教训的基础上,对未来认知的一种变现。本书既构筑了认知未来的思维框架,又生动地总结了经典的成功与失败案例。

方方
香港水木投资集团合伙人、清华大学教育基金会理事与投委会委员、
清华大学(香港)教育慈善基金执行董事

我认识邱伟多年,他具有丰富的产业背景,常年从事投资工作,以大道至简的方式勾勒出一幅幅投资风景图。本书不仅将风云变幻的商业情景与纷繁复杂的专业投资知识以讲故事的形式呈现,而且对每个案例都提出精彩的悟道点评和思考题,能够进一步启发读者思考、提升思维高度。

张开宇
某央企投资平台董事总经理

本书赞誉

本书采用类似于商学院案例教学的方式，浅显易懂、娓娓道来，体现了作者对行业的深入了解和透彻分析，全方位地阐述了"新质转换"的内涵。作者以前做过财经记者，又转行做了多年私募股权投资，使得全书易读、可读而且有思想深度。这是我读过的在创业、创新等方面较好地演绎了"何为新质生产力"的商业书籍。

高见
清华大学五道口金融学院金融学博士，曾任万达投资总裁、好买基金董事长

邱伟是互联网第一波浪潮的参与者，也是后续科技和创投行业发展的见证者，深刻理解科技投资行业的真正规律是什么。今天，人工智能已进入 2.0 时代，千行百业全面人工智能化，将使得我们大多数产业竞争越过初级市场化和简单商业模式 PK 的阶段，产能创业模式已经结束，高质量技术变革创新的时代已经到来。所以，无论是创业者、企业家，还是投资者，更应该注重核心能力创新和高质量科技革命带来的新物种机遇。"新质生产力"一词的应运而生也顺应了这一技术浪潮的到来。希望本书有助于所有投资者和企业家在人工智能这场大浪潮中至少可以"沾"点浪花。

李明顺
行行 AI 董事长、顺福资本创始合伙人、工信部工业文化发展中心 AI 应用工作组执行组长

我是一个天使投资人。这是一个寻宝者的游戏，我投资的项目大部分都不会成功，但我必须持之以恒地去做、去纠错，一步步使自己的认知成长和丰富。很幸运，我认识这本书里好多的创业者和投资人，作者的观察让我更加清晰地认识了他们。

张峰
天使投资人、中金汇财投资董事

科技创新从来都不是一蹴而就，而是九九八十一次渡劫历练，慢即是快，九号公司的历程充分证明了这点。本书通过探究过去发生的案例，让我们更好地剖析成功或失败的内因，有所增益，应对困难，学会前瞻，以增加创业者的勇气和必胜的决心！

高禄峰

九号公司创始人兼董事长

这个世界只有变化才是唯一不变的东西。当我们置身巨大的转型形势之中，无论创业还是投资，只有正确判断和抓住改变，才能拥有未来。可以说，财富的创造正是来自对变化的先机的把握。本书通过案例形式，带我们一起学习如何获取这种超强技能。

黄晓南

深演智能创始人兼董事长

邱伟一直行走在资本市场一线，投资于一级市场，跟众多囿于书房的专家有所不同，他的见识和判断更多受益于直面在场、鲜活的现实、变速的前沿和勤奋思考，读万卷书，行万里路，阅无数人，看到远方朝霞，也感受脚下泥泞——这些经验的积累和开阔的认知，弥足珍贵。这本知识读物，其倾心打磨，和盘托出，开卷有益。

陈楫宝

实业投资人，丝路规划研究中心理事，财经小说三部曲

《对赌》《黑金时代》《纸金时代》作者

曾经有人说过，如果说有谁能破解中国经济过去40年的增长密码，那一定可以获得诺贝尔经济学奖。可惜，直到今天，也没有一个令人满意的答案。现在，中国经济告别过去40年的经验，又走向了新时代，前景几何？众说纷纭。但不管怎样，新质生产力正成为一种共识。

邱伟的这本书，通过案例的形式，不仅生动地讲述了多个新质生产力公司的

发展故事，还从中给出了投资的核心逻辑。投资的密码的确是向前看，但向前看之前，我们需要仔细梳理那些已经发生在我们身边的、来自市场一线的案例。只有找到了出发点和方法论，我们向前才能不走弯路，投资更是如此。

市面上林林总总的关于新质生产力的书很多，但把问题谈透的不多。用案例进行全面分析的，更是十分罕见。相信读过这本书的朋友，根据邱伟的引导与分析，能看到未来30年中国经济的发展方向，从而紧握自己的命运。对于做投资的朋友来说，本书更是一本值得反复参阅的案例手册。

欧阳长征

阿尔法工场创始人

随着产业升级、技术创新，新质生产力的出现重塑了我们身边的经济环境，也使我们不得不重新面对投资方向。邱伟老师这本书既有对成功方向的思考，也有对失败案例的警醒，结合真实世界，给出创新下投资机会的战略思考方向。

二希

刘润读书会主理人

前 言

投资，投的是未来，绝对不是过去，也不是现在。

重要的事情说三遍：投资投的是未来，未来，还是未来。

请任何一位有志于进入投资领域的人，无论是专业的从业者，还是普通散户，都要牢牢记住这个重点。

很多财务专家，在投资上一再折戟，因为无论多么专业的财务分析，都是在分析过去。当未来和过去存在正向相关关系的时候，财务分析是有用的；而一旦未来与过去割裂，甚至变得毫无关系，那么亮眼的财务报表就成了坑杀投资人的利器。

很多散户，追涨杀跌亏钱，抱持蓝筹股亏钱，就连买入新兴产业的股票也亏钱。原因在于二级市场是股份最后的变现场所，是公司成长到成熟阶段再进行股份交易的地方。股市里交易的绝大多数股票，基本是成熟产业，少了一些未来的想象空间；而少部分新兴产业，则往往被广泛宣传后才会被股民所关注，那时的股价已经比较高了，而高股价早已透支了企业的未来。

如此说来，如果我们要投资未来，那些反映过去的各种指标，是不是就失去了其参考意义了？也不尽然，重要的是要看懂变化趋势，看懂行业，看懂产业链，才能明白未来在哪里。基于未来在哪里，把未来的价值映射到当下，就可以把握正确的时机，做到心中有数，尽可能降低亏损的可能性。

切记，关键是要抓住核心的变化。

尤其需要说明的是，有一种变化，它会给投资人带来数倍、几十倍甚至几百倍的回报，这种机会，在一个人的一生中，只要抓住一次，对专业人士来说，就收获了顶级的工作成果；对于散户投资者来说，就一举实现了财务自由。

这种变化就是：某些由科技创新驱动的新质生产力，有可能会给产业带来的革命性变化，并深深地改变产业方向。在本书中，我称之为"新质转换"。

新质转换将彻底重塑产业及其周围的经济环境，并向外衍生出无数种可能，这都给投资带来了良机。

举例说明：2013年，在特斯拉股价还只有7美元的时候，来自英国爱丁堡的老牌投资基金柏基投资（Baillie Gifford）就开始买入特斯拉，持股最多时一度成为仅次于创始人马斯克的第二大股东。持股近10年，在股价处于高位时，柏基投资一直在套现。投资特斯拉为柏基投资带来近150倍、300亿美元左右的收益。

这笔投资之所以能够成功，是因为早在2013年，柏基投资就预测到了特斯拉所采用的电动车路线，将在绿色环保路线的大趋势下，做到降低汽车全周期运营成本的同时，对汽车进行电气化、互联网化改造，以适应未来的人工智能和新能源时代。

特斯拉所代表的技术路线，极大地撼动了全球汽车界，整个产业为此变革，因"新质"而"革命"。

时间再往前拉，始于20世纪90年代末的互联网行业大发展，几乎颠覆了整个信息产业。这股互联网浪潮席卷全球，造成了2001年的互联网大泡沫，泡沫摧毁了海量资本，但再次沉淀后又造就了谷歌、Facebook、亚马逊等巨头公司。那些正确地预判这一产业革命及其产业链波及范围的投资者，日后都享用了命运的馈赠；而盲目跟风踏入泡沫的人则赔得血本无归。

2007年伊始，商界传奇乔布斯，一身朴素的穿搭，站在经典的产品发布会舞台上，以略带调侃的口吻宣称要发布一款新奇的产品，它是带触摸屏的iPod、手机和互联网设备，它实质上是把这三项功能集于一身的全新产品，它的名字叫作iPhone。

自此，iPhone手机横空出世，仅仅迭代到iPhone 4款型时，iPhone即展现出其惊人的生命力。各种模仿和跟随的智能手机、各种价格便宜的智能手机相继出现，其拓展的边界，直到覆盖原有的互联网，并将之融合达到了更高的高度。从2007年iPhone的发布，到2010年iPhone 4的出现，这期间可被称为"iPhone时刻"，这是确认新质转换的重要时间点。

智能手机是名副其实的新质的颠覆性创新产品，其对旧有的数码产品市场的冲击堪称摧枯拉朽，原先功能机时代的霸主诺基亚在短时间内迅速陨落；智能手机自带的拍照功能，干掉了整个数码相机产业，连专业的单反相机都深受影响；手机附带的电子手表、随时听等各种功能，基本上让日本小型电子产品消费领域直接整体崩溃，更让国内各种MP3、数码相机等电子产品随之一同消亡。当时凡是没看懂这个趋势的很多产业人和投资人都深受其害。

而受益于智能手机的各种App如雨后春笋般涌现，塑造了阿里巴巴、美团、滴滴、京东、百度等一批世界级公司，微信的诞生也让腾讯跨上了新高度。在4G网络的叠加驱动下，直播、短视频平台诞生，一个个新媒体颠覆旧媒体，囊括抖音、TikTok、今日头条等一批App应用的字节跳动集团，已显露出要成为下一个腾讯之势。

这就是新质转换所带来的巨大威力。

形成新质转换的因素有很多，有时是一种新技术，比如互联网；有时是一种新产品，比如iPhone；有时甚至是一种结构性的变化，比如国际关系的变化导致国产替代成为国家战略选择的时候，一些依附于国外产品的产业就会瓦解，而基于区域科技创新的国产机遇就会到来。

影响经济和行业的各种因素，每天都在变化。国家工信部一直在发布行业政策信息和指导意见，通过补贴、引导等各种方式促进关键技术和新兴行业的形成。在种种看似蛛丝马迹，实则极为关键的动态变化之后，如果能够广泛阅读，再辅以思考，就可以确认一个领域的新质转换成立。

一旦新质转换成立，就意味着一个行业较大的结构变迁已然形成。如果能够分析推导出谁受益、谁受损，谁是转换后的行业领先者，新的产业链构成图景等，那就意味着先人一步，提前受益。

但这点说起来容易，做起来很难。需要对产业有着长期浸润的观察与思考，才能发现新质生产力下的转换点。对于大多数人而言，钻研产业固然重要，但启迪思维则更为关键。

我此时就想起了故事的重要性：如果能够把新质生产力所涉及的一些新兴行业，以案例故事的形式展现出来，在故事中带入对具体行业的观察思考、带入对具体项目的投资与收益结果的分析、带入对具体项目创始人与管理模式的分析，那么是不是就能启迪思维，精进新质生产力领域的投资能力了？

带着这样的目的，我试图以纵览全局的视角去择取案例：在行业上，尽量覆盖目前主流的新质生产力赛道，包括人工智能、半导体、新能源、数字货币、创新药、数字经济等几大类，基本上囊括了主流行业和头部知名公司。以这些案例故事为线索，试图进行行业分析、投资分析及管理模式分析。

需要说明的是，这些案例里面，并不全是成功案例，我特意加入了某些失败案例，还有些分不清成功还是失败的中间形态。这些都是想告诉读者，对创新行业的投资，并不是简单的顺势而为，追逐风口就能一飞冲天，而是波涛汹涌，充满了未知的冒险。对失败的反省，与对成功的检视，都处在足以提升认知的重要位置，这是本书能带给人们思维启迪的重要部分。

为了更好地分析传统行业如何在新质生产力时代被渗透与影响，我还特意加入了咖啡店、生鲜、服装等传统行业,通过讨论它们的数字化赋能过程,来展示传统行业改造的成功或失败案例。这些行业与生活较为贴近,相信更能启迪非投资人的读者。

在每篇案例之后,我会总结一些简洁的投资方法,比如:投资如何选择?怎么估值?风险怎么规避,等等。关于这些方法,我总结在了每一个案例结束后的"投资悟道"里。为了更好地启迪开放性思维,我通过提问的方式,为每篇案例加上了"像投资人一样思考",想让这些题目进一步引导读者的思维。

相信案例的力量,就像一堂堂MBA课一样,会给所有人,也包括我自己,都带来满满的收获。

本书的写作遵循了以下原则。

首先,遵循"上帝原则"。写作是为了给读者看的,那么读者就是本书的"上帝"。我把自己置于读者的位置,想象他们是什么人,想要看什么样的内容,以什么样的方式呈现给他们。

可以肯定的是,读者不可能全是专业人士。那么,关于金融的和某些行业的一些简单原理就有必要简单地解释一下。所以,请专业人士少安毋躁,多读一些粗浅的解读,也算是对既往学习的巩固和提高了。

读者肯定想看对自己友善的文字。谁也不想劳累一天拿起书时再体会学习的痛苦。因此,在本书的写作风格上,我力求简洁明快,偏口语化,再加上些许故事性;故事与故事之间,力求做好衔接。但有时为了多讲些方法,趣味性就会逊色些,请读者多担待。

其次,遵循正面乐观原则。站在同一片土地上,远方有朝霞,脚下有泥泞,看到什么取决于我们是昂起头还是低下头。本书不是对"泥泞"视而不见,而是给读者以信心,为读者送去诗与远方的宁静。

在一些晦暗不明的时刻,更希望读者能够通过阅读本书的产业分析,能够看清楚新兴的科创产业,能够对国家、对民族的未来建立强有力的信心。信心是盏明灯，足以带领我们穿透迷雾。

最后，遵循奥卡姆剃刀原则。奥卡姆剃刀原则强调如无必要，勿增实体，即"简单有效原理"。所谓简单，就是本书务求简单化一切定理、一切复杂的行业分析。波特五力模型、SWOT分析等各种专业与模型，不是咱不会，只是想要简单化，只说读者最需要的东西，只为让读者抓住投资行为中最核心的部分。所谓有效，是讲故事只为让读者读起来舒服，但不能妨碍结果的呈现。结果就是要让读者读后有思考、有提高。

读者有所收获，作者所下的功夫就没有白费。

是为记。

邱 伟

目 录

序　章　投资"疯子"与新质转换信仰　　/ 1

  第一次全胜：雅虎　　/ 1
  为梦想买单的资本市场　　/ 3
  第二次全胜：阿里巴巴　　/ 5
  孙氏投资定律　　/ 9
  愿景基金的选择与偏差　　/ 12
  沦为笑柄的 WeWork　　/ 14
  WeWork 的周期谬误　　/ 15
  贪婪与野望　　/ 17
  超级 AI：能否重回正确之路　　/ 19
  投资悟道　　/ 20
  像投资人一样思考　　/ 21

第 1 章　人工智能的入局时机　　/ 22

  卖，疯狂地卖！　　/ 22

不盈利的新技术如何投资　　/ 24

一问：细分行业判断（好行业）　　/ 26

二问：产品和管理团队判断（好公司）　　/ 29

三问之一：估值中的早期估值（早期的好价格）　　/ 30

三问之二：估值中的中后期估值（中后期的好价格）　　/ 33

时机的选择：技术成熟度曲线　　/ 37

AI "四小龙"的转型进化　　/ 40

生成式 AI 时代来临　　/ 41

投资悟道　　/ 43

像投资者一样思考　　/ 44

第 2 章　自动驾驶的软硬面　　/ 45

早期的梦　　/ 46

案例一：图森未来　　/ 47

案例二：禾赛科技　　/ 56

总结评价　　/ 59

科学家创业的那些问题　　/ 61

投资悟道　　/ 63

像投资者一样思考　　/ 64

第 3 章　壁立万仞：中国 AI 芯片的追随之路　　/ 65

算力老仙，法力无边　　/ 67

从英特尔的衰败看芯片产业　　/ 70

芯片业的周期成长　　/ 73

三种路线　　/ 77

ASIC 与天寒地鉴　　/ 78

中国 GPGPU 来了　　/ 80

深夜潜行，实为顶流　　/ 82
超异构计算与存算一体　　/ 84
华人的璀璨群星　　/ 86
投资悟道　　/ 87
像投资者一样思考　　/ 87

第 4 章　比特大陆的狗血剧　　/ 89

炒币少年吴忌寒　　/ 89
技术狂人詹克团　　/ 91
辉煌的顶点　　/ 93
比特币本质：带有资金避险功能的数字藏品　　/ 94
硬分叉：豪赌 BCH　　/ 95
博上市：豪赌 AI 芯片　　/ 97
流年不利后现分歧　　/ 98
神马矿机，技术大牛的出走　　/ 99
突击：变更法定代表人　　/ 101
闹剧：办事大厅抢公章　　/ 102
和解　　/ 103
后续　　/ 104
"暴发户"的终局　　/ 105
投资悟道　　/ 106
像投资者一样思考　　/ 107

第 5 章　快就是药　　/ 108

不远万里来中国的美国人　　/ 108
远赴重洋又归来的中国人　　/ 109
名叫默克的"天使"　　/ 111

融资的快车道　/ 112

被快速跟进的 PD-1　/ 113

新基图什么　/ 116

替代者安进　/ 117

无奈的 PD-1 出海　/ 119

带点缺陷的 BTK 一代　/ 120

快就是药　/ 121

快速奔跑　/ 123

启示录　/ 124

投资悟道　/ 124

像投资者一样思考　/ 125

第 6 章　万马奔腾：创新药的中国叙事　/ 126

来自 PD-1 的惨痛教训　/ 126

ADC 药物的成功出海　/ 129

CAR-T 的传奇　/ 132

基因治疗的曙光　/ 135

创新药的资本周期　/ 140

投资悟道　/ 141

像投资者一样思考　/ 142

第 7 章　来喝一杯互联网咖啡吧　/ 143

开店闪电战　/ 144

第三空间的缝隙　/ 145

浑水：做空的暴利　/ 147

投资要义：对的逻辑要永远坚持　/ 149

争夺控制权　/ 150

咖啡饮料化 / 151

再次注资 / 151

回报 / 153

思辨新消费 / 154

投资悟道 / 155

像投资者一样思考 / 156

第8章 来自互联网卖菜的教训 / 157

是赛道的错吗 / 158

是前置仓的错吗 / 160

是客户的错吗 / 162

是投资人的锅吗 / 163

走正道，从事伟大的事业 / 166

投资悟道 / 168

像投资者一样思考 / 168

第9章 宁王来啦：一个神话的诞生 / 169

消费电子电池 / 170

二次创业 / 172

成功的逻辑 / 173

超越比亚迪 / 175

投资的时点逻辑 / 177

看到未来、看到能力 / 178

成长的顶部边界：清醒的认知 / 179

成长与周期之辩 / 181

投资悟道 / 185

像投资者一样思考 / 186

第 10 章　理想汽车：美团买的菜　/ 187

股价先行，变革还是泡沫　/ 188
全生命周期成本　/ 189
特斯拉的痛苦期　/ 191
新能源汽车的中国故事　/ 192
蔚来汽车的痛苦期　/ 195
对理想汽车的质疑　/ 196
泡沫破灭期提供的投资机遇　/ 198
增程与换电之辩　/ 198
强大的华为来了　/ 200
尾声　/ 201
投资悟道　/ 201
像投资人一样思考　/ 202

第 11 章　数字化下的收购进化者　/ 203

中国服装业的阿喀琉斯之踵　/ 204
收购 FILA 中国区经营权　/ 205
向零售商转型　/ 207
FILA 直营店狂飙与数字化模型　/ 208
收购亚玛芬体育　/ 209
大改造　/ 211
重新上市，100% 的回报率　/ 213
投资悟道　/ 214
像投资者一样思考　/ 214

参考文献　/ 215

序 章

投资"疯子"与新质转换信仰

2017 年的孙正义兴奋异常。

那一年阿里巴巴集团的股价屡创新高,市值创纪录地攀上 4000 亿美元,这意味着作为第一大股东、实际控制超 25% 股份的软银集团,其财富仅阿里巴巴股权投资这一项,就到了 1000 亿美元。

在巨大的财富光环效应下,孙正义决定再玩一把大的。他推动其控制的软银集团发起了一只史上最大规模的投资基金,规模达到近千亿美元。他将这只基金命名为"软银愿景基金"。而以沙特为主的中东土豪,再次为愿景基金慷慨解囊。

软银愿景基金是怎么投资的呢?孙正义想起了过去自己的两次大获全胜。

第一次全胜:雅虎

1996 年 2 月,孙正义在软银集团还处在起步阶段时,就以 1 亿美元投资了刚设立的门户网站雅虎(Yahoo!),持股 33% 并成为第一大股东。这笔巨额投资在当时毫无疑问是场"豪赌",因为就在投资的前两年,软银集团才在东京柜台交易市场上市（柜台交易市场类似国内的新三板），募资总额仅 1.4 亿美元。

当时的雅虎身处互联网的鸿蒙时代，最初是其他各种网站的分类导航站，其后发展了搜索引擎，最后叠加新闻资讯，成为门户网站。雅虎公司当时有员工 40 多名，基本没什么收入，完全是一家初创小公司的样子。

但孙正义做出了他人生中最重要的一个判断。这个判断基于以下两点预期及一点事实。

1. 当时新兴的互联网技术将全面改变人类社会——该预期无疑已经成为事实。
2. 门户网站和搜索引擎将成为重要的互联网入口，入口具备超级流量价值——该预期后来也成为事实，只不过最后的赢家属于开发出了独特搜索技术的谷歌公司（Google，后母公司改名为 Alphabet），而雅虎的搜索引擎与门户导航最后却关闭了。
3. 雅虎公司的创始人杨致远，毕业于互联网发源地之一的斯坦福大学，学有所长；在软银集团投资之时，无论是技术实力还是流量，雅虎都远远超过其主要竞争对手 Infoseek、Excite、Lycos 等公司（事实上，这三家主要竞争对手都没有赢得未来，谁都没有想到，真正的竞争对手谷歌在两年后才创立；而 Infoseek 的算法工程师李彦宏，要在 2000 年才回国创立百度公司）。

在以上三点逻辑的推动下，孙正义认为雅虎应该执行"烧钱"策略：通过快速花钱，在竞争对手还没有醒悟过来，或者还没有资源、能力占据市场前，迅速获得新生的市场份额，且这种份额在一定时间内具备一定的持续性或垄断性。在互联网的世界里，这种市场份额指的是流量。只要有了流量，就有了市场份额，也代表了占据未来世界的入口，即便公司暂时没有收入或巨额亏损，都不妨碍企业价值在

> 那时雅虎的许多人都认为他（孙正义）疯了，在 1996 年 2 月花 1 亿美元是要有很大闯劲才行的，但我认为他的成功不是靠运气，他是个能前瞻 15 年到 20 年的人。
>
> ——杨致远，雅虎创始人

资本市场上的表现。

有传言说，孙正义在对雅虎的投资开出了天价金额和第一大股东的条件，并要求雅虎执行"烧钱"策略时，曾经威胁杨致远：不答应条件就会转而投资雅虎的竞争对手，让竞争对手利用他投资的大额资金打压雅虎、抢走市场份额。在当时无人敢以如此金额大额下注互联网的时代，这个威胁确实是个撒手锏，让人无法拒绝。

1996年4月，仅仅在接受软银的投资两个月后，雅虎就在美国纳斯达克交易所上市了。上市当天交投活跃，以上市当天的收盘价计算，软银的投资在两个月内收获了250%的回报。这代表着资本市场的投资者们不仅完全接受了孙正义的三点逻辑，还对孙正义的三点逻辑给予了2.5倍的溢价收益。

随着越来越多的人感受到互联网技术和应用的普及，越来越多的投资者，无论是机构投资者，还是普通的散户投资者，逐渐形成了越来越强烈的"群体共识"，这种共识也将雅虎的股价推到了令人难以想象的高位。虽然软银最终的盈利数字难以计算，但软银大概在雅虎的投资上收获了200倍的回报。

为梦想买单的资本市场

资本市场为什么会给无盈利的公司那么高的估值呢？

一本正经地说，这是因为这些企业用严谨的估值模型一算，可能本来就值这么多钱。金融学中对企业估值理论上最严谨、最无可挑剔的模型就是现金流折现估值模型（discounted cash flow，DCF）。DCF模型就是把企业未来的现金流全部放到现在来衡量其价值，其计算公式如下：

$$T = \frac{D_1}{1+r} + \frac{D_2}{(1+r)^2} + \frac{D_3}{(1+r)^3} \cdots + \frac{D_n}{(1+r)^n} = \sum_{t=1}^{n} \frac{D_t}{(1+r)^t}$$

T：代表折现到今天的价值。

D：每一年的现金流，可以是正数，也可以是负数；正数代表企业在赚钱，负数代表企业在投资或亏钱。

r：折现率，包括无风险利率、通货膨胀因素、风险补偿因素等，简单地说，就是可以用稍高点的贷款利率替代。

这个公式看着复杂，其实理念很简单：就是别看我们开始几年不停砸钱甚至亏钱做事，但那是给未来打基础，一旦基础打好，未来就会赚大钱，未来赚的钱折现到今天，那么企业就有价值。

除了互联网企业之外，还有矿业企业、医药研发企业，都是先亏损、再盈利的模型。对比来看，矿业企业先投钱搞勘探和矿井基础设施投入，然后再挖矿卖钱；医药研发企业先投钱搞新药研发，然后再卖药赚钱；而互联网企业先投钱搞来流量，然后再对流量进行商业化变现赚钱。

所以互联网企业的价值，核心在于公式的分子端，尤其是难以预期的未来，如果未来的现金流非常大，那么企业价值就非常大。以谷歌公司为例，在2000年的时候，谁也无法想到20多年后，这家企业一年的收入可以高达3071亿美元（2023年数据）。

当一家企业走入资本市场，所有的投资人都会根据自己的预期与判断对企业予以估值，然后进行股票买卖，认为股价便宜就果断买入，认为股价贵了就卖出或者观望。每股的股价就是所有人或买或卖博弈后的企业价值（市值）除以所有股数。

在折现率既定的情况下，每个投资人对未来现金流的预期都不一样，那么心目中的企业价值或股价便不同。悲观的人认为没什么未来，都是编故事、炒概念，那么这些不盈利公司的高股价就是泡沫；乐观的人看到了广阔的未来，看到了互联网平台的垄断潜力，那么就会觉得虽然公司暂时不盈利，但目前的投资都是为了获取更美好的未来，亏损越多可能代表对未来的投资越大，将来占领的市场份额就越大,价值也就越高。

随着时间的推移,当预期逐步释放,比如雅虎公司在上市后,无论是流量还是收入都取得了超预期增长,这时对于未来的现金流预期,乐观的人就会增多,悲观的人则会减少,这将会推动股价上涨;当乐观的人足够多、悲观的人足够少,乐观已经成为群体共识,那么股价将涵盖所有乐观的因素,而忽略悲观的因素,这时高涨的股价就真的成了泡沫。

孙正义在雅虎身上所做的事情,就是趁着大多数人还没有醒悟过来的时候,在多数人还在持悲观观点的时候,就前瞻性地看到了技术驱动所带来的未来改变,他已经笃信互联网将会改变人类社会,而搜索应用将是最重要的流量入口,为此他在当时最领先的公司上押下重注。

如果说孙正义对雅虎的投资,是在确定性逻辑下,投资于最领先的公司,那么孙正义对阿里巴巴的押注,再次展现了一位投资圣手捕捉必然确定性市场的投资能力。

第二次全胜:阿里巴巴

2003年的夏天,世界各地均出现极端高温天气,燥热难当,且非典(SARS)在中国肆虐,人心惶惶。这一年,初兴的个人电商市场,如同气温的不确定性一样,开始有了新变化。

当时,占据个人电商市场份额最大的公司是易趣网,一家公司占据了80%以上的市场,地位似乎无可撼动。但是,易趣网的创始人邵亦波,却为了能够更好地陪伴妻子而萌生退意。易趣网先是引入eBay成为最大股东,其后邵亦波将剩余股份悉数出售给eBay,全身而退。

而eBay显然不了解中国市场,在控制了易趣网之后,一心要仿照美国,变免费模式为收费模式：卖家每上线一件商品，就需要向平台交纳 1～8 元不等的商品登录费，成交后的每笔交易还要向平台交最高 2% 的服务费。

这显然是个致命的错误决定，因为新生的中国网络市场完全处在萌芽状态，当时 7000 万的网民相对于 13 亿的人口，只有 5% 的渗透率，市场正迎来网民大增长的红利，若渗透率提升到 30%，网络用户就有 6 倍的增长；若渗透率提升到 50%，网络用户就有 10 倍的增长。

收费这件事，就如同割韭菜，韭菜即使要收割，也得等韭菜长起来再割，是不是？而且在收费方式上，直接收交易费用比起竞价排名的关键词投放来说，简直是九牛一毛。

在美国，中产阶级是群众的主体，收费一直是传统，收点小钱，美国网民会认为是理所当然且可能是平台的认真负责的表现；但在中国，群众的主体是广大中低收入群体，2003 年中国居民的年均收入不到 700 美元，只有美国的约 3%。低收入群体为主的特征决定了中国的电子商务参与者一定是对价格极为敏感的：在流量获取上，免费的平台一定会打败收费的平台。

除了对价格极为敏感外，中国市场的消费还有两大特点：

1. 14 亿总人口，人口数量巨大，任何产品和服务极易在中国形成规模化，而规模化必然促使产品或服务的人均成本降低，更容易向外推广，那些没能形成规模效应的竞争对手便很难再进入同样的市场，也很容易形成垄断。
2. 中国绝大部分人群从小接受同样的教育，拥有同样的文化传统与思维体系，这导致在选择产品服务或者做决策的时候，有着强烈的趋同性和一致性。所以，小众市场、小众产品或服务，

> 中国消费市场的三大特点：
> - 人均收入低，对价格极为敏感；
> - 人口数量大，很容易形成规模效应；
> - 思维趋同性强，网红现象和内卷现象必然同时存在。

在国内市场很难做起来。民族性决定了中国的消费创业应该做大众消费、性价比高的消费。

易趣网被 eBay 并购，以及 eBay 的错误决策，正是马云所等待的时机。这个战机稍纵即逝，哪怕稍有松懈，没有抓住机会，等 eBay 明白过来再改正错误，或者其他创业公司一起进入战局，今天的阿里集团就不可能是现在的模样。

2003 年夏天，淘宝网横空出世。第一版淘宝虽粗陋不堪，但不妨碍在地铁的橱窗上到处都是淘宝投放的广告。富有鼓动力且雄心勃勃的马云开启了新征程，也代表了新一轮烧钱大战开启。这场对 eBay 的战争必须做到快、准、狠，资金一定要充足、到位。

这种策略和打法正中孙正义的下怀。2004 年，孙正义慷慨解囊，斥资 6000 万美元，拿下了阿里巴巴第一大股东的地位。

2005 年，在淘宝网连续砸下数亿元，海量投放淘宝网的广告之后，淘宝终于取得了个人电子商务市场的霸主地位。根据艾瑞咨询的数据，2005 年淘宝的市场市占率达到 58.6%，第二名 eBay 则降至 36.4%，而淘宝两年前才刚刚成立，那时 eBay 占据着 80% 以上的市场份额。

亮眼的数据让孙正义认识到：自己之前的押注不仅全对，而且市场还来到了更有确定性的"击球点"：在中国最具备未来想象空间的行业里，具有一定壁垒的领先公司出现了。这是个绝佳的出手时机，对于超大型资金来说，这种稳健的时刻不可多得。本书的大部分内容，其实都在探讨击球点时刻（投资时机）的正确与错误。

2005 年，是雅虎，是杨致远，也是孙正义，三者做出了足以改变自己命运的，也足以载入世界投资历史前列的一个决定：雅虎以 10 亿美元，外加雅虎中国的所有业务和流量，包括门户网站、邮箱、3721 搜索流量、一拍网，一股脑儿地全给了阿里，以换取阿里约 40% 的股份。

在这笔交易完成后，雅虎成为阿里巴巴集团的第一大股东，软银则退居第二位，持股约29%；由于孙正义又是雅虎的最大股东，相当于软银、雅虎这一系最终控制了阿里巴巴集团超过69%的股份——这是个极大的比例，相当于实际控制，远不是一般的风险投资与财务投资人的概念。

而马云——这位杰出的超级演说家，也用这次抉择和后来的结果告诉世人：自己是具体超级行动力的战略家。因为马云为了抓住机遇，敢于完全放弃控股权，甚至让资金方一系的股份大到令人吃惊的69%。而在现实中，很多创业者在面对机遇期的时候，很少有人有这种魄力，担心控股权旁落，继而去削减融资金额，或者盲目抬升本不能达到的估值，从而导致该要的大钱没拿到，最终错过最佳窗口期。

> 任何团队的核心骨干，都必须学会在没有鼓励、没有认可、没有帮助、没有理解、没有宽容、没有退路，只有压力的情况下，一起和团队获得胜利。成功只有一个定义，那就是对结果负责。
>
> ——马云

10亿美元到位，即便对国际大型公司eBay来说，这仗也没法打了，eBay无法承担在这个不了解的海外市场同样花费10亿美元可能带来的代价，其结果只能是步步败退。

而淘宝网，快如一道闪电。短短三年，快速融资、快速烧钱、快速击溃对手，阿里旺旺、支付宝等一些既了解中国市场，又增加网络交易功能性和安全性的工具在2004年、2005年陆续推出。淘宝网横扫市场，很快取得了个人电商市场的绝对优势地位。

之后，阿里巴巴又先后推出了后来改名为天猫的淘宝商城，以及聚划算、阿里云、盒马生鲜等业务，进行了无数次并购，利用市场优势地位将近乎垄断的触角不断扩大。支付宝后来改名为蚂蚁集团，分散到互联网支付的各个环节，其业务体量相当于又新建了一个阿里巴巴集团。

市场份额扩大也使阿里巴巴集团的收入与利润随之水涨船高，其税后年利润后来可以做到1000亿元以上，相当于每天都净赚3亿元。随着利润的不断释放，阿里巴巴不断回购雅虎所持有的股份（用作股权激励和股份注销，回购股份并注销会推高剩余的包括软银在内的所持有的股份比例）。

到 2014 年在美国上市招股前，软银继续持有约 34.4% 的股份为第一大股东，雅虎持有 22.6% 的股份。上市之后，软银和雅虎都在不断减持阿里巴巴的股份，由此也收获了大量财富。

回顾阿里巴巴的这次投资历史，其最重要的成功关键在于，当庞大的市场图景呈现在眼前，而对手却犯了致命错误时，马云和孙正义两位战略家一拍即合，一位敢于要钱，一位敢于投钱，用对手无可抵挡的资金量装配到执行力超强的团队，结果也是可以预见的。

孙氏投资定律

投资阿里巴巴收获巨大的成功之后，孙正义总结出来了自己的投资心法，他称之为"孙氏投资定律"。这个定律的投资逻辑经过不断简化之后，我可以将其浓缩为一句话：

投资最有未来前景的行业中最领先的公司，如果这个行业具备垄断性属性就更好了。

让我们反反复复来品味孙氏投资定律，这个定律对于任何一名有志于从事投资事业的人来说，都类似于金科玉律——无论是有志于一级市场还是二级市场，无论是早期投资还是中晚期投资，甚至并购投资。把这个定律咀嚼明白了、琢磨透了，人生、事业也就通透了。

在这个定律中，有两个"最"字：一个是作为定语修饰行业，一个是作为定语修饰公司在行业内的位置。行业的垄断属性是个Buff加成[①]，能够大大提升公司的估值水平。虽然垄断达到一定程度后，将会面临反垄断的风险。

从另外一个维度思考：行业判断主要决定了赔率，因为行业的兴衰属于天命，人定无法胜之的天命；而公司的领先地位主要决定了胜率，胜率是一种确定性概率。需要提醒的是，胜率是一个动态变化的过程，而所投资的行业是否具备垄断性，是赔率的放大器，赢家通吃让未来的增长倍数更大。

投资收益倍数公式如下：

$$投资收益倍数 = 赔率 \times 胜率$$
$$投资收益率 = 赔率 \times 胜率 / 时间$$

在雅虎这个投资案例中，孙正义在互联网之初就看到了门户网站的新闻分发与搜索引擎所带来的流量入口的价值。直至今天，该流量价值依然有效，只不过新闻分发模式从门户网站变成了类似今日头条这种模式，后来有了微博的广场模式和自媒体模式，近些年又添加了抖音、快手这种轻便的短视频形式。而搜索引擎市场，自互联网普及以来，必定是互联网世界永恒的刚需性基础设施配置，只不过如今的搜索引擎市场已经基本被谷歌垄断。

孙正义依靠在计算机行业的超级敏感度，根据个人电脑（PC）的销售情况，在互联网刚一启动的时候，就已经预判了15年后的互联网世界，并果断押注了当时门户网站与搜索引擎最领先的公司。孙正义在雅虎的投资成功，得益于他对"最具未来的行业"的超前判断。

"最具未来的行业"正是由于行业新质转换所带来的突变。

在阿里巴巴这个投资案例中，行业新质转换的背景是：个人电脑大卖了几年，

[①] Buff加成源于网络游戏用语，通常指给某一角色或单位增加一种可增强自身能力的效果。在现实语境中，它也被引申为某种正向的积极影响或助力。

互联网的渗透率以超高速度发展，美国领先了日本、中国这些国家很多年，期间美国的亚马逊公司和 eBay 公司迎来了成功，而在美国电子商务市场上的成功也一定会复制到中国、印度这样的超大规模市场。所以，电子商务市场属于任何一个风险投资必须要配备的行业。

孙正义在阿里巴巴的投资案例中，最厉害的地方在于识别到了马云及其十八罗汉的黄金团队，并且他与马云共同意识到了 eBay 犯错所带来的市场机遇，所以倾尽全力，一击而中，成就了阿里，也成就了软银。

互联网平台具备天然的垄断属性，一旦成为领导者之后，网络效应导致赔率增大就会造成赢家通吃的局面，这也是软银投资成功后能取得超高收益的重要原因。

网络效应的存在，让风险投资业明白：只要是领先的互联网项目，在早中期阶段不要怕估值高，因为其估值高造成的赔率下降，会被网络效应的赔率增大所抵消——这就是为什么很多领先的互联网项目会以匪夷所思的高估值被投资者青睐的底层逻辑。

从另一个方面讲，因为互联网领域存在垄断效应，所以一定要把领先地位放到一个特别重要的视角去观察，很多项目非常小众，看上去有特点，但就是不值得投资。这些小众项目在初期成长会非常快，不过一旦发展到一定地步，被巨头注意到了，很快就会被模仿抄袭。国内互联网赛道几乎所有的垂直电商，比如化妆品、母婴等，统统难有确定性的未来，投资这些电商的投资人很难全身而退。

值得一提的是，由于印度互联网市场又比中国晚了几年，这让软银得以用最舒服的姿态投资印度的电商公司。但同时，由于所有的电商参与者都看到了阿里巴巴在中国取得的巨大成功，这使得所有的参与者都在进行一场又一场的烧钱大战，以亏损换取市场份额，就像滴滴出行与快的出行曾经发生过的那样。

印度的本土电商公司中（不算亚马逊和 eBay，这两家在印度的份额都很大），以销售额计算，FlipKart 排名第一，Snapdeal 排名第二，Paytm Mall 排第三（Paytm Mall 是 Paytm 的电商业务板块，Paytm 是印度最大的支付平台，类似中国的支付宝，同时也做电商业务，蚂蚁集团是 Paytm 最大的股东，软银是第二大股东）。软银得益于对电子商务上的理解力和投资阿里巴巴的经历，对三家公司的投资都非常坚决，在 FlipKart 和 Snapdeal 两大公司上都拿到了第一大股东的地位，并曾经尝试将 FlipKart 与 Snapdeal 两大公司合并。虽然合并没有成功，但最终 FlipKart 被沃尔玛以 210 亿美元的估值收购了 77% 股份，且后续尝试以更高的估值上市。Snapdeal 与 Paytm Mall 也都在经历过残酷血腥的烧钱大战后存活了下来，而估值水平随着印度电商渗透率的提高在不断提升。

所以，在投资的世界中，"理解力"或者说"认知能力"非常重要，这需要我们不停地丰富知识结构，不停进行思索，以增加对行业和公司的理解力。软银正是凭借对电子商务市场的理解力，果断投资了阿里巴巴，之后又转战印度市场。

印度凭借和中国相仿的人口数量，未来或可达到和中国类似的电商渗透率，即印度的电商公司的市值应该在未来达到与阿里巴巴相仿的高度。但软银对"到底谁在这个市场上是领导者？"产生了疑问：以销售额计算，FlipKart 是老大，但 Snapdeal 和 Paytm 也都有前景。软银主要投资印度电商的时间，发生在 2016—2018 年，那时候印度三大本土电商的市值加起来也不到 200 亿美元，与中国的顶级电商公司相比，还有 10～20 倍的差距。

愿景基金的选择与偏差

10～20 倍的空间？还犹豫什么，全部投资下来！三大电商公司能成为第一大股东的就当第一大股东，当不了第一大股东的也要混到第二大股东，吃下整个印度电商市场的红利！所以，在软银愿景基金成立后，印度的三大电商公司纷纷成为愿景基金的主要投资标的。

软银在韩国电商企业 Coupang 的投资上，同样也赚了个盆满钵满。

序章
投资"疯子"与新质转换信仰

可惜，孙正义对其他行业的理解，不如对电商行业那么通透。

在愿景一期基金的投资案例中，除电商外，还有共享经济、人工智能、互联网金融，甚至包括商业航天、合成生物学等新兴领域的企业。事实证明，出问题的正是这些企业。不是说这些企业没有前景，而是对这些企业的理解不到位。

理解的偏差主要差在了赔率上。

以共享出行为例，软银的赔率计算出现错误：以为这种类型的企业会和阿里类似，成为超大型平台，但实际上很难。原因主要有以下几点。

1. 阿里这些平台，有化妆品、奢侈品、成瘾品等毛利率高的产品，这些产品商家愿意花大价格投放广告费。而共享出行、外卖却只能对每笔交易收取交易费用，相当于少了一个数额巨大、毛利率奇高的业务板块的广告收入。
2. 行业有天花板。电商平台几乎什么都可以卖，现在连汽车这种大额消费品都可以线上销售。但出行一次不过百元以内，外卖一次平均也就几十元的交易额，按每笔订单来计算交易费用，还要付给司机和骑士酬劳，确实总量是有限的。
3. 出行这些领域，相当于颠覆原有的出租车行业。出租车一直都是个政府许可行业，因此共享出行这类项目不可避免地会受到政府的政策影响、反垄断影响，以及必不可少的安全措施的影响。

基于以上三点原因，头部的出行平台，能有千亿美元的估值就很不容易了。事实上，Uber 的估值自上市后一直在 400 亿～1100 亿美元大幅波动。

如果顶额就是千亿美元，那么软银愿景基金在 400 亿美元以上的估值进行大额投资是正确的吗？因为软银主要想要第一大股东的地位，任何一家企业如果甘愿出让第一大股东的地位，要么是缺钱，要么是有问题，要么是得到了估值上的高价。软银投资的这些头部企业，大部分是因为估值涨得高，才甘愿拿软银的钱。

在对成熟类企业的投资上，因为要拿到足够的股权地位，软银承担了估值高、赔率变低的风险。但是，即使这些企业已经确定了领先地位，赔率最高额也只有两倍多一点，万一有什么风吹草动，估值就会大幅下跌，如同在滴滴出行上曾经发生过的一样。

这种投资策略肯定是有问题的。

沦为笑柄的 WeWork

那 WeWork 这家公司呢？孙正义不光犯了估值高、赔率低的错误，甚至完全理解错了行业。

2017 年 8 月，WeWork 宣布完成由软银集团和软银愿景基金共同投资的 44 亿美元新一轮融资，公司估值达到 200 亿美元。在此之前，软银就参与过 WeWork 的两轮较低金额的融资，因此与 WeWork 的创始人亚当·诺依曼（Adam Neumann）得以相识。

诺依曼与马云、孙正义一样，同样是一位具有超级愿景、具有超高演说天赋的人，这样的人的出现可能无法不让孙正义产生共鸣感。

在接触几次后，孙正义被共享办公这一故事打动，明确表示空间共享行业是个 2 万亿美元的超级产业。

拿到巨额投资后的 WeWork 在全球疯狂扩张，以更大的亏损换取大量空白市场空间——与互联网的烧钱策略不同的是：互联网烧钱时，花的是市场费用，换来的是流量，这个流量具有网络规模效应，而且一旦停止市场投放，血就止住了；而共享空间，签订的多是长期租约，使用的是要五年以上才能折旧完毕的装修，一旦长期租约签订，想退约就必须付出惨痛的成本。

2019 年，扩张一年多后的 WeWork 开始强力推进 IPO（首次公开募股），孙正义将估值定在了 470 亿美元，期望这种资金体量的超级投资可以在一年多的时间里赚一倍。但是，二级市场的投资人也不傻，他们看到了伴随 WeWork 一倍多销售增长的同时，也有无法止住的更大体量的巨额亏损的增长。高估值的故事无法延续。

随着更多信息的披露，WeWork 糟糕的内部治理又被公之于世，包括诺伊曼低息从公司贷款购买物业，然后出租给 WeWork；包括诺伊曼注册"We"这个商标，再租给公司使用；包括将妻子、亲戚尽数纳入董事会，引发外界一片哗然。

创始人已经不被外界信任、IPO 无法推进、巨额亏损下大量的长期租约必须不断输血才能维持，已经投入巨额资金的软银该如何脱身？

孙正义的第一想法是"补仓"，以低估值完全控制这家企业，再通过各种运作控制好现金流，然后脱身。孙正义抛出了约 45 亿美元的救助方案，其中 15 亿美元给予公司作为现金流，剩余 30 亿美元收购包括创始人在内的股份，最终控股 WeWork 公司 80% 的股份。

但对老股的收购方案刚一出来就遭到了愿景基金主要出资人的反对。然后疫情到来，重创了整个共享空间行业。WeWork 的疯狂扩张行为给自己带来的大量长期租约变成了沉重的负担，这也吓阻了孙正义的雄心。

2021 年，WeWork 通过特殊目的收购公司（Special Purpose Acquisition Company，SPAC）方式合并上市，估值 90 亿美元。然而上市后股价就一直下跌。到了 2023 年底，股价甚至下跌了 99.5%，市值只剩下 1 亿多美元。公司都快跌没了，而亏损却还止不住。

这个庞大的投资计划和美好的愿景，伴随着前后投资超 50 亿美元的软银，最后居然成了一个笑话。

WeWork 的周期谬误

孙正义在 WeWork 上所犯的最大错误，是对行业的误判：错把周期性行业看成了具备超级前景的成长性行业。

共享办公,听上去很好听,但给人的第一感觉就是"二房东":把房子统一租赁过来,进行统一的装修改造,再进行进一步分租。而对创业者的孵化服务、运营服务(打印、快递、咖啡)等更像是增值选配,不像是可以外展成为庞大新产业的需求。

诺伊曼打造的那些高科技企业、生活方式、社区理念的概念,可以忽悠很多普通人,但却很难忽悠到孙正义这种教父级的投资大师。孙正义看走眼,更多的是真被"共享"的核心理念所刺激,即一个工位同时出售给几个用户,相当于酒店的一个房间同时出售给3~5个不同的、互不认识的陌生人。

在欧美这些国家,谈生意这件事需要一个正规的地点,而大量的自由职业者(Freelancer)人群在批量涌现,这些人需要一个连锁的办公地点,在出差到不同城市的时候,都能有一个谈生意的地方。由于这些自由职业者并不需要每天都在固定地点办公,如果每周五个工作日实际只占用一天,那么WeWork最多可以把同一个办公位卖给五个客户。在这种状况下,WeWork这种共享办公将能够脱离许多共享为名、租赁为实的共享经济(如共享汽车等)形式,变"假共享"为"真共享",将毛利率从普通提高到一个新的高度。

但孙正义忽略了以下两个重要变量。

1. 以自由职业者为主的共享办公客户,其繁荣程度和对共享办公的需求量是有天花板的,且受经济周期的影响。在经济繁荣向上时,大家生意机会多,办公租赁需求就多;反之,当经济衰退时,办公需求急剧下降。
2. 办公房屋在初始统一租赁时,有个租赁价格,该价格是长期协议价格,也受到经济周期的影响,在经济衰退和萧条时,长协租赁价格低;在经济处于繁荣盛景时,长协租赁价格就会变得高昂。

所以,周期性行业的投资逻辑就应该是逆周期投资。在逆风的时候出手,才能迎来顺风的翻盘。事实上,WeWork创立于2008年金融危机结束后的2011年,经济的底子依然不强，诺伊曼拿到了超低的长协价格，等经济好转时，这位"二房东"必然大赚。

如果本身是个周期性行业，那 WeWork 就不该、不配拥有成长股估值。而它更不应该做的是：在经济繁荣时执行快速扩张的"烧钱"策略，这样的做法对周期性行业来说是愚蠢的。

等孙正义想明白开始转身的时候，为时未晚。"对 WeWork 创始人亚当·诺伊曼的误判，是自己犯的最大错误。"孙正义说。

贪婪与野望

对滴滴、WeWork 的投资，都是由软银愿景一期基金完成的。

愿景一期基金总额 986 亿美元，共投资了 88 家企业，平均每家企业受投金额高达 11 亿美元。一期基金执行的是"成熟赛道 + 领先公司"的策略，由于对投资标的的赔率不够高，且投资了一些错误的行业和公司，导致整体收益率一般（见图 0-1）。

值得一提的是，愿景一期基金的结构非常特殊，在 986 亿美元的总盘子里，软银集团出资 331 亿美元，不过是以软银持有的 ARM 和英伟达的股权代替现金作为出资额；而剩余的外部投资人出资的 655 亿美元里，有 440 亿美元是名为优先股的纯债务，这些债务可以每年收到 7% 的固定回报，剩余的 215 亿美元才可以分配项目的投资收益。

也就是说，软银集团拿自己既往已经投资的项目，加了一层杠杆，撬动了包括沙特主权基金 450 亿美元、阿联酋主权基金 150 亿美元等外部资金。外部资金里面只有 215 亿美元算股权投资，另外 440 亿美元纯算借的高利息外债，基金总时限长达 12 年，每年 7%，共计 84%，即 440 亿美元的资金共可以收到约 370 亿

2017—2022财年软银集团和愿景基金净利润（单位：万亿日元）

年份	2017年	2018年	2019年	2020年	2021年	2022年
软银集团	1.04	1.41	-0.96	4.99	-1.71	-0.97
愿景基金	0.35	1.26	-1.87	4.03	-2.64	-4.31

图 0-1 2017—2022 财年软银集团和愿景基金净利润

注1：新国际会计准则将股价波动计入当期利润，因此软银集团和愿景基金的利润更多反映了估值的变化。从上表可以看出，2017 年以来，愿景基金所持有的项目组合的整体收益率一般，亏损额几乎吞掉了所有的盈利。

注2：软银集团和愿景基金的财年为当年4月至次年3月。

数据来源：软银集团公开财务报告。

美元的利息。370 亿美元的数字已经大大超过股权投资的 215 亿美元，也就是说，股权投资的部分即使遇到一些问题，整体来看也基本风险可控。

对孙正义来说，相当于他利用这个结构，多掌握了 655 亿美元的多余资金。动不动就加上杠杆，是孙正义的特色，这反映了他对未来、对自己绝对的"自信"。上一次这么自信，就是在投资雅虎的时刻，那时他既迎来了雅虎上市的高光时刻，又迎来了互联网泡沫破灭后长达四五年的漫长黑暗期。

超级 AI：能否重回正确之路

站在互联网和移动互联网浪潮的尾声上，站在 WeWork 这类失败投资的血淋淋的现实上，孙正义再次面临抉择：要聚焦，要像投资雅虎、阿里巴巴一样，选择一个接近 100% 具备确定性的新兴行业，要投资即将进入新质转换的行业。

这个行业要在刚刚启动的前夕，还有 15～20 年的路途可以行走，行业要无比宽广，天花板要高到难以企及的行业，哪怕是行业的龙头公司还没有出现，现在也是广泛布局的绝佳时刻。

这个行业是什么呢？站在 2020 年，孙正义的选择是人工智能（AI）。孙正义给他选定的行业加了个定语——超级 AI。

从目前各方面的环境储备来看，人工智能确实到了一个重要的蓄势关口，第一代的概念涌现的时代已经过去，兴奋所驱动的泡沫正在慢慢被挤掉，而踏踏实实的实干家正在一步一个脚印地前行。人工智能所需要的网络环境、算力环境正在逐步改善，硅谷"钢铁侠"马斯克正计划把自己的脑部数据上传至云端。

从已投项目的连接来看，软银的基础运营商业务在人工智能加持下可以提供低时延的网络、ARM 提供物联网芯片授权，英伟达提供 GPU 的算力，而一旦人工智能达成，软银所有的共享出行的公司，都将在自动驾驶技术的辅助下，彻底扭转目前天花板太低的现状，成为无可限量的人工智能应用型企业。这些因素叠加，互相耦合，能够将软银及孙正义带入一个无可限量、难以企及的高度。

这正是孙正义一直坚持的梦想。

为此，孙正义不惜展开愿景二期基金。愿景二期基金将全部押注人工智能，且投资阶段更加靠前，执行"新质转换行业＋领先公司"的策略，即投资雅虎的成功策略。

截至 2023 年底，愿景二期基金投资了超过 270 家公司，耗费近 500 亿美元，达到了其 560 亿美元规模的 85% 以上；只不过由于愿景一期基金的一些问题，沙特、阿联酋的主权基金均表示不愿意出资了，从而导致这期基金的主要资金来源为软银集团自身——软银集团的资金来源主要是出售了阿里的股票，以及集团本身借了新钱，加了新杠杆。

在2023年年初，以ChatGPT为代表的大模型横空出世，惊艳世人；2024年年初，Sora诞生，人工智能似乎即将要打开人类文明的新篇章。仅仅三四年的时间，似乎就验证了孙正义的坚持是正确的。

人工智能的行业未来是否就一定会出现呢？作为一个反复被折腾的概念，谁都不敢打包票。但有些时间点我们可以记录一下：孙正义于1996年投资雅虎，1999年互联网泡沫到达巅峰而后泡沫破裂，到2005年后互联网才逐步成熟，成为人们生活中的一部分，前后时间长达10年之久。

从投资到收获，需要坚强的意志与耐心，这靠的是信念。我相信孙正义的判断，如果说ChatGPT是新一代人工智能大模型的起点的话，那么2024年2月推出的Sora模型，是否为人工智能的iPhone时刻？

"人生只有一次，我希望高瞻远瞩，我不想小赌怡情。"孙正义如是说。希望孙正义这位赌神式的投资疯子又赌对了。

投资悟道

- 投资那些处于新质转换关键节点上的领先公司，将收获意想不到的回报。
- 商业上的战机稍纵即逝，具备远见的战略家与执行者敢于看准了就押注，快速抓住机会。
- 中国市场基数大、人均收入还不高、思维趋同性强，是任何在中国的创业者和投资者都无法回避的环境特性。
- 任何投资都是胜率与赔率叠加的结果。

- ✦ 投资最有未来的行业中处于领先地位的公司，如果这个行业具备一定的垄断性属性就更好了。
- ✦ 网络效应带来了垄断，这样的行业少之又少，所以高举高打的高估值投资方法只对少数行业有效。
- ✦ WeWork 这样的公司属于周期性行业企业，而非成长性行业企业。买在周期股的顶点却给予成长股的估值，是错上加错。
- ✦ 提升对特定行业的理解力是取得行业成功的关键。

像投资人一样思考

1. 在投资阿里巴巴的成功案例中，作为"骑师"的马云，推动成功所起的作用如何？在哪些关键点上起了作用？
2. 孙正义拿到了世界范围内一系列重要新兴公司的股权，并希望这些公司能够互相之间产生化学作用，在下一个人工智能的新质转换中成为关键交叉点，这现实吗？
3. 如果一类类似于 WeWork 的伪成长公司走到面前，你能发现吗？中国的股市中就存在很多这样的公司，可以试着列举几个。

第1章

人工智能的入局时机

> **新质行业**：人工智能
>
> **新质案例**：商汤科技
>
> 向人工智能投入巨额资金的机构们，认识到了"泡沫破灭之谷"的漫长与残酷了吗？通过对人工智能案例的分析，我们可以进一步了解，对新质转换的绝对创新型企业的投资时机与退出时机的选择。

卖，疯狂地卖！

"在商汤限售解除的第一天，一定要极为坚决地卖掉。"这是我在2022年6月24日这个炎热的周五的下午，拜访StarVC的创始人时对他说的。因为六天后，商汤上市后被限售的老股东就解禁了，他们可以自由出售自己手上的股票了。

作为一家具备超前眼光的早期投资机构，StarVC一度活跃在一众金融从业者的圈子里，先后投资了商汤科技的A轮和理想汽车的A轮。两个项目都取得了令人咂舌的投资回报率。

第 1 章
人工智能的入局时机

我这么说的原因是商汤科技上市后老股东的半年限售期内，股价长期在 5～9 元的超高区间内运行，这一价格远远大于 3.85 元的招股价，而公司的盈利则遥遥无期。在港股市场整体缺乏流动性的情况下，显然已经不能支撑其高估值。

然而，事实的发展却大大出乎我的意料。

2022 年 6 月 30 日，商汤（0020.HK）老股东解禁的第一天来了。9 点 30 分，交易正式开始，成交价直接就从上一个交易日的 5.88 元下降到 3.24 元；之后，全天股价基本都在 3～3.2 元之间运行，最后收盘在 3.13 元，下跌 47%。从成交明细可以看出，一笔笔 2000 万股的超级大卖单不断涌现，全天成交 61.98 亿港币，在这一天，后来的统计显示持股接近 8% 的早期股东基本都卖完了。

"今天跌得好惨呀！" StarVC 公司的这位创始人有点被惊呆了。事实上，除非特别早期的投资人如 IDG 等，很少有人有决心以瞬间这么大的跌幅卖掉股票。

如果第一天不当机立断地卖掉了结，那么第二天会再跌超 20%，并且此后半年均绵延不断地下跌，最低能跌到 1 元多一点。商汤大部分时间股价都是在 1～2 元之间运行，只有后来在 ChatGPT 和大模型的消息刺激下拉涨了一波，股价才短暂回到 3 元以上，但之后很快又陷入 1～2 元的区间长期运行。其交易走势如图 1–1 所示。

1～2 元的股价，即使按照 2 元计算，只代表了公司 100 亿美元的市值，而商汤科技在上市前融资额就达到了 52 亿美元！这一估值大概让 IPO 的投资人损失约 48%，让 Pre-IPO 轮（即公司上市前最后一次的融资）的投资人损失约 25%，而远在 2018 年投资了商汤科技的软银，其在 2 元价格大概有 30% 左右的利润，而大部分时间均没有利润。能够盈利的投资人，只有前三轮的早期投资者。

这显示出不同的投资阶段与投资收益密切相关，"只要上市前投资就能获利"的观念是一种完全错误的认知。事实上也是，Pre-IPO 投资作为广为人知的套利投资方法，具有从盈利到亏损的周期性循环，踏错节奏就会误判。

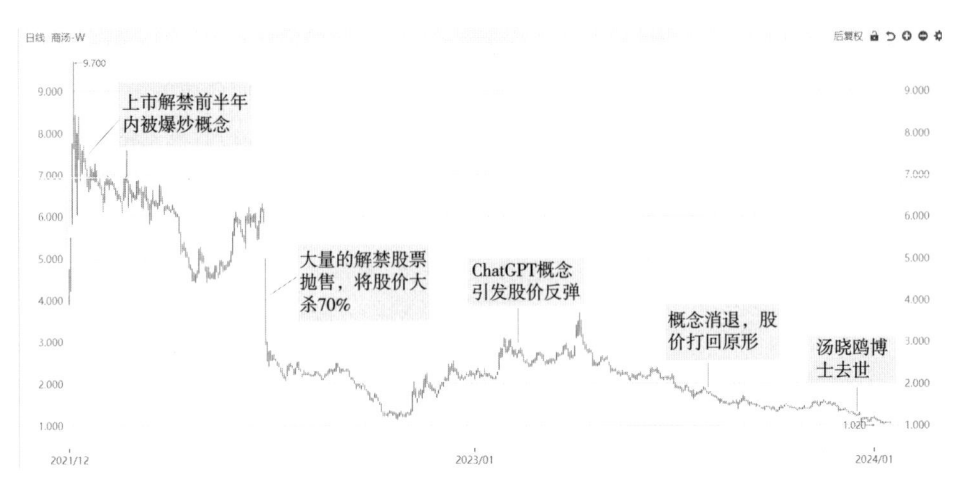

图 1-1 商汤科技上市后股价走势图

数据来源：同花顺软件。

同样，在商业变现上，看似具备前景的前沿技术公司，与互联网的流量锁定逻辑完全不同，前者有可能只是技术暂时领先，而后者则可能是网络效应带来的流量锁定。流量锁定后，基本都是有办法盈利的，而领先的前沿技术，如果没有场景配合，那要想盈利并非易事。

不盈利的新技术如何投资

面对人工智能这一超级赛道与不明朗的盈利前景，该如何投资，如何估值，如何选择时机呢？投资人如何知道在前沿技术上的押注是否就带来投资回报呢？

像商汤科技这样的企业，包括一系列人工智能行业的企业，都非常具有代表性。

首先，从前景看，没有任何人否认人工智能行业的前景，包括孙正义、马斯克在内的诸多商业大佬，都将人工智能作为重点关注方向。

第 1 章
人工智能的入局时机

其次，从成本看，人工智能的投入成本非常高。发展人工智能离不开算法、算力、数据三大基础要素（见图 1–2）。算法需要高级工程师来集聚智慧，算力需要采购昂贵的运算芯片来完成训练，数据需要收集几乎每一个细分行业的既往沉淀数据与实时采集数据。

图 1–2　人工智能的三要素

再次，从收益看，人工智能虽然能够运用到各个领域，但收益能否收回投资的巨额成本无人知晓，在商业化方面具有明显的不确定性。

商汤科技在上市前，包括截至 2023 年，未实现任何盈利，每年都是大幅亏损。年亏损额达几十亿元都是常规现象。对于这种类型的企业，我们要不要投资，怎么来保证投资会盈利呢？

我在序章中提到的"孙氏投资定律"的基础上，提出了判定此类新质转换投资的三板斧，或者成为"灵魂三问"：

- 是不是一场较大的革新或创新，并由此将给未来带来巨大的商业价值？
- 是不是拥有领先的产品？如果产品还未推出，那么着眼点在于是否拥有强有力的管理层？
- 在以上两个问题的回答都是"yes"的情况下，进行投资时机的选择，并拥有与时机匹配的合理的投资估值。这是难度最高的部分，序章中提出的胜率与赔率的思考点是一直有效的，但难度在于如何计算出胜率、赔率并考虑到时间因素。虽然困难，但依然有各种办法来进行简略运算。

其实一级市场投资（未上市股权投资，以 VC、PE 投资为主）与二级市场投资（上市公司投资，俗称"炒股"）相同，以上"灵魂三问"，对应了二级市场价值投资理念中的"好行业、好公司、好价格"。在任何市场，只要把这三个问题研究透了，投资成功几乎是必然的。

从这三点出发，我们通过对商汤科技这一案例的分析，来寻觅取胜之道。

一问：细分行业判断（好行业）

首先看细分行业是不是巨大的革新。

人工智能的投资热度并非第一次出现，之前已经有了好几次潮起潮落。这是一个不断螺旋前进的行业，有高峰也有低谷。科学家们前赴后继，推动技术不断螺旋上升，直至达到了今天的高度。但之前的几次起势都是造了很大声响，却没有形成真正的产业。那么，以商汤科技等硬核技术企业为代表、以深度神经网络为特征的这次人工智能浪潮会表现如何呢？

在鸿蒙之初的 20 世纪 50 年代，计算机科学家弗兰克·罗森布拉特（Frank Rosenblatt）提出了感知机的概念，即最简单的神经网络，又名 MP 模型。原理是用模型来模拟人类的神经元：人类神经元用树突来接受其他神经元发来的信号，经汇总判断后，来决定是否用轴突来发出信号；而 MP 模型用输入值与权重来汇总信号，加总判断后决定是否输出（见图 1–3）。

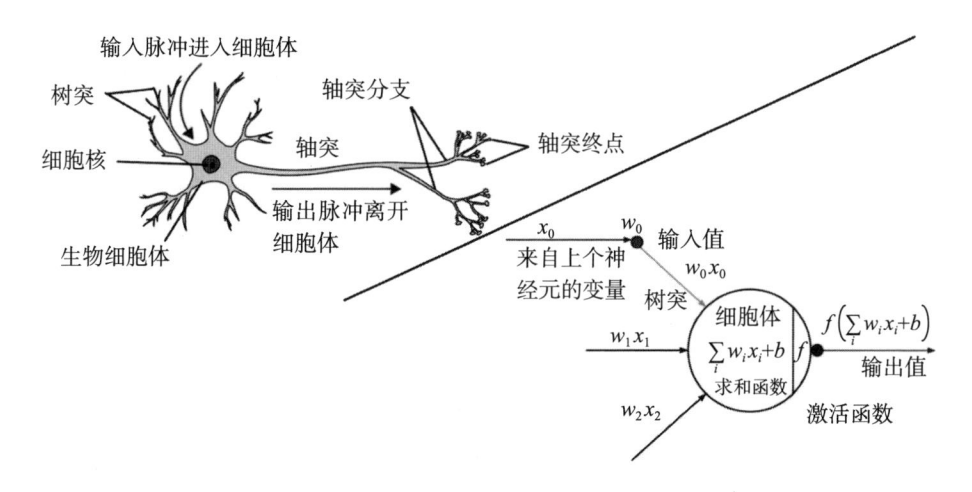

图1–3　从人类的生物神经元到人工智能神经元

图片来源：斯坦福大学课件。

感知机给人类带来了人工智能的第一缕曙光，更多人开始关注并投身于这一领域。然而，感知机只能处理线性分类问题。这个问题因而成为那一代人工智能领域学者绕不开的噩梦。人工智能学科随后一度成为冷门学科，陷入了长达十几年的停滞。

直到1969年，杰弗里·辛顿（Geoffrey Hinton）提出反向传播算法，打破了停滞不前的万古长夜。辛顿本人及其学生，以及更多后来者再将算法不断优化，人工智能开始逐步变得可行。

该方法有以下三个特点。

1. 利用非线性函数求导数（激活函数），这样神经元能被设计成非线性函数了，就能更好地反映现实世界。这种方法的学名叫作梯度下降。
2. 在几个输入值与几个目标输出值之间，建立隐藏层的神经元，目的是为了通过加深网络结构，提升非线性函数的层级，从简到繁，多角度识别特征，以更好地对应真实世界。这种方法的学名叫作深度神经网络。

3. 在计算方式上,神经元之间互相影响,不光能够正向传播,还能够反向运算,"正向传播"求损失,"反向传播"回传误差。同时,神经网络每层的每个神经元都可以根据误差信号修正每层的权重。

最终,通过数量级别极为庞大的运算,来逼近本来的真相。

这些说起来有点复杂,简单来说,是从无数个角度、无数个面(视野域)来看待同一件东西,最后通过混沌的大概率汇总来最终识别出物体。

深度神经网络在识别上有着极大的效能。人工智能分为感知、分析、决策三个层级,层层递进。有了深度神经网络后,首先成熟的当然就是感知(见图1-4)。

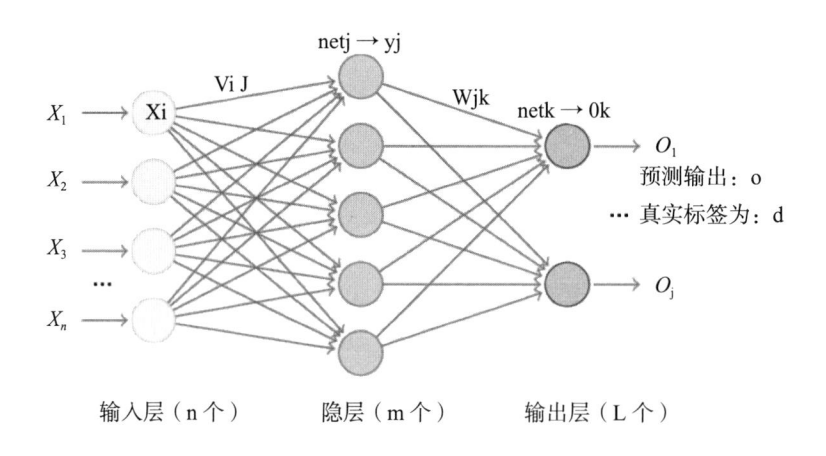

图 1-4 深度神经网络示意图

图片来源:CSDN.net。

2012年之后,随着各种神经网络结构和调优方法的提出,深度学习的性能得到了大幅提升。为了解决有些领域因数据过少导致训练不足的问题,迁移学习应运而生。迁移学习解决了将原领域学习到的东西迁移到目标领域的问题,并有效利用已经习得的模型参数,与之相对应的是人类会熟练地使用已经掌握的工具,从而大大缩短了模型的训练时间。

深度神经网络和迁移学习叠加，再加上高算力支持，让原本看上去很难处理的问题开始变得简单起来。以科大讯飞为代表的公司，其语音识别产品在接受越来越多的语料训练后，连方言都可以识别了。图像识别在深度神经网络的加持下，越训练精度越高。人脸识别技术的开拓者和探索者汤晓鸥曾经负责的微软亚洲研究院此时已经走在了前列——这些图像识别技术分别被用到了必应（Bing）搜索引擎与 Xbox 游戏中。

从中我们可以看出，深度神经网络在人工智能的感知层面第一次走向了实际应用，这其中必然拥有巨大的商业机会与投资价值。虽然不知道未来的商业形式会以何种方式展开，但这绝对是个极具前景的好赛道，这一点是毋庸置疑的。

灵魂一问基本成立。

二问：产品和管理团队判断（好公司）

2011 年，曾经在微软亚洲研究院实习过的清华大学学生印奇，联合另外两名天才校友唐文斌与杨沐，做了一款体感互动游戏，玩家通过手机的前置摄像头进行人脸识别和人脸追踪等视觉识别算法来判断人物的运动姿势，从而操控游戏中的角色。这是人脸识别领域的最初运用。

在该游戏获得成功后，旷视科技公司成立，其初始业务是将人脸识别技术做成引擎，供其他游戏公司使用。但人工智能的风口很快到来，Facebook 大举押注人工智能，谷歌也收购了 AlphaGo 的开发公司 DeepMind。旷视科技也因此获得了李开复的创新工场的早期投资。

2014 年，阿里巴巴决定跟随国际互联网巨头的步伐，由蚂蚁集团投资旷视科技，并将人脸识别系统率先应用到支付宝的支付场景中。

面对如此的市场早期异动，IDG 投资的牛奎光敏感异常。很快，他读到一篇文章，写到香港中文大学的汤晓鸥团队，将人脸识别的准确率提升至 98.52%，大大超越人眼的自然识别能力（97.53%）。在人脸识别领域，汤晓鸥团队属于第一梯队。在理论上，将人脸识别技术商业化的潜力也是巨大的。这引起了 IDG 投资的重大兴趣。

汤晓鸥来头不小，比起旷视科技的一群天才学生军团，汤晓鸥属于天才教授。他是麻省理工学院博士毕业，曾任微软亚洲研究院视觉计算组的主任，曾经是旷视科技创始人印奇的领导，同时又是香港中文大学多媒体实验室的主任，领导一批优秀学生作为创业的核心班底，团队实力过硬。

如果说连旷视科技都可以获得巨额投资，那么技术更领先、团队更成熟的汤晓鸥团队岂不是更受欢迎？尽管产品还没落地，但理论研究和团队搭建都已成熟，可谓万事俱备。

灵魂二问也基本成立。

牛奎光第一时间奔赴香港，与痴迷学术但从未做过生意的汤晓鸥团队进行了交流。

三问之一：估值中的早期估值（早期的好价格）

事实证明，IDG 投资的这个先手太重要了。在朝阳赛道上，在最领先的技术团队上，甩下用于项目启动的几千万美元的天使投资，其原理就是在具备一定胜率的团队上，追求高赔率。

IDG 投资的时候，商汤科技确实只有实验室技术，尚无任何成熟的产品，这个项目属于 IDG 投资唯一没有产品就敢于投资的项目。尽管什么都没有，但是 IDG 的大举投资，叠加优秀的技术与团队，让商汤科技很快就站上了人工智能行业领军企业的地位，开始高举高打：大额融资、大把花钱、快速占领市场。

商汤科技成了人工智能行业绕不开的存在。与此同时，也促使已经是旷视科技早期投资人的阿里系，在 2018 年耗资数亿美元投资商汤科技。

在天使轮到 A 轮的投资方面，只要在具备前景的细分行业上、在具备商业化领先产品的管理团队基础上，通过组建新公司，投入商业化产品所需的 18 个月左右的资金，就能占有 20% 左右的股份。这样的投资，只要判断准确，在广泛布局之下，整体成功率非常高。究其原因，就在于其赔率足够大。

事实上，在风险投资业发达的美国，包括红杉资本、KPCB 等几乎所有风险投资的顶级玩家，都是主要通过布局早期项目而取得成功的，这些基金的期限往往长达 12～15 年，恰好对应了早期项目从创立到成功的平均时间。

在中国，虽然风险投资业的创立时间较为短暂，但回顾很多成功的投资基金，其大部分的成功投资，都是依靠在项目早期押中了几个非常成功的项目。尽管在国内存在类似九鼎投资这样一批 Pre-IPO 的套利基金赚过大钱，但这些套利投资最终被事实所证明是短暂的。套利就是随着套利机会被充分认识后，由于套利者增多，套利者最后大概率是只能赚取市场平均收益。而早期投资非常不同，早期投资充分考验投资人对未来行业、创业团队、商业模式等一系列问题的深层次认知，尽管存在运气成分，但根本上是靠识别新质转换、识别管理层来获取超额收益的。

在早期投资轮次上，主要包括天使轮与 A 轮：天使轮投资是公司还没创立时的投资，天使轮需要看准细分行业，看准人（管理团队）；A 轮投资是公司创立后的第一次融资，A 轮一般需要看准产品。在这几点都看准的情况下，早期投资者通过一定的投资组合同时布局数个或数十个早期项目，那么就可以在一定胜率的基础上，追求比较高的赔率，哪怕最后基金中只投中一两个明星项目，但投中的这一两个项目由于有几十倍甚至上百倍的回报，整个基金到最后的投资回报率都会很好。这就是风险投资（或称创业投资）的真正含义。

需要说明的是，早期投资绝对不是摊大饼，一定要精挑细选，不要觉得投资金额小就可以放松警惕，否则结果同样惨烈。因为一堆低胜率和低赔率的标的，再怎么组合都是高风险。

早期项目怎么进行估值呢？对于任何阶段项目的估值，DCF（现金流折现法）永远适用。但对于用早期项目来估算未来的现金流，实在是强人所难。这时就有个高赔率情况下的"混沌"计算方法，即大致匡算这一细分市场的未来规模，预测下目标项目在未来所能占有的市场规模，再根据这一市场的进入门槛状况来大致推算净利润率，按照15倍左右的市盈率对目标项目的未来进行估值，把该估值与投资时的估值做个大概的对比，这个空间还有几十倍以上，那这个项目就是值得研究投资的；如果空间在10倍以下，那就得小心了。

这一估值计算法虽然不精确，但简单有效，看似混沌，却很实用。

以人脸识别作为主要业务的话，按照每识别一次进行计费，成本就是算力费用与云计算费用，若我们大致假设未来市场可以到达1000亿元，约20%的净利润（所有这些数字都仅仅是拍脑袋的大致匡算），行业最领先者占有30%左右的市场份额，那么按照15倍市盈率来计算，未来市值就是 $1000 \times 20\% \times 30\% \times 15 = 900$ 亿元。如果按照10倍空间来说，我们可以说对于领先项目90亿元市值以下是相对较安全的投资估值（当然，也可以换一些其他数字，但根本在于未来估值与现在估值之间要有非常大的空间）。

另一个估值方式就是前述所提及的投入18个月左右的运营资金，占股20%左右。只要对前两问的判断不出大错误，这么投资的估值就不会太离谱。因为市场空间大概率与运营花费成正比，而只要在前36个月运营成功，那么后续就会有其他投资人接棒，天使轮与A轮投资人的基本盘就稳了。

在商汤科技这个项目上，参与天使轮投资的IDG与A轮投资的StarVC都是拿到了先手，甚至之后的B轮都问题不大，因为行业与团队的明星光环效应太大了，而估值都没有到达所谓的独角兽级别（10亿美元），对于登陆资本市场的估值有较大空间。但对C轮之后的中后期投资来说，那么估值就得好好计算一下了，这确实是个比较困难的问题。

三问之二：估值中的中后期估值（中后期的好价格）

商汤科技在不停拿各种轮次的融资后，产品和商业化开始逐步落地；同时，整个赛道也热了起来，除旷视科技外的各个竞争对手都在不停融资，不停抢占客户与市场（见表 1–1）。这其实是个坏消息。因为，如果是真正具备进入壁垒与竞争壁垒的行业，怎么会有这么多竞争对手出现呢？怎么可能大家都进行无差别的人脸识别技术推广呢？

在行业逐步发展起来后，我们认识到以人脸识别为代表的人工智能企业存在以下三大问题。

1. 算法的底层是开源的，缺乏足够多的壁垒

无论是深度神经网络、迁移学习的模式，还是辛顿解决梯度消失的方法，或者是微软研究院对残差问题的解决，尽管看起来很复杂、很困难，但其实是窗户纸一捅就破，在模式被以论文进行公开的那一瞬间，就给予了对手跟随学习的时间。再加上开源社区的研究与公开分享，使得人工智能的基础算法基本是开源的。

而算法的进步，同样取决于具备一定工作经验的人工智能科学家，在基础算法的基础上，利用算力资源，以及对数据进行迁移训练，这样算法就能越算准确率越高。

算力靠砸钱就能解决，买最新、最快的芯片部署即可；而数据则依靠各种渠道获取，很多具体行业内的公司就拥有天量数据；同时，可以靠低价拿单，找到愿意第一批吃螃蟹的客户，利用客户给的数据来训练算法。

所以，只要对这方面有一定研究的达人和一定的资金量，人工智能这件事就

表1-1 AI"四小龙"的背景与各轮投资人名单蔚为壮观

公司	旷视科技	依图科技	商汤科技	云从科技
成立时间	2011年10月	2012年9月	2014年11月	2015年4月
创始人	印奇、唐文斌、杨沐	朱珑、林晨曦	汤晓鸥	周曦
融资金额	约13亿美元	超20亿人民币	约52亿美元	超35亿人民币
最后融资轮次	D轮（未上市）	D轮（未上市）	D轮（已上市）	C轮（已上市）
主要投资人（按投资时间先后排列）	• 联想之星 • 创新工场、联想创投 • 蚂蚁集团； • 启明创投、富士康、建银国际 • 国风投、中俄投资基金、阳光保险、渤海华美、中银投资、麦格里资本、阿里巴巴、SK中国	• 真格基金 • 红杉中国、高榕资本 • 云锋基金 • 众为资本、高成资本、工银国际、浦银国际 • 兴业国信、上海科创基金、联新资本、润诚产业基金、东方明珠、张江火炬、博约投资资本	• IDG资本 • StarVC • 万达集团、鼎晖投资 • 华融国际、梁伯韬、东方国际、赛领资本、中平资本、东方证券、TCL创投、盈峰投资、海阔天空创投、尚珹投资、中金公司、五源资本、华兴新经济基金、招商证券、基石资本、光信资本、高通创投 • 松禾资本、阿里巴巴、苏宁易购、富达国际、老虎环球基金、深创投、中银投资、上海自贸区基金、银杏谷投资、保利资本、银湖资本、厚朴资本、世茂全明星投资、厚朴资本、世茂集团 • 软银愿景基金、和暄资本	• 佳都科技 • 杰翱资本 • 顺为资本、元禾原点、普华资本、越秀资本、兴旺投资、广州基金、金泉投资、国新控股、友邦投资、易贸富、红马投资、疆亘资本、万丰友方、粤科金融、联升资本、渤海产业基金、创领资本、前海德昇、刘益谦、张江浩成、旺泰盛世景、星河资本、欣柯资本 • 海尔资本、新鼎资本、中网投、上海国盛、众安投资、保运资本 • 南沙金控、盛石资本、工银投资、信中利资本、高捷资本

数据来源：企名片。

能干,虽然听上去很高大上。

2. 算法的竞争逻辑是残酷的,最怕金融泡沫

算法的逻辑是这样的:

- 拥有更多数据和算力资源的公司,其优化后的算法会拥有更高的准确率;
- 更高准确率的算法,会击败低准确率算法,以拿到更多客户;
- 拿到更多客户,就意味着拥有更多数据,算法则被更多数据训练到更精准,形成正向循环;
- 为了不被正向循环打败,较低准确率算法的公司倾向于以超低价拿单,利用亏损来买客户、买数据,力争不在算法上掉队。

以上四点,与互联网行业的创业逻辑非常像:互联网公司都是倾向于利用免费服务与大额的推广费用来吸引大量客户,最终形成网络效应。网络效应一旦形成,其用户(主要是个人)就会对网络平台形成依赖性,互联网公司的生意就可以长久经营甚至形成垄断效应。但是,人工智能企业还有一个完全有别于互联网的特点,这里列为第五点,即:

- 在算法准确度达到完全的客户满意度之后,算法之间就没区别了,人工智能企业之间就达到了均衡,无法再打败对方了。

3. 商业模式的不确定性

商汤科技总裁徐立在上市仪式的演讲中说:"先有持续的大规模技术投入带来创新,再有商业模式的发展,这是一条罕有人走的路。艰难之处在于商业的不确定性。"

人工智能行业的科学家极为稀缺，算力成本也很高，而为了让算法更加精准所必需的数据成本，在各家公司的竞争之下，也日渐昂贵起来。

为了拿到更多数据和客户，人工智能企业纷纷下场，以成本高昂的科学家身份，拿着算法找场景，将顶级的人工智能算法应用到各种下沉场景中去。这些场景包括智慧商业、智慧机场、智慧农场、智慧银行、智慧教育、智慧医疗，等等。

结果就是奇怪的双高：高毛利与高亏损伴生。以商汤科技为例，2021年营收47亿元，毛利率接近70%，但运营亏损就有14亿元。毛利率如此之高，对很多企业来说绝对是可望不可即的，但对人工智能企业来说却还是亏损。亏损的原因无外乎就是营销费用和研发费用居高不下。

这是典型的科学家下到最下层场景后的结果。因为搞科研出身的人大多不懂营销，所以支出了高昂的营销费；而科学家的工资又比普通工匠高出了一个数量级，所以造成了研发费用支出也奇高无比，且各个场景之间比较碎片化，一个场景的研发成果并不能完全复用到另一个场景，所以越研发亏损越大。

商汤科技尽管在上市前累计12次融资拿到了52亿美元的投资，自2018年以来公司营业收入也在持续增长，但其业绩却是一直亏损，现金流一直处于净流出状态。扣除优先股公允价值变动等非经常性损益后，商汤科技经调整的亏损净额最近几年一直在10亿元，似乎看不到收窄的迹象。而其他几家人工智能企业也都好不到哪里去。

当然，以上三大问题是我们以后视镜的角度来看来总结的结果，站在2018—2021年的时间段，相信问题是逐步被发现的。但是，思考问题的逻辑一直是成立的，尤其是上述和互联网行业相同的四点逻辑与完全不同的第五点逻辑。

想通逻辑，看到行业的高毛利与高亏损伴生，就可以判定行业垄断性较弱（机器视觉行业），竞争的囚徒困境需要延续较长时间，因而行业不支持互联网式的高估值逻辑。尤其是不能以简单的市销率指标来进行估值（亏损类公司由于缺乏估值坐标系，往往会以销售额乘以一个倍数作为估值，从而导致了一些公司为做大估值，去承接更多带来亏损的业务），整个行业需要卸掉盲目竞争，褪去泡沫。

如果看到这些不利因素，那么之前我们拍脑袋匡算的所谓 900 亿元的市值，就要有所下调了。稍微一降低，我们看到中后期投资的赔率就有点太低了：软银愿景投资的时候，估值就已经升到了 60 亿美元，折合人民币约 400 亿元，那么可能上市后就只有不到一倍的涨幅了，即赔率可能只有两倍，但胜率又受残酷的竞争影响，不知道何时止损。这样的赔率与胜率综合来看就有点不划算了。

我们也可以清晰地看到，一些知名和传统的"VC 老炮儿"基金是很聪明的。在软银愿景基金投资并拉高估值之后，这些老炮儿就在人工智能的投资上停下了脚步。确实是认知决定一切，在高估值面前，还敢往前冲的，只有一些对行业缺乏认知，而主要做 Pre-IPO 套利的机会主义资金了。

时机的选择：技术成熟度曲线

对于创新项目投资时机的选择，更多地可以参考美国高德纳咨询公司（Garnter）创造的技术成熟度曲线。高德纳公司自 1995 年起开始采用该曲线，它描述了创新的典型发展过程，即从过热期发展到幻灭低谷期，再到人们最终理解创新在市场或领域内的意义和角色。

如图 1–5 所示，技术成熟度曲线被分成了五个阶段。

- 技术萌芽期。从突破、公开示范、产品发布或引起媒体或行业对这项技术创新的兴趣事件开始。
- 期望膨胀期。在这项新技术被媒体过度炒作的情况下，对这项新技术的建设和预期出现的高峰，并超出其当前现实的情况。这里大概率会形成投资泡沫，人们的期望膨胀值会出现一个峰值。对应到股市上，就是主题炒作流

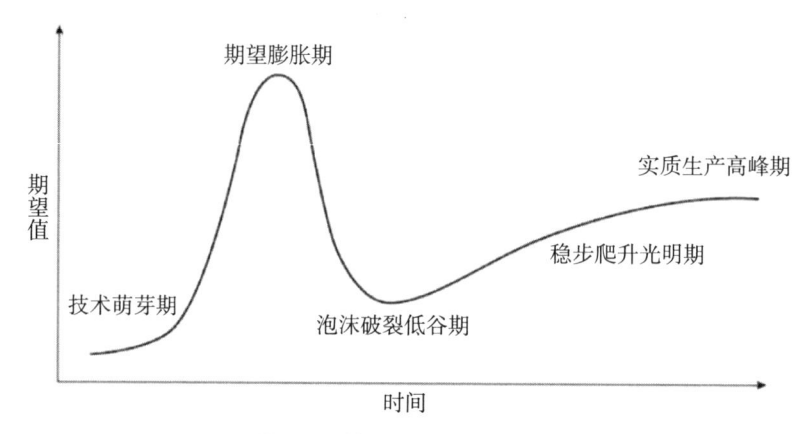

图 1–5　某项创新的成熟度曲线

图片来源:《精准创新: 如何在合适的时间选择合适的创新》。

行, 只要沾边儿就什么都可以炒上天。

- 泡沫破裂低谷期。期望值过度膨胀后, 人们对于迟迟不能兑现的期望会产生负面情绪, 从而认为此项技术也不过如此。这种对结果的失望开始取代人们最初对潜在价值的期望。这时一级市场的项目估值大幅下降, 而股市的主题炒作热度也大大下降, 一些没有实质内容、只是沾边炒作的公司股价会基本回到起点。
- 稳步爬升光明期。总有一些公司会坚持下来, 并取得了稳健的成功。
- 实质生产高峰期。市场开始成熟, 行业领先的公司开始占有实质性领先地位。

对任何投资者来说, 其收益主要存在于技术萌芽期或稳步爬升光明期, 对于以新质生产力投资为主的风险投资人来说, 其收益就是技术萌芽期到期望膨胀期这一阶段。这一阶段的预期所带来的估值提升是最陡峭的, 也是收益增长最快的部分。该段曲线也说明了增长最快的收益部分在一级市场就是天使轮或 A 轮; 股市炒作上, 对应了主题炒作部分 (这里并不是说价值投资不对, 而是主题炒作的情绪疯狂确实出乎很多人意料, 尽管主题炒作的大部分股票可能都是零和博弈)。

第 1 章
人工智能的入局时机

但是，一定要小心从期望膨胀期到泡沫破裂低谷期这个阶段，其下降速度又快又猛烈，稍有迟疑就会严重受伤。要是有人胆敢在这个阶段加杠杆，那结局一定是灰飞烟灭。

在人工智能这个案例上，由于其产品成熟慢、商业落地不明确，我们可以看到技术萌芽期大概在 2014—2015 年，在 2016 年人工智能行业经过了 AlphaGo 事件的放大，估值迅速膨胀，到 2018 年软银愿景基金投资时，已经接近于泡沫的顶点——尽管如此，投资于行业头部项目，依然比其他项目拥有更高的确定性，在泡沫破灭期，最先破灭的都是各种跟风成立的"杂毛"公司，它们一旦融资不利就很快凋零了。

2000 年的互联网泡沫破灭，无数创业公司瞬间土崩瓦解，只留下为数不多的几家公司后来得以成长为互联网巨头。如果投资者于 2000 年在纳斯达克市场买入的不是指数基金或一篮子股票，而是随机选择，那么大概率会迎来本金的全部或大部分损失。

什么时候代表泡沫见顶呢？指标可能有无数个。这里介绍一个最简单的指标：同一创新的各种变形供应商数量大为增加，甚至有几十个（比如 30 个）。请思索一下：在中国曾经上演过的"百团大战"（百家团购公司）、直播大战（几十家直播公司）、遍地 P2P 等现象，当这样的情景发生时，是不是就能确定当时就是泡沫的最顶点？

与商汤科技同时创立的人工智能企业，除了 AI "四小龙"之外，主营业务雷同的估计有上百家，可现在除了屈指可数的几家，剩下的那些企业又在哪里呢？

一定要小心死亡之谷！

无数惨烈的教训告诉我们：无论是风险投资从业者，还是二级市场的股民，切记不要在泡沫膨胀的顶点投资相关标的。"顶点 + 杂毛"的投资组合更是错上加错！投领先公司，还有从顶点跌落后再次雄起的可能性；而投资"杂毛"公司，渣都不剩——这句话尤其要送给那些以"改变世界"的信仰而买入股票，然后抱着不卖的股民。

AI"四小龙"的转型进化

在明白高准确度的开源算法并不具备壁垒后，AI"四小龙"纷纷转型进化。

商汤科技在2021年世界人工智能大会上发布了公司打造的新型人工智能基础设施——SenseCore商汤AI大装置，计划在上海临港建设第一批超算中心，走软硬件结合的路线，即面对各行业制造AI软件模型的同时，提供硬件的超算中心和基础设施服务。

旷视科技则加速布局智慧物流和机器人产品，选择了物流行业作为重点发力对象，在2020年发布了七款机器人及智能物流装备。旷视科技表示，未来将在城市物联网、供应链物联网领域积极推进软硬件一体的解决方案，实现"从软到硬"的AI科技公司转型。

云从科技则把战略重点放在了人机协同业务上。基于人机协同操作系统软件产品和AIoT硬件设备，云从科技面向智慧金融、智慧治理、智慧出行、智慧商业四个领域提供了以软硬件组合为主的人工智能综合解决方案，走的是"重点行业＋解决方案"的软硬件结合之路。

依图科技也在拓展硬件产品以及软硬件组合的解决方案。2020年，依图科技完成了对熠知电子的并购，把该公司的人工智能求索芯片和原石系列智能服务器纳入旗下，往AI芯片领域进发。

我们要清晰地看到，这些转型并不容易，因为其核心竞争壁垒都不高。人工智能属于星辰大海，但机器视觉这个人工智能分支领域赚起钱来并非易事。

2023年12月，商汤科技创始人汤晓鸥博士在睡梦中不幸离世，给商汤科技的发展留下了更大的不确定性。

生成式 AI 时代来临

2023 年初，ChatGPT 火遍了全世界，吸引了所有投资人的目光，各大人工智能企业迎来了 ChatGPT 和大模型的发展机会，人工智能主题的相关股票也趁机大涨了一波。创造 ChatGPT 的组织为美国的企业 OpenAI。OpenAI 用其可被验证使用的产品说明：人工智能已经从机器视觉的感知层面，真正进入了分析和决策的输出层面，生成式人工智能时代正式来临，世界可能要被真正震撼和颠覆一把了。

ChatGPT 使用了深度神经网络与迁移学习的所有技术底层，但是更进一步，不仅要识别和理解对输入信息，还要给予正确的反馈。这种反馈，就颇有些"智能"的味道了，未来机器人安装上类似 ChatGPT 的程序，就可以和人类自由地沟通交流了。

ChatGPT 是靠什么来实现正确反馈的呢？这一切的变化最先源于谷歌 2018 年发表的一篇论文，率先提出了"注意力"（attention），即一个智能体（人或 AI 模型）从接收到的大量信息（如文本、图像、音频）中剔除不重要、不相关的信息，重点关注与自身密切相关的信息。其核心在于收缩关注的信息范围，实现信息的压缩。这个理论的提出就与当初利用导数来变线性模型为非线性模型一样，大大提升了计算机的理解力。谷歌在这个理论的基础上推出了 Bert 模型。

OpenAI 在参考谷歌 Bert 模型的基础上进一步发展。同时，ChatGPT 广泛结合之前的各种技术，包括但不限于：利用前馈神经网络（Feedforward Neural Network）和递归神经网络（Recurrent Neural Network）的结合来构建深度神经网络模型，使用监督学习和强化学习的组合来调整，使用"人类反馈强化学习"（RLHF）的训练方法来接受人类反馈并调整，使用集成式架构集合多种模型进行协作。

更重要的是，2023 年惊艳世界的 GPT-3.5 的参数量高达 1750 亿个，而且与机器视觉不同，OpenAI 没有对 ChatGPT 进行开源，模型到底是怎么样的仍是个秘密。这种领先就造成了技术垄断，可能在相当长的一段时间内，OpenAI 在人工智能领域都将是引领行业发展的存在。

这种集成了各种模型、结构超级复杂、使用超大量参数的人工智能体，统称为"大模型"。

一时间，大模型赛道风起云涌，各大互联网公司、人工智能企业纷纷宣布进入大模型领域。人工智能在短暂沉寂之后，似乎又迎来了一片欣欣向荣的景象。当然，这种繁荣只是创新萌芽期的初步繁荣，根据我们之前刚刚讲过的技术成熟度曲线，新的投资浪潮已经到来，股票市场又短暂爆火起来。

2024年2月16日，OpenAI忽然在官网释放出了其新一代文生视频模型，名为Sora。Sora可以根据文本指令创建颇有真实感且富有想象力的场景。文本到视频模型允许用户创建长达一分钟的逼真视频——所有这些都基于他们编写的提示词（prompt）。

根据OpenAI的介绍性博客文章，Sora能够创建具有多个角色、特定运动类型以及主题和背景的准确细节的复杂场景。OpenAI还指出，该模型可以理解物体在物理世界中如何存在，以及准确地解释道具并生成引人注目的角色来表达充满活力的情感。

同时，Sora也带有世界模型的特质。世界模型不是AI视频生成的必须要素，却是这个领域一个较为高端的研究方向。所谓世界模型，简单来说，就是要对真实的物理世界进行建模，让机器像人类一样，对世界有一个全面而准确的认知——这将让人工智能的决策真正走入人类世界。从此，真实世界与虚拟世界的界限可能就开始模糊了，很多科幻大片的场景开始走入现实。同时，世界模型也为生成式AI真正进入自动驾驶行业铺好了路。

而在刚刚过去的2023年，视频生成赛道的AI创业就曾风靡硅谷。其中，Runway公司在2023年5月完成1.41亿美元融资，由中国美女学霸领衔的Pika公司在2023年11月拿到了5500万美元的融资。

但无论是Runway还是Pika，都没有嗅到来自OpenAI的潜在竞争威胁，它们低估了视频生成赛道的竞争烈度，以为窗口期仍然足够长，所以它们基本都陷入了关注更高画质、更高成功率、更低成本的同质化竞争。直到 Sora 横空出世，它们才明白竞争已经来到了更高的时长，以及更进一步地对真实世界模型的介入。

OpenAI 的领先，再次向我们叙说了技术领先所带来的垄断优势，以及为什么要投资行业最领先公司的全部意义。

投资悟道

- 一个复杂技术的成长非常困难，要经历无数次的尝试改良，才能走向社会。
- 当开源算法的准确率达到 99% 以上，算法本身就已经不是壁垒了，同样的逻辑可以运用到其他软件或其他产品服务上；只有网络效应和不可搬迁的数据才是真正的壁垒。
- 一级市场、二级市场投资，都是要看好行业、好公司、好价格，这是最重要的三点。
- 好价格取决于胜率与赔率的共振。
- 早期投资，在面对未来的新兴产业上，要投在技术萌芽的早期。
- 技术萌芽期到技术被广泛所知，在股市上也会迎来一波炒作浪潮，要跟随请趁早，同时要跑得快。
- 注意泡沫膨胀顶点的来临，其典型市场特征为市场涌现批量供应商，若没有投资到领先公司，这时就要选择退场。
- 无论是风险投资从业者，还是二级市场的股民，切记不要在泡沫膨胀的顶点投资相关标的。
- 技术驱动并带有技术垄断的行业里，永远都要只投资技术最领先的公司。

像投资者一样思考

1. ChatGPT 与大模型的投资机会在哪里？请从算法、算力、数据三要素进行分析。
2. 你若是一家人工智能企业的 CEO，如何来解决商业不确定性的问题？
3. 你若是一只大型基金的首席投资官，一家人工智能企业在上市前寻求最后一轮融资，你的投资策略的思维点主要在哪些方面呢？

第 2 章

自动驾驶的软硬面

> 新质行业：人工智能、自动驾驶
>
> 新质案例：图森未来、禾赛科技
>
> 　　自动驾驶是一场充满希冀，却似乎遥不可及的梦。当"长尾效应"的风险确立，不同的管理团队，进行着不同的坚持或改变，然后有着不同的结果。尽管项目的发展还未走到终点，一切都还有变局的可能性，但我们通过两个项目的对比来总结经验，看看科创技术的创业，到底需要什么样的科学家创业组合？我们又能从中领悟些什么。

　　有了人工智能在视觉上的基础，那么运用视觉计算的最佳方向在哪里呢？互联网巨头和顶级 VC 一致的选择是：自动驾驶。

　　只要简单想想：解放了司机，这相当于解放了多少生产力？相当于节省了多少成本？

　　对于 Uber、滴滴出行这样的公司，如果实现自动驾驶，会节省给司机的分成，一下就变成了垄断性质的巨额利润公司。这种模式被称为机器人出租车（Robotaxi）。

本章试图从软件和硬件两个方面，各选取一家公司，来探索在该一致预期情况下的公司命运。

早期的梦

自动驾驶最早的探索者来自搜索巨头谷歌。

早在 2009 年的时候，谷歌就成立了自动驾驶部门，也就是 Waymo 的前身，这被不少人视为自动驾驶研发征程的起点。回顾当时的科技博客，分析师们笃定自动驾驶将在未来 10 年迎来大爆发，年轻人不再需要学习驾驶这项技能。

在这种信念的驱动下，自动驾驶的创业终于在 2016 年前后进入爆发期，无论是储备了海量科技人才的美国，还是太平洋对岸的中国，都有几十家企业加入自动驾驶的浪潮，包括互联网巨头和创业者。

Uber 公司在 2016 年 1 月发布的一份报告预测，无人驾驶汽车将会在 2018 年为 Uber 带来利润；同年 5 月 Uber 再次预测，2019 年 Uber 要拥有 1.3 万辆自动驾驶出租车，四个月后这个数字将上升到了 7.5 万辆；计划 2022 年在 13 个城市提供无人驾驶出租车服务。在此理念下，Uber 重金收购了自动驾驶初创企业 Otto 公司，并每个月投入 2000 万美元进行研发。

谷歌旗下的自动驾驶公司 Waymo 在 2017 年开始推出了自动驾驶业务。按照当时的报道，Waymo 计划在 18 个月内将业务扩展到 9 座城市，而且有内部消息称："我们已经解决了 99% 的无人驾驶的问题，只需要把车启动就好了。"据称，Waymo 每年的研发投入约在 10 亿美元。

同一年，在百度 AI 开发者大会上，百度创始人李彦宏乘坐改装后的无人驾驶汽车驶向会场，镜头扫到驾驶员座席时，外界敏锐地发现司机的双手并未触碰方向盘。2018 年的全国两会上，李彦宏在回答记者提问时谈道："再有三五年，在完全开放的道路上能够'替代司机'的无人驾驶车就会出现。"

第 2 章
自动驾驶的软硬面

距离 2017 年已经过去了七个年头，Waymo 的"18 个月计划"未能实现，李彦宏的"完全替代司机"的想法尚未在现实中上演。自动驾驶就像一棵观赏性的桂花树，每年都会开花，却始终结不出果实。

表 2–1 列示了自动驾驶各等级的分类。

表 2–1　自动驾驶各等级的分类

等级	定义	功能举例	车型举例
等级 0（L0）	高级辅助驾驶（ADAS）	车道偏离、碰撞提醒等	以面向中低端车
等级 1（L1）	特定功能辅助	定速巡航（ACC）、自动紧急刹车（AEB）等	中高端车型
等级 2（L2）	组合功能辅助	自动保持车道、自动泊车、指令超车等	高端汽车、特斯拉、大多数新能源汽车
等级 3（L3）	高度自动驾驶	大部分时间自动驾驶，但指令仍以人为主，司机随时接管汽车	奔驰、奥迪、本田等厂商宣布准备推出该系统车型，但均未最终实施
等级 4（L4）	完全无人驾驶	由机器接管人的驾驶行为	尚无

在探索一致预期以及现实不达预期的情况下，各路创业团队的抉择，将具有非常深刻的意义。

本章所要阐述的，正是从一软一硬两个方面来探索人工智能到底该如何落地，探索创业管理团队到底该具备什么样的企业家素质。

案例一：图森未来

图森未来的未来

2015 年 9 月，图森互联科技公司诞生，总部设在美国圣迭戈。公司的初始业务主要为新浪等互联网巨头提供以图像识别为主的技术服务。这家公司的初始创始人为陈默——30岁出头的连续创业者。陈默14岁随家人移民加拿大，20岁回到中国创业，在创立图森之前，他曾有过三次创业经历，足迹从户外媒体到游戏公司。

面对巨头纷纷布局的无人驾驶赛道，陈默坐不住了，他认为这是一次绝无仅有的赛道机会。为此，他要拉来一位关键的技术人才入局——侯晓迪，同样30岁出头，他是全球计算机视觉和认知科学领域的顶级专家。

侯晓迪是一位技术大神，身上有个十分著名的标签——"少年黑客"。多年前一篇《校园"黑客"侯晓迪》的文章曾风靡一时，写的便是这位天才少年的成长故事。2003年，侯晓迪从人大附中考入上海交通大学，之后又在加州理工学院攻读博士学位，毕业后专注于计算机视觉领域的研究。

2016年，图森互联更名为图森未来，专注于L4级别货运卡车的无人驾驶技术。侯晓迪为联合创始人兼CTO（首席技术官）。紧接着，又有一批计算机识别和人工智能领域的优秀技术人才陆续加入，其中就包括图森未来后来的COO（首席运营官）——毕业于新加坡南洋理工大学的博士郝佳男，以及后来的首席科学家王乃岩——毕业于香港科技大学的博士。这些技术大佬年龄都不大，是一群充满激情的年轻人创业组合。

创业初期，陈默曾算过一笔账，公司要实现无人驾驶卡车货运盈利，大概需要10亿美元。但要在乘用车赛道赚钱，则可能需要500亿美元，因此他为公司选择了一条最直接有效的商业化路线：吃运输业的蛋糕。因此，图森将产品定位为"L4级自动驾驶技术＋卡车"，杀入面临司机短缺、事故频发、承运碎片化等问题的传统卡车货运市场。

从研发到上路，图森未来进展神速。2016年9月，图森未来科技在一场全球知名的自动驾驶算法评测中获得多项世界第一；不久后，公司在美国加州取得无人驾驶牌照，并完成了一段长距离路测。同年11月，图森未来在上海举行L4无人驾驶货运卡车全国首次公测。短短一年后，图森未来拿下了中国第一张卡车自动驾驶公开道路牌照。

在后来上市的招股书中,图森未来这样定义自己:一家自主技术公司,正在彻底改变估计达4万亿美元的全球卡车货运市场。自成立以来,图森未来已经开发了完全集成的软件和硬件解决方案,这被认为是世界上最先进的L4无人驾驶自动半卡车技术。

此外,图森未来还手握一系列半卡车专用的技术秘籍,包括图森未来的1000米感知范围、35秒的计划视野、5厘米以内精度的高清地图,以及包含完全冗余传感器的集成L4自主半卡车设计套件和组件。

在官网上,图森未来把自己的优势总结为"看得更远""处理更多""反应更快",并且"不惧黑暗"——多传感器全覆盖使得无人驾驶系统在任何条件下几乎都可以平稳运行,不分昼夜、无惧风雨。

在理论上,图森未来可以通过两种服务模式获得收入,一是做"货运版滴滴",使用在无人驾驶货运网络中运营的自有无人驾驶车队,为托运人提供按里程计算的无人驾驶货运服务;二是承运人可以购买无人驾驶货运卡车,在无人驾驶货运网络中运行,并在必要时接入图森未来的无人驾驶系统,在这里收费可以按照里程来收费:比如0.3美元/英里[①],而人类司机的成本大致为0.6~0.7美元/英里。

如果可以按照里程来收费,L4重卡可以赚到的就不仅是软件方面类似于license(授权)的费用,还可以从运输生意中长久分得一杯羹。这个模型简单可行,类似于SaaS软件的逻辑:一次开发完毕,后续除维护费用外,永久收费,市场价值极大。

在融资上,图森未来也是颇受各路资本青睐:

- 2016年1月,图森未来获得来自微创投(新浪微博创新基金)的5000万元

---

① 1英里≈1.609千米。

A 轮融资；
- 2017 年 4 月，图森获数千万美元 B 轮融资，投资方为英伟达、微创投、治平资本；
- 2017 年 11 月获 5500 万美元 C 轮融资，投资方有微创投、治平资本；
- 2019 年 2 月，图森未来获来自微创投的 9500 万美元 D 轮投资；
- 2019 年 9 月，图森未来完成 1.2 亿美元 D+ 轮融资，投资方有 UPS、鼎晖投资；
- 2020 年 11 月，图森未来完成 E 轮融资，融资金额 3.5 亿美元（约 22.8 亿元），投资方有 Traton 集团、Navistar、VectoIQ。

2021 年 4 月 16 日，图森未来成功登陆纳斯达克，成为无人驾驶第一股。此次图森未来的 IPO 发行价为 40 美元/股，募资 13.5 亿美元，第一天上市收盘收平，市值 84.9 亿美元（约合人民币 553 亿元）。无论从募资金额还是市值表现，都称得上极为成功。

上市后，图森未来势如破竹：完成了世界上第一次完全自动驾驶的测试，获得上海市智能网联汽车示范应用资格，获得美国卡车制造商 Navistar 6775 台无人驾驶卡车订单，与英伟达合作研发无人驾驶域控制器……

到了 2021 年 7 月，图森未来的股价来到了 79.84 美元的高位，较招股价上涨约一倍。

作为图森未来最大外部支持者的新浪，通过其控制的基金，为图森第二大股东和最大的投资者。按照招股价来计算，新浪斩获的账面回报高达 200 倍，并一度来到了 400 倍的高位。当然，这仅仅是"账面"回报，如果投资人不能在二级市场及时获利退出，一段佳话很快就会变成噩梦。

真正的困难

无论是创业者还是投资者，显然大家都低估了自动驾驶这件事的难度。

2016年5月，美国俄亥俄州一位40岁男子，驾驶一辆Model S在Autopilot高级驾驶辅助系统开启的状态下全速撞到一拖挂卡车，导致车毁人亡。事后的调查显示，Autopilot系统将前方的白色挂车识别成了白云。而三年后，尽管系统经过升级，但特斯拉的另一位车主又在佛罗里达州的一条高速公路上丧生，情况与俄亥俄州的事故出奇地相似。

2018年3月19日晚，在亚利桑那州坦佩市的一条道路上，Uber自动驾驶车辆在测试过程中与行人相撞，并致其死亡。据美国国家运输安全委员后来披露，Uber自动驾驶测试车存在软件漏洞，且在发生致命事故前的18个月中发生了37起撞车事故。

2022年6月，美国国家公路交通安全管理局发布的一份通知中显示，它们扩大了对特斯拉Autopilot系统的调查，覆盖2014—2022款车型中的约83万辆汽车。在用户申报的案例中，特斯拉Autopilot系统共发生了16起事故，造成15人受伤和1人死亡。

在被调查之际，特斯拉的创始人马斯克表示，掌握自动驾驶这项技术比他预期的要困难。马斯克承认了业界长期以来的共识：由于汽车在行驶过程中必须学习、检测和避免无数现实场景中遇到的变量，自动驾驶汽车技术比理论上要困难得多。

自动驾驶即使正确率达到99.99%，但0.01%的出错概率也是致命。而交通面对的各种情况极为复杂，算法不太可能涵盖所有的可能性，各种很小的事件，不可能软件提前设置好可能性并给予应对，这个巨大的"长尾效应"，就像黑洞一样，挡在了自动驾驶技术面前。

而且，除了具备单车智能，能够检测车道、其他车辆、交通信号和行人运动之外，全自动驾驶汽车还必须学会像人类一样，提前防范其他司机和行人的行为，这几乎在现阶段是一项不可能完成的任务。

从成本的角度来看，要想确保在一定车速的情况下实现单车无人驾驶，即使是在路况较简单、没有大量长尾场景的情况下，目前来看也需要堆叠大量的传感器，这会极大地提高车辆的成本，这让商业化变得在目前没有意义。

一位业内专家表示，"不仅算法要到位，从刹车、转向、传感器到计算单元，全都需要冗余。"要让主机厂帮你把所有大车的双系统都搭出来，这样的平台动辄上亿美元的投入。在现阶段肯定不是那么现实。

2020年，图森未来公司与纳威达（Navistar）公司达成的合作，是计划在2024年（后又推迟到2025年）实现量产，这曾被视为图森未来最有竞争力的合作资产之一。但到了2022年底，这项合作计划被宣告终止。

下跌

正是基于以上关于智能重卡变现逻辑中存在的种种困难，以及图森未来在IPO时吹的牛，市场认识到图森未来在IPO时夸大事实的地方，其商业模型短期无法实施，叠加大量风险投资者均要退出，在中美关系开始敏感的时机点，这都给做空者提供了绝佳的做空时点。

2021年7月，美国证监会（SEC）突然强调在美上市的中国企业采用的VIE架构具有不稳定性和财务风险。此后，陆续公布了七批共几百家因无法检查审计底稿而可能退市的中国公司名单。整个中概股的势头急转直下，大幅下跌，图森未来也未能幸免。

而在此过程中，三年疫情期间，中美的航班大部分都被切断。图森未来的部分技术人员被阻隔在两地，沟通日渐稀少，这其实是技术的大忌。

2021年底，由于美国政府CFIUS①监管要求，图森未来中美两国间的技术沟通减少，从那时起，图森中国的所有技术便开始完全独立自研。这相当于有了两

---

① CFIUS是指美国设立的外国投资委员会，是美国管理外国投资的专管部门。设立于1988年，初衷是为了保障国家安全。与该委员会配套的，则是特别设立的外国投资审批制度。

个技术路线：中美各自发展，美国以侯晓迪为引领，中国以 CTO 王乃岩为中心。

因疫情造成的中美两地的割裂，让公司慢慢失去了团队凝聚力——在困难出现的时刻，凝聚力尤为重要。

2022 年 2 月开始，美联储开启加息周期，即未来现金流折现法来计算公司的价值时的分母端开始变大。像图森未来这种烧钱做研发的公司，现金流流出压力巨大，而收益在未来技术和市场成熟之前，盈利遥遥无期，这种状况下折现价值的分母端突然变大，对公司股票价值的损伤极大。

读者可以在 Excel 软件里输入不同条件来计算折现价值（使用 NPV 函数来计算），会惊讶地发现，对于很多超远期现金流入的公司，折现价值下跌 50%～70% 是很正常的事情，即价值投资中的"价值"不是一成不变的，而是个变化的数字。

敏感的交易者，在加息的趋势下，可以立刻做空远期现金流公司，比如生物制药、自动驾驶这类纯技术公司。

整个 2022 年，随着加息进程的持续，加息的速度和幅度不断突破认知，远期现金流股票迎来了大幅下跌。

美国企业服务数据公司 Crunchbase 在 2022 年 10 月曾对 14 家近几年上市的自动驾驶汽车相关技术的公司进行了追踪，结果发现这些公司在上市后的平均跌幅都超过了 80%。而非上市的谷歌旗下自动驾驶公司 Waymo 的估值已从最高 1750 亿美元下跌到 300 亿美元。

估值下跌导致了这类公司融资变得困难：有的想要融资的金额都要超过市值本身了，这怎么融资呢？随着对自动驾驶长尾风险的认知不断得到证实，账面现金较少的公司的下跌又带来了"反身性"：越跌越没价值，因为无法融资导致公司现金流断裂，就会走向破产。

对图森未来而言，2022 年 1～6 月，股价与其他自动驾驶公司一样惨烈，整整跌去了 80%。但是，与那些没有账面现金的公司不同，图森未来账面是有靠

IPO 融来的大量现金的。

创业团队的离心

作为技术出身的侯晓迪，将股价下跌的责任指向了 CFO 吕程——这位本科毕业于弗吉尼亚大学、MBA 在哈佛商学院毕业的华人，与陈默、侯晓迪一样年轻有为，在 2018 年加入公司后一直是公司的三号人物。侯晓迪认为吕程的种种行为，与自己和公司的价值观和信仰是相悖的。2022 年 3 月，吕程迫于压力，离开了图森公司并退出了公司的董事会。

> 不能把失败归咎于部下的无能或偶然状况。其实，失败是系统存在缺陷的征兆。
> ——彼得·德鲁克

2022 年 6 月，图森最主要的创始人陈默忽然宣布创业图灵智卡（Hydron），并离开董事会。图灵智卡主业是做氢能卡车，目的主要是为了承接自动驾驶技术。模式上，图灵智卡与图森未来高度相似，总部设在美国加州安大略市，中美两地联合办公。另据相关消息，图灵智卡的首个制造工厂将落地北美，计划与合作伙伴一起建设制造工厂，实现车辆在北美地区的本土化生产，所生产的卡车产品将直接销售给自动驾驶公司。也就是说，陈默单独创业，做了一个图森未来的下游客户。这也相当于陈默在图森未来主动引退，把公司的主导权、控制权全部都交给了侯晓迪。

随着吕程和陈默双双出局，侯晓迪挑起 CEO 兼总裁的担子，并接任了陈默的董事会主席职位。当时，董事会中共 5 人，除他之外另外 4 个人都是外国人，且都不在公司担任任何职务的独立董事，这样的结构对于公司运营极其不稳定。

2022 年 8 月 1 日，《华尔街日报》发布独家消息称：2022 年 4 月，一辆配备图森未来自动驾驶技术的卡车在美国 1-10 公路上突然左转，撞上路边的混凝土路障。

2022年10月底,还是《华尔街日报》的同一位记者报道了侯晓迪被美国联邦调查局(FBI)、美国证券交易委员会(SEC)和美国外国投资委员会(CFIUS)三大机构同时调查的新闻,说是怀疑图森未来涉嫌向图灵智卡秘密共享机密技术,罪名甚至上升到了图森未来是向中国输送技术的"经济间谍"的高度。

但这个新闻应该是假的,更像是一种里应外合的手段,目的是有人想抢夺公司所有权以及公司账面上的现金。

就在上述报道发布的当日,图森未来董事会立即投票罢免了侯晓迪。他感觉这更像是一场有预谋的"逼宫"。图森未来的账面上还有很多现金,如果公司完全被非创始团队成员的外部人员所控制,这家公司将很快会被肢解。

10天后,侯晓迪找到陈默、吕程,三人联合用超级投票权暂时结成联盟,重组了董事会。侯晓迪为此付出了沉重代价:2022年11月10日,他交出了公司的所有管理权和超级投票权,吕程重新回到CEO岗位,陈默仍是董事长。

据外媒报道,作为回归的条件之一,吕程得到了一份薪酬方案,如果他今后被无故解约,或者公司控制权变更,将得到巨额的补偿性薪酬。图森未来之后的发展表明,在事实上,侯晓迪的权力被这次董事会重组架空了。2023年3月,侯晓迪离职,结束了他在图森未来的职业生涯。

受限于中美两地断航造成的割裂,在侯晓迪当权时,图森未来打算出售中国业务,继续全力推进L4的技术研发;在侯晓迪离开后,图森未来的打算又变成了出售美国业务,将技术聚焦从L4转移到L2,中国技术团队很快推出一款叫TS-BOX(大黑盒子)的L2产品。

在整个管理层动荡的过程中,尤其是被媒体新闻造谣后,图森未来的股价一度长期低于1美元,市值只有1亿美元,股价跌去99%,做空者大获其利,这大大体现了美国资本市场的残酷性。2024年1月18日,图森未来决定自愿从纳斯达克退市,留下了一声叹息。

案例二：禾赛科技

硬件面：不一样的故事

整个自动驾驶算法赛道的故事，都如图森未来一样，跌宕起伏，破产的破产，转型的转型，纷纷从 L4 回撤到 L2。

然而，与软件算法不同的是硬件，尤其是激光雷达行业。

在激光雷达行业，其行业鼻祖德国 Ibeo 公司陷入了破产，而一度居于行业领先地位的 Velodyne 公司也在大裁员，苦苦挣扎求存，并与另一家激光雷达初创公司 Ouster 合并；而来自中国的一家追随者禾赛科技却逆势而上，走出了不一样的路线。

禾赛科技成立于 2014 年，由三位顶级华人科学家一起创立，初始业务为激光气体遥测系统。受海外自动驾驶概念与激光雷达的先行者 Velodyne 公司的影响与驱动，三人决心进军这一颇具未来想象力的市场。

禾赛科技的跟随速度非常快，虽然 2016 年才进入市场，落后海外对手几年时间，但凭借在激光气体遥测的基础，仅仅到了 2019 年，在全球 TOP 12 的无人驾驶公司中，就有超半数首选了禾赛科技。

到了 2022 年，禾赛科技全年激光雷达交付量超过 8 万台，成为年度当之无愧的激光雷达"交付之王"。2023 年 2 月，禾赛科技成功在纳斯达克上市（股票代码 HSAI）。

而给投资人更大的惊喜是，2022 年还在巨大的研发投入下亏损了 2.45 亿元，而转眼到了 2023 年第一季度，公司就实现了盈利，同时一季度营收 4.3 亿元，同比增长 73%，激光雷达总交付量达 34 834 台，同比增长 402.9%。

从交付量来看，禾赛科技第一季度已经超过 Luminar、Ouster、Innoviz、Aeva、Cepton、AEye 六家在美股上市的激光雷达厂商销量总和，成为全球激光雷达市场上的销量冠军。

禾赛科技不仅迅速实现了扭亏为盈,并且以惊人速度攀升至市场销冠的宝座,它究竟做对了什么?

首先,禾赛科技要做到技术的绝对领先,这是最根本的要素;其次,禾赛科技深刻理解了规模与成本所代表的一切含义,即:只有销售量上规模,巨额的研发费用才能得到支撑;只有产业链垂直整合,成本才能降到最低。

> 在一日千里的结构性调整中,唯一能幸免于难的只有变革的引领者,我们无法左右变革,只有走在它前面。
> ——彼得·德鲁克

规模效应

怎么才能做到规模第一呢?

禾赛科技的选择是从高端技术往下兼容低端产品,在高级驾驶辅助系统(ADAS)上完全打开市场。

2017年,禾赛科技发布Pandar40之后,凭借出色的性能、质量和更快的客户响应能力,禾赛科技一举将行业鼻祖Velodyne拉下神坛,之后又趁热打铁,在2019年和2020年分别推出了性能更强的Pandar64和Pandar128,从而在L4自动驾驶领域达到了出货量第一。

在此基础上,当禾赛科技要进入ADAS的L2级别的市场时,并没有因为在L4级别上的技术更高,而去选择高价。相反,禾赛敢于以惨烈的价格战去拿订单,在技术与性能都优于对手的情况下,敢于以更低价横扫市场。

仅2022年,禾赛科技就拿下10家主流OEM(原始设备制造或贴牌)厂商的ADAS激光雷达前装量产定点,而在2023年1月,公司又签下第11个OEM客户。这些客户几乎全是中国新能源汽车最主流的玩家。坊间甚至有传闻说,为了拿下理想汽车这个大客户，它们给理想汽车的 L8 和 L9 车型的供货价格仅仅是成本价的一半。

当然运气非常重要，禾赛科技所押注的大客户理想汽车，是造车新势力的主要玩家之一。

从财务数据上看，激光雷达产品的毛利率从 2019 年的 70% 下降到了 2022 年的 39%。为了进入 ADAS 市场，以价换量的策略是值得肯定的，因为对于顶级科技公司来说，研发成本才是最大的成本，而研发成本需要规模来平摊，交付量越大，每个交付件所平摊的研发成本越低。

垂直整合

站在激光雷达的供给端，禾赛科技很早就意识到，降低成本将是车企采购的大趋势，电动化时代的零部件供应，或者将比燃油车时代更为内卷。类似丰田等传统车企巨头向下"层层施压"的操作，迟早在激光雷达领域频频上演，而破局的唯一办法，就是自己把握核心元件的主导权。

所以，禾赛科技选择了自研芯片，于 2017 年成立芯片部门，并规划了多代芯片的发展路径。

芯片化对激光雷达的意义在于，尽量将机械部件替换为半导体，将分立器件尽量集成到更少的芯片中。由此，机械部件的减少和垂直整合度的提高，带来的是成本的持续降低，以及产品性能与可靠性的大幅提升。

从 2017 年到 2023 年，禾赛科技已经开发了四代激光雷达专用芯片，包括激光驱动芯片、模拟前端芯片、数字化芯片，最新一代预计在 2026 年左右量产。禾赛科技 CEO 李一帆称，公司在任何发展阶段均有 10 款以上芯片在研。

禾赛科技后来表示，得益于自研芯片，该公司已经将激光雷达元器件数量从约 1000 个降至约 100 个，而关键供应商的数量，也从此前的约 100 个降至约 10 个。

垂直整合并不仅仅等于自研芯片，生产制造也是一个不容忽视的环节，只有前端研发和后端制造的完美配合才能真正帮助企业快速地将产品推向市场，并通过快速迭代来建立竞争壁垒。因此，禾赛科技选择自建工厂。

很多激光雷达企业在前期更倾向于代工模式，或是其他方式的合作模式。因为轻资产的思路不仅可以省钱，还可以灵活调头，减轻创业初期的试错风险。但是，这样的思路是在初期，一旦进入了规模化生产的阶段，绝对是自建工厂才能保证最严格的质量控制与最严格的成本控制。另外在李一帆看来，所有的制造问题都是研发问题，所有的研发问题都要在制造中解决，本质上是一个系统，两者不能割裂。

禾赛科技在上海嘉定搞了个智能工厂，官方给的数据是自动化程度高达90%，生产效率达60秒/台。另外，该公司还在上海嘉定启动了麦克斯智造中心，计划将于2023年投入量产，年产能将达120万台。

这种对垂直整合的理解和坚持为禾赛科技过去四年产品端的快速迭代埋下了伏笔，也为之后在全球市场上开疆拓土提供了有力支撑。

总结评价

两个案例对比：同与不同

把图森未来与禾赛科技进行对比，有哪些相同与不同呢？

相同点是都是华人科学家创业，都是自动驾驶赛道，都面临着L4与L2阶段的抉择。

而不同点大致可以总结为以下几点。

1. 创业团队不同。

图森未来的两个主要创始人，一个是擅于捕捉机会的创业家，一个是高智商的科学家，两人之前没有共事和同窗的情谊；而中途加入的担任 CFO 的三号人物，更是完全的投资背景，三人因为背景不同，可能互相沟通和理解并不顺畅。

反观禾赛科技，其三位创始人都是科学家出身，其中还有同窗之谊，两位是本科同学，两位是研究生同学。共同的背景与同窗之谊能够共患难，当其中一位创业者在朋友圈爆出"出轨门"后，虽然影响了公司的融资与发展，但并没有爆发创业者之间"互撕"的闹剧，也没有让对手或其他人趁虚而入。

2. 办公地选择不一样。

图森未来的总部一直设在美国，但大量研发人员却在中国。随着疫情与中美的技术封锁，两地的沟通越来越困难。

而禾赛科技虽然在美国创立，但三位创业者很快就全部搬迁回了中国，充分利用了中国的工程师红利，推进技术快速研发。在中国的全职办公，也让禾赛科技有着直接接触汽车制造产业链的机会，赶上了新能源汽车快速上线 ADAS 系统的市场机会。

3. 方向选择不同。

图森未来从成立起就奔着 L4 目标而去，而且对技术很有自信，上线了无人驾驶的路试。但当一切的情势都表明 L4 可能暂时无法实现时，其自信的科学家并不屑于立刻转型到 L2，丧失了快速切入 L2 的战机。

而禾赛科技刚开始时也是奔着 L4 的高端激光雷达去的，但当发现新能源汽车的 L2 级别的机会可能要启动之时，便果断杀入，选择价格战的方式快速拿下市场，实现规模效应，同时也不放弃 L4 市场，在 L4 市场继续享有高毛利。

4. 成本不同。

在发现 L4 级别的商业化困难后，加之中美两地的技术铁幕，似乎中国和美国两地要放弃其中一地。所以在侯晓迪任 CEO 期间，似乎有传言要出售中国业务；而当侯晓迪卸任后，极有可能出售美国业务或减少美国的 L4 级别的研发。

对禾赛科技而言，在通过 L2 的低端产品形成规模放量的同时，通过自研芯片与自建工厂，完成了上游的垂直整合，将成本控制在竞争对手很难抵达的地方，实现的技术与成本的双优势。

综上，两家公司的对比情况如表 2–1 所示。

表 2–1　　　　图森未来与禾赛科技的不同点对比

	图森未来	禾赛科技
创业团队	无同窗情谊，核心成员专业背景差异	有同窗情谊，核心成员同为科学家出身
办公地	中美两地办公，总部在美国	总部在中国，但同步开拓美国市场
方向选择	一路 L4 技术，后放弃 L4 转型到 L2	L4 技术起步，ADAS 市场启动后利用 L2 快速放大规模
成本降低	起步订单少，试图减少 L4 研发或出售一部分业务断臂求生	通过自研芯片、自建工厂，完成垂直整合来降低成本

科学家创业的那些问题

科学家，尤其是顶级科学家创业，好处是显而易见的。

第一，学术资源或技术资源。大多数技术的起源，都是科研机构使用"大钱"砸出来的，中间历经了漫长的科研过程，技术上早已经历九九八十一难，从技术到成果转化，只需要最后一步。

第二，低成本工程师红利。很多科学家都是带着自己的博士生和其他学生一起创业的，这些技术人才是很难在社会上获取的，而且成本较低，大家为了梦想跟随导师一起创业,凝聚力也非常强。

第三,官方支持。有些科学家具有一定的社会资源和影响力,比较容易获得来自政策和一些地方政府的扶持。

但是,科学家创业也面临着一些问题和挑战,尤其是对一些学术知名度还没有到达一定阶段,无法实现技术成本的外移或团队成本降低的科学家。他们创业时,除了手里的技术,并无其他特殊资源。对于这类科学家,尽管运气非常重要,但人总有走背运的时候。在运气不佳的时刻,一些问题就出现了。

1. 做技术与做管理的思维不同。

科学家的思维是一种追求极致、完美主义的思维,每天琢磨的是打造完美的技术、做出完美的产品;公司管理却要求刚柔并济的目标管理思维,追求在不具备完美环境的条件下的灰度空间中,对人、事、物的需要追求效率上的混沌。

这两种思维看上去似乎是互斥的。只有把完美主义与混沌主义完美结合的科学家创业者,才能最终成为完美的科学家。但是这种人太少了。做到这些需要团队的配合,但如果团队缺乏共同求学或共同工作的经历,所产生的分歧又很容易演化为权力冲突,最终将导致公司解体。

2. 公司财务的现金流意识。

面对变化的环境,科学家能不能面对现实,及时纠偏也非常重要。未来很美好,但现在的任务却是先活下来。在一个确定有远方、有前途但中短期无法盈利的项目中,在融资受限的情况下,就得想办法先把企业的现金流做正。

很多科学家确实会花钱,但赚钱这件事不是光靠科研和产品就能完成

> 所谓"商业智慧",即 CEO 最应关注的企业四个关键要素:比竞争对手更好地满足客户需求,产生现金净收入,拥有较高的资本收益率,实现盈利性增长。
>
> ——拉姆·查兰(Ram Charan)
> 《CEO 说:人人都应该像企业家一样思考》作者

的，需要科学家放下身段，走出实验室，为团队开源节流，一边倾听市场与客户的声音，一边做好内部的成本控制。

3. 对待团队的态度。

一般而言，大多数科学家往往会过高估计技术与产品的影响力，融资时的估值很高；但往往低估资源与管理的影响力。创始人的这种理念倾向造成团队里技术团队的地位无形中比商业团队高，在市场境况不佳时，容易造成团队矛盾。

在过去十几年间，科学家创业正走向"黄金时代"。在目前已上市的科创板公司中，超六成公司的创始团队为科学家、工程师等科研人才或行业专家。正是科学家作为带头人，带领着中国的科创事业不断走向高峰。人工智能、半导体、新材料、新能源、生物医药等科创领域，吸引着众多科学家成为双创翻涌浪潮里的一朵朵勇立潮头的璀璨浪花。实践表明，只有学会管理、具有商业智慧的科学家，才能取得最终的成功。

投资悟道

- 小心技术"长尾效应"：当一项技术以人类的生命安全为代价时，小心各种长尾复杂变量所要求的技术冗余度过高。
- 价值投资中的"价值"不是一成不变的，当折现价值中的分母快速变大，研发类公司的价值就在快速缩小；而反过来，当分母变小时，研发类公司的价值又会增长。
- 当困难出现的时刻，公司的凝聚力非常重要。
- 即使是智商再高的天才，面对市场环境的变迁，也要把技术的骄傲放在一边，要聆听市场的声音。
- 生产型企业一旦进入了规模化的阶段，绝对是自建工厂才能保证最严格的质量控制与成本控制。
- ✦ 具有同窗情谊、同事情谊的创业团队，更容易度过磨合期，面对困境时更团结。
- ✦ 团队最好不要两地办公。
- ✦ 科学家创业要注意放下专业上的傲慢，去倾听客户、市场和非技术团队的声音。

像投资者一样思考

1. 诸多自动驾驶的算法公司，都完成了大额融资，面对同质的算法与不及预期的市场表现，他们的出路在哪里？
2. 请翻看科创板上市的科学家创业项目，想想他们成功的背后，遇到了怎样的天时、地利、人和？
3. 请尝试寻觅最佳一些科学家创业失败的案例，从更多案例中总结科学家创业的经验教训。

第 3 章

壁立万仞：中国 AI 芯片的追随之路

> 新质行业：半导体（芯片）
>
> 新质案例：行业综述，涉及多个案例
>
> 算力是光，算力是电，算力是未来的神话。作为驱动算力的 AI 芯片，技术的涌动迎来了一波又一波的发展浪潮。在"算力老仙"英伟达的引领下，芯片产业为之撼动。在美国芯片禁令下，中国市场亦迎来了独立发展 AI 芯片的机遇，但谁能执牛耳呢？

在呼啸而来的人工智能革命中，一切其实都在刚刚开始的阶段。最先进的算法应用，如 ChatGPT 和各种大模型，其实也就只类似当年工业革命时代最初的瓦特蒸汽机阶段。而要驱动这款初级的瓦特蒸汽机，就要加水烧煤：在人工智能这里，水就是数据，煤就是算力。

图 3-1 展示了这三要素之间的关系。我们可以再比喻得形象简单一点，人工智能就像吃火锅：算法是锅，算力是火，数据是菜。锅里的水能否烧开，核心是算力这把火。

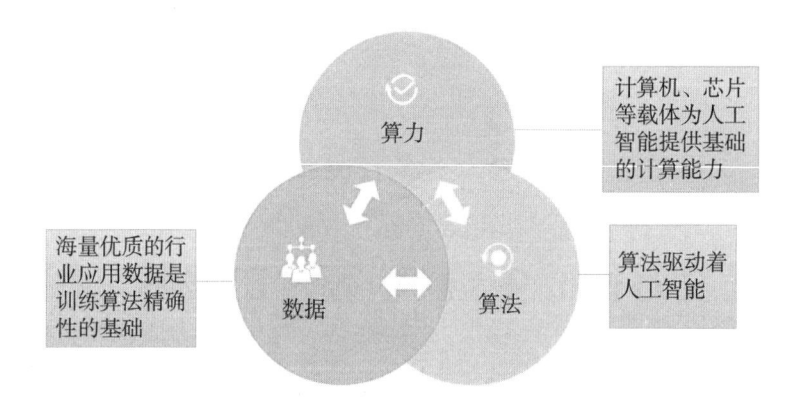

图 3-1 算法、算力、数据关系图

算力，就是计算能力，算力的核心是芯片。由于迁移计算的存在，算法的成熟度又在很大程度上取决于算力的高低；在大模型进入了"预训练"时代后，算力对算法的推进又进入了一个新层次。算力越先行，算法就越先进。

但什么是符合人工智能的优秀算力呢？当然是符合人工智能算法需要的、特殊的计算能力。

人工智能的底层技术是模仿人类的神经元模型，不同点是人类神经元是基因本能带来的生物电。人类神经元是经过了上亿年多重生物预训练后的结果，而人工智能里的神经元却要将各种可能性重头都计算一遍，即"矩阵乘法"计算。这种运算一次又一次，超级大量且枯燥。

2011年，人工智能的先驱人物吴恩达领衔谷歌大脑项目（Google Brain），为了让智能程序从1000万张图片中识别出一只猫，动用了1000台电脑与16 000颗CPU处理器，当时花费的成本达100万美元。这是因为CPU适合复杂的通用串行任务，每颗CPU内置最多16个强力ALU（算术逻辑单元，或称"内核"），翻译一下，CPU里面的高强力内核相当于一个能做微积分的大学生，但神经元模型的计算却是简单的相乘相加任务，其实小学的水平就够了。

吴恩达发现，GPU芯片更适合做这种简单运算。GPU最初用在图形加速领域，在游戏的图形渲染中也被大量使用，国人称之为显卡。显卡里内置了数千个较简单的内核，都可以进行简单相乘与相加的计算，并且能同时进行运算（并行运算）。吴恩达改用 GPU 测试同样的运算程序，惊讶地发现只用 64 颗 GPU 配上 16 台电脑，就实现了 16 000 颗 CPU 完成的任务。

从此，GPU 成了人工智能领域强大的算力武器。

图 3-2 展示了 CPU 与 GPU 的对比关系。

CPU 与 GPU 对比图

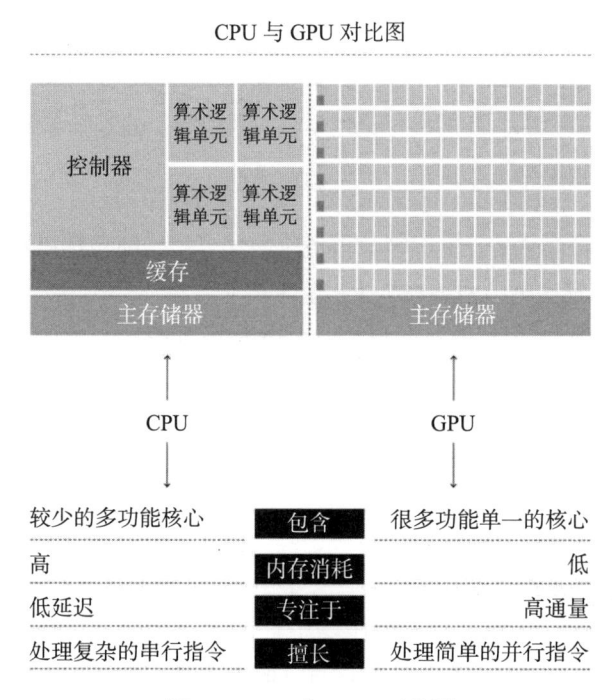

CPU		GPU
较少的多功能核心	包含	很多功能单一的核心
高	内存消耗	低
低延迟	专注于	高通量
处理复杂的串行指令	擅长	处理简单的并行指令

图 3-2 CPU 与 GPU 对比图

图片来源：第一财经。

算力老仙，法力无边

GPU 领域的王者，就是黄仁勋及其创建的英伟达公司（nVidia）。

黄仁勋，1963年出生于中国台湾，幼年时随父母移居美国。1983年大学毕业后，黄仁勋怀揣梦想，直奔硅谷。黄仁勋最初任职于AMD公司（超威半导体公司）。AMD主做CPU，黄仁勋担任芯片设计师。面对身边一堆博士同事，他备感压力，于是利用业余时间到斯坦福大学深造，于1990年取得斯坦福大学电子工程硕士学位。

> 承受痛苦和苦难，是在追求愿景的路上必经之痛。
> ——黄仁勋，英伟达CEO

入职两年后，他离开AMD，加盟LSI公司，主要做芯片的图形处理。这为他日后创办英伟达奠定了基础。在LSI，黄仁勋主动要求从工程部转到销售部，最后成为集成芯片负责人。新的岗位让他学会了如何将产品开发与市场需求相结合。他后来回忆说，那是他人生做出的最佳职业选择。

1993年，刚刚30岁的黄仁勋联合两位朋友，在一间咖啡馆创立了英伟达公司，初创时是一家为电脑和游戏机生产显卡的芯片设计公司。公司历经磨难，凭借诚实、勇气与坚毅的品质，公司渡过了初创的困难期。

1999年，英伟达推出了其划时代产品——Geforce256，该产品将3D渲染中的光影转换从CPU中解放出来，大大提升了显卡效能，降低了对CPU的依赖。英伟达将这种显卡产品仿效CPU的称呼，第一次命名为GPU（Graphic Process Unit，图形处理器）。

划时代产品推出后没几年，英伟达几乎统一了独立GPU的天下。80家竞争对手灰飞烟灭，最大的对手3dfx还被自己收购，另一家对手ATI公司则被劲敌AMD公司收入囊中。

几乎一统江湖之后，黄仁勋继续巩固自己的商业版图，着手改写行业规则，并提出令对手胆寒的黄氏定律：GPU芯片的性能，即计算量或计算能力，也即现在所称的算力，每六个月提升一倍。这是比摩尔定律快三倍的速度，足以击垮任何对手。唯一能阻止老黄的，只有芯片的散热问题——这一问题后来一直困扰着英伟达，并通过不停设计新架构来进行优化。

第 3 章
壁立万仞：中国 AI 芯片的追随之路

除了算力自虐，黄仁勋的眼光看得更长远：2003 年，为了赋予 GPU 可被编程的能力，他任命大卫·B. 柯克（David B. Kirk）为首席科学家，秘密启动了名为 CUDA 的软件平台项目，旨在打造一个通用的并行计算架构，让 GPU 不仅仅只是图形处理芯片。为此，英伟达每年投入 5 亿美元，而当时其年营收不到 30 亿美元。

2006 年，CUDA 项目面世。在 CUDA 软件系统的帮助下，研究人员和编程人员得以实现通过编程语言与硬件设施对话，从而将复杂的数学问题转化为多个简单的小问题，分发给 GPU 的无数个简单计算内核，通过并行运算，大大提升了解决问题的速度。

> 创新者一旦有信念，就会纵身一跃，而不是等到大家形成共识。
> ——吴恩达，人工智能科学家

如黄仁勋所说，CUDA 问世后成为"科学向前发展的最佳解法"，庞大的并行运算能力，通过把复杂问题分解，成为搭建超级计算机的首选——这就是黄仁勋的算力信仰。通过 CUDA 生态系统，英伟达得以与各大云服务商、数据中心运营商、AI 框架开发者、AI 应用开发者等商业伙伴合作，提供更丰富的解决方案。

2010 年起，英伟达开始在芯片的硬件层面布局人工智能；2014 年，英伟达发布了新一代 GPU 芯片架构，命名为 Pascal，这是英伟达的第五代 GPU 架构，也是首个为深度学习而设计的 GPU 架构，它支持所有主流的深度学习计算框架。

2016 年上半年，英伟达又针对神经网络训练过程推出了基于 Pascal 架构的 Tesla P100 芯片以及相应的超级计算机 DGX-1。对于 Telsa P100，黄仁勋称这款 GPU 的开发费用高达 20 亿美元，而英伟达全年的营收也不过才 50 亿美元——这无疑又是对人工智能的一场豪赌。

从 2017 年起，英伟达疯狂升级其芯片基础架构，五年升级了四代，对芯片进行各种"魔改"：在技术上，相继推出了 TensorCore、RT Core（光线追踪）、NVLink、cuLitho 平台（计算光刻）、混合精度、Omniverse、Transformer 引擎等一批针对人工智能的新应用；在行业上，比特币挖矿和元宇宙爆火，以及人工智能新技术的一波波创新，牢牢把 GPU 的研发战略置于人工智能发展的最新前沿。

英伟达于 2022 年推出的 H100 芯片，使用 NVlink 4.0，连接加速百亿亿级工作负载；而专用 Transformer Engine 支持万亿参数语言模型；使用加速推理的结构化稀疏功能，将大型语言模型的速度比上一代提高了 30 倍。芯片采用几乎是全球最先进工艺的台积电 4nm 技术制造，容纳了 800 亿个晶体管。

> 就算摩尔定律走向终结，GPU 也将无所不能。
> ——黄仁勋，英伟达 CEO

路走到这里，放眼整个 GPU 市场，英伟达一骑绝尘，几乎再也找不到任何能打的对手了。

英伟达用了十余年的时间，将 GPU 芯片在 AI 任务上的性能提升了 1000 倍，成为芯片界公认的"卷王"。在 2023 年的芯片顶会 Hot Chips 上，英伟达首席科学家比尔·达利（Bill Dally）分享了英伟达取得成功的四大要素：精度数字表示（16 倍）× 复杂指令（12.5 倍）× 制程迭代（2.5 倍）× 稀疏化（2 倍）。

从创办英伟达开始，黄仁勋领导这家公司 30 年；从进入人工智能领域开始，黄仁勋坚持了 20 年，熬退了老对手英特尔的五任 CEO。黄仁勋通过极具耐心的长期主义布局，一步步站上了全球半导体产业的巅峰。

到 2023 年底，英伟达市值 1.2 万亿美元，遥遥领先曾经的芯片王者英特尔公司，而且居然是英特尔市值的六倍。而仅仅一个月后，在 2024 年 2 月，在人工智能概念的疯狂驱动下，英伟达就到达了 2 万亿美元的超高市值。曾经所有人都认为英特尔是不可逾越的高山，但英伟达通过对颠覆技术的长期布局，居然可以把英特尔远远甩在身后，并成为遥遥领先于英特尔市值的超级王者。

从英特尔的衰败看芯片产业

英特尔怎么会从看似牢不可破的一代霸主地位跌落呢？

原因就是固步自封：一方面固步于 PC 行业，没有在移动互联网和人工智能两方面进行布局；另一方面，固守半导体 IDM 模式（Integrated Device Manufacturer，整合组件制造商），即自有工厂模式，没办法以最快的速度进行最新技术的更新。

行业红利

英特尔在 PC 时代实在是太成功了，其最先完成了 x86 架构的系列处理器，在技术上占据绝对领先优势。在绝对领先的同时，一直保持危机感，在"只有偏执狂才能生存"的 CEO 安迪·格鲁夫（Andy Grove）的领导下，绝对践行英特尔创始人曾经提出的"摩尔定律"：微处理器的性能每隔 18 个月提高一倍，而价格下降一半。

摩尔定律是个自我实现的预言，即行业的领先者按照这个定律去实践，就差不多能将跟随者甩在身后。英特尔不断按照这个定律去实践，在不断升级架构、增加晶体管数量以提升性能的同时，不断更新自有工厂的技术线，通过不断缩小制程来降低成本。摩尔定律带来的领先让对手难望其项背。

英特尔又迎来 PC 大发展的时代，不断投入的新技术工厂很快被高毛利的 CPU 售卖所快速摊销折旧完毕，然后赚到的利润很快投入到更新的技术工厂中去。通过与 Windows 软件系统以及大量 PC 硬件厂商结盟，英特尔几乎吃掉了整个 PC 时代的芯片红利。

但是，在进入移动互联网时代后，英特尔遇到了其 CPU 不适应移动手机的问题：因为英特尔的 CPU 为 CISC 指令集架构（复杂指令集），其命令和硬件逻辑都相对复杂，整个处理器的晶体管数量极为庞大，结果就是性能极为强大，但功耗也高，这对长期插电使用的 PC 可能问题不大，但是对于电量有限的手机来说，功耗和散热却都是致命问题。

因此，在手机上，长期耕耘 RISC 指令系统（精简指令集）的 ARM 公司获得了巨大成功。RISC 指令集制造出来的手机 CPU 虽然性能有所逊色，但其功耗较低，有效平衡了功耗与性能。ARM 由于自身资金实力较弱，既无力制造芯片，也无力设计芯片，因此将其核心的指令集作为知识产权进行对外授权，让其他芯片设计商来完成芯片的最终设计与制造。

等英特尔意识到手机市场的庞大与重要性并重回 RISC 指令集时，却为时已晚。

同样，英特尔也没有意识到一个小小的显卡，居然能够成就 GPU 这个大杀器，想不到多重"傻瓜"式运算单元的处理器最终恰好能够运用到人工智能领域；等英特尔醒悟过来，重新进行 GPU 与对应软件系统开发的时候，也已经远远落在了英伟达的后面。

产业结构

在很长一段时间内，英特尔一直认为制造工厂是其王牌竞争力，因为自有工厂可以将领先技术完全保密，同时工厂产能完全配合其销售，上下一起比较容易协调，能够形成合力。而且半导体产业的工厂技术更新，是场极为消耗资金的重大资本支出，一般的公司根本不具备不断进行重大资本支出的实力，这对要进入行业的竞争者来说，是个巨大的门槛。

但是，台积电公司及其代表的 Foundry 模式（芯片代工厂模式）横空出世。代工厂为全世界所有的不愿意或无力进行重大资本开支的芯片设计公司进行芯片生产。在完成客户保密设置以及解决与客户的沟通效率问题后，台积电的发展一飞冲天。这相当于集产业所有设计方面的力量共同"团购"了一个工厂，从产业分工上说，分工后各方都得提高专注力，并且降低了资本消耗。

Foundry 模式是对英特尔 IDM 模式的重大打击。因为随着纳米制程越来越小，从 28nm 到 14nm，再到 7nm，然后更小，追求更小纳米数制程所需的资本开支也越来越高。据说在 7nm 时，一条生产线的建设成本约为 120 亿美元，而在 5nm 时，其建设成本高达 160 亿美元。

即使像英特尔这样的公司，也不敢轻易进入更小纳米数制程的建设。但是，台积电却做到了，甚至在没有客户的时候，台积电可以提前进入更先进制程的工厂建设，提前行动。之所以能够做到，是因为台积电相信，总有公司会用到更先进的制程。制程越先进，代表处理器可以容纳的晶圆数越多，性能就越先进，同时由于单位面积变小，其芯片制造成本呈现平方数的降低，任何追求技术领先的公司都会追求更先进制程，台积电也就不愁订单。

事实也确实如此。例如，英伟达刚刚推出 H100，很快就用上了台积电刚刚建设好的 5nm 的产线，经重复曝光，H100 芯片最终实现了 4nm 的效果。

以更低的成本取得更高的性能，英伟达利用台积电的产能实现了这一追求。这不就是当初摩尔定律所追求的领先者效应吗？只不过时代来到了英伟达与台积电这边，而英特尔在追求芯片制程的竞赛中掉队了。技术不再领先后，很快就不再是行业第一名了。

芯片业的周期成长

从上面的故事中，我们可以看出：由于庞大的资本开支与技术进步这两大因素同时存在，芯片行业呈现出强大的周期成长性，即全行业不断上涨的同时，呈现周期性。这类行业的股票，在股市中我们称之为周期成长股（见图 3-3）。

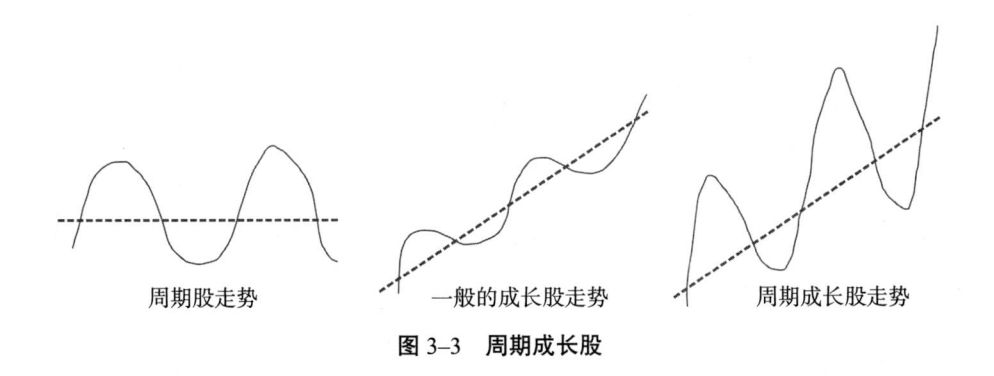

图 3-3 周期成长股

图 3-3 描绘的就是这种特殊的周期成长股。我们从图中可以看出，对于大宗商品对应的一般性周期股来说，受制于经济周期与超大型的资本开支周期，利润或股价呈现上下波动；对于一般的成长股而言，其利润和未兑现预期的股价呈现向上趋势，受经济周期影响而进行轻微的上下波动；但对于特殊的周期成长股而言，虽然总体趋势是向上的，但其周期波动极为剧烈，在低谷时往往对应的是全行业的剧烈亏损，在高峰时则是大赚特赚。

对于一级市场和二级市场的投资者而言，周期成长股是让人记忆深刻的存在，因为若买股票买在低谷，卖在高峰，可能会有数倍的收益；而反过来，如果买在了周期阶段的高点，那么估计要忍受高达 50%～80% 的超级回撤的痛苦。兴奋与痛苦同在，只是进入的时机不同而已。

而更痛苦的地方在于，造成周期波动的两个重要原因，一个是资本开支，即看着这个行业赚钱，涌入了很多新产能，造成了产品短期供大于求，从而收入与利润骤降；还有一个重要的因素就是技术进步，如果技术忽然出现重大革新，那么引领下一个产业向上浪潮的只能是新技术方向，断不可能是老技术，此时掉队的公司不再领先，之后下一轮的上升就和它无关了，比如英特尔。

所以，结论就是：千万不要在周期的高点对已经出现的老技术进行投资，这无疑是自杀式行为！

在周期的高点，也千万不要看市盈率（PE）这个指标，由于当年的利润高企，市盈率指标都会非常低，这对周期股与周期成长股而言，高毛利、高 ROE、低市盈率都是产业阶段见顶的信号。

我们翻看半导体行业 20 多年的月度销售额（见图 3-4），可以看到整体上芯片行业的销售额是一直向上增长的，但是也有周期性的顶部与底部。如果做出来一个同比增速来，我们可以清晰地看到：在同比增速降到 0% 以下时，进入相对底部，同比增速降到 -20% 左右时，就进入绝对底部；而增速上涨到 20% 以上时，就进入相对顶部；增速提速到 30% 以上时，就进入绝对顶部。

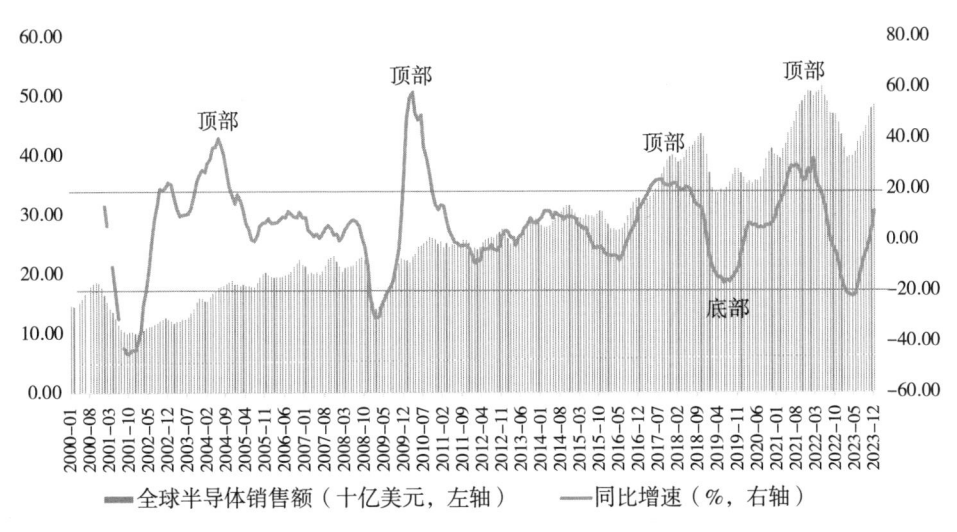

图 3-4　2000—2023 年半导体月度销售额

资料来源：Wind 软件。

而若忽然出现 50% 这种超高增速，一般都是由于技术与产业的双重共振产生的。这时候产业链上的公司会赚到特别多的钱，收入与利润共涨。但是，从全行业范围来看，这种超高速增长是不能线性外推的，即使在一个依然具有光明未来的行业，也不能因为过去的快速增长而买入，高速增长恰恰是卖出信号。

除了半导体行业之外，光伏产业、新能源电池产业，都是具有超高技术变化与超大资本开支特征的行业，而且其周期调整更加剧烈。若忽视了其周期性，只看到成长性的话，那么对其投资结果将是惨烈的。

请记住：短期的快速增长是卖出信号，绝对不是入场信号。

让我们再复习下周期成长股的图形（见图 3-5）：我们把图形分成两部分，一部分是整体的趋势，另一部分是入场的时机。

在趋势上，我们是可以很容易看明白的：可以通过对行业现状、未来空间的观察，通过考察渗透率指标的方式，基本可以得出向上的结论；然而，虽然趋势容易看清楚，但具体的投资时机是非常难把握的，因为顶部与底部是错综复杂的，

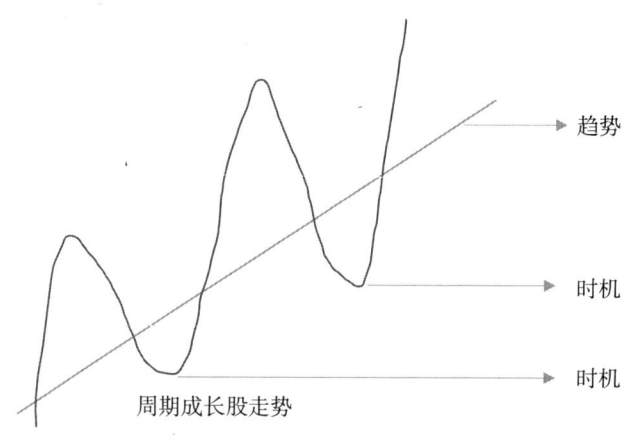

图 3-5　周期成长股图形

有大规律但难寻小规律。

这种情况有两个办法可以辅助我们对趋势进行判断：一是刚才提及的收入增速，我们可以清晰地看到既往收入增速超过 20% 时进入相对顶部，而 0% 时进入相对底部；二是观察行业中的逆周期玩家在做什么。例如，三星电子就是半导体行业最善于底部加产能的代表，通过无数次的底部增加产能，最终成长为全球半导体产业的巨头。当然，即使搞清楚相对底部，对于长期投资来说，也需要坚韧不拔的忍耐力。

看清楚趋势、看清楚时机，与我们之前谈到的胜率、赔率一点都不矛盾。趋势与时机是对胜率、赔率体系的精准运用。趋势提升了我们的胜率，而选对底部时机将大大提升我们的赔率，同时将胜率与赔率实现的久期[①]变短，可大大提升整体收益率水平。

对于中国的 AI 芯片产业而言，同样需要的是看准趋势和时机。

---

① 久期，实现到期收益所需时间的加权平均值。

三种路线

让我们把目光拉回 AI 芯片产业。

先说趋势：毋庸赘言，随着人工智能逐步部署的事实，AI 芯片将是强刚需。这个需求强到什么程度呢？我们可以大致计算一下。

根据 OpenAI 团队在 2020 年发表的论文，训练阶段算力需求与模型参数数量、训练 token[①] 数量等有关，且为两者乘积的 6 倍：训练阶段算力需求 =6× 模型参数数量 ×token 数量。以 GPT-3.0 的一个模型为例，模型参数约为 1750 亿个，训练 token 数量约为 3000 亿个，经计算训练阶段算力需求为 3.14E+23 PFlops（3.14 乘以 10 的 23 次方，1PFlops 约等于 1000 万亿浮点指令），若有一堆处理器，每秒可以执行 1000 万亿次计算，那么执行完 GPT-3 这个训练模型的计算，也要耗费 10 年的时间。可见人工智能训练对算力的需求是多么恐怖的存在。

这还只是 GPT-3，而更大模型的 GPT-4 甚至未来将推出的 GPT-4.5，大模型越复杂，人工智能越接近人类，同时对算力的渴求就越大。

这还只是训练需求。根据不同的应用场景，AI 芯片分为训练芯片、推理芯片和训练推理一体芯片，当然，算力需求最大的是训练芯片。

根据芯片的技术路线，AI 芯片又可以分为通用 GPU 芯片（GPGPU），FPGA 半定制化芯片与 ASIC 定制化专用芯片（见图 3–6）。

我们之前谈到英伟达的技术路线，就是通用 GPU 路线，其生产制造出一款通用的芯片，再配合其将功能分解使用的 CUDA 软件系统，达到了一个竞争对手很难企及的高度。

FPGA 是可以先购买再编程使用的"万能"芯片，芯片卖家在硅片上预先设计实现的具有可编程特性的集成电路，需求者通过编程来实现特定目的。在技术

---

① token 是指一个基本单元，比如在自然语义训练中，一个 token 就是一个单词。

```
AI芯片 ──┬── 通用GPU芯片
         ├── FPGA半定制化芯片
         └── ASIC专用芯片
```

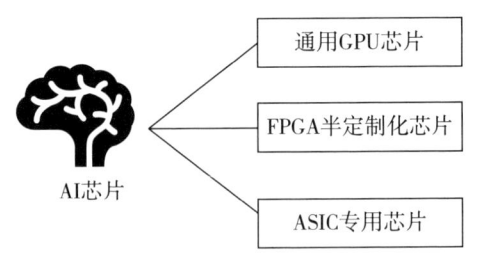

图 3-6　AI 芯片的技术路线

还未成熟的阶段，这种可编程特性能够降低产品的成本与风险；FPGA 方案无需等待三个月至一年的芯片流片周期，为企业争取了宝贵的产品上市时间。

FPGA 芯片技术主要由美国的四家公司主导，其中赛灵思公司（Xilinx，被 AMD 收购）与 Altera（被英特尔收购）这两家公司共占有近 90% 的市场份额，专利达到万余项之多。如此之多的技术专利所构成的技术壁垒高不可攀。而赛灵思公司始终保持着全球 FPGA 技术的霸主地位，难以撼动。

在北京创立的深鉴科技公司，利用赛灵思公司的芯片的可编程特性，使用"片上存储"来存储深度学习算法模型，以减少内存读取，大幅度减少了功耗。深鉴科技在安防场景上推出的自研 AI 芯片"听涛"与"观海"，取得了一定的成功。该公司后来被赛灵思公司收购。

百度的 AI 芯片昆仑芯也部分利用了 FPGA 技术。除此之外，由于 FPGA 的专利保护太过集中，国内在 FPGA 方向的 AI 芯片创业较少。

中国的 AI 芯片最初的创业力量来自 ASIC 专用芯片。

ASIC 与天寒地鉴

ASIC 芯片，是专为特定场景设计的集成电路，如 NPU 或 TPU。NPU 即神经网络处理器，采用专门的硬件加速技术，针对神经网络中大量的矩阵运算进行优化，常用于人脸识别、语音识别等人工智能应用；TPU 即张量处理器，具有卓越的张量计算能力，能够高速进行大规模矩阵运算，被谷歌公司开发出来用于深度机器学习和人工智能任务。

2017 年 7 月，华为赶在苹果的前面，发布了"世界第一款搭载 NPU"的手机芯片麒麟 970；次年 8 月，华为又乘胜追击，推出搭载了双核 NPU 的全球第一款 7nm 手机芯片麒麟 980。两代麒麟芯片搭载的 NPU，均出自一家中科院背景的 AI 芯片创业企业——寒武纪。

寒武纪、深鉴科技，以及出身百度深度学习研究院而后单飞创业的地平线公司（主攻汽车自动驾驶芯片）都在北京，创业时间相当，加上同期在深圳创业的云天励飞（主攻视觉计算 AI 芯片），这四家公司被统称为"天寒地鉴"。

"天寒地鉴"组合，代表了与商汤科技一样的 AI 四小龙时代，即以视觉计算 AI 产业驱动的芯片。视觉计算的算法已经非常固定，这很适合做 ASIC 芯片。因为 ASIC 芯片是根据模型算法进行定向开发和调配，满足特定需求，通用性较弱的芯片形式。

除通用性较弱外，ASIC 芯片也非常渴求规模经济。因为 ASIC 芯片的设计、流片的一次性成本，都和任何一款芯片一样超级昂贵，因此规模经济对 ASIC 芯片非常重要。

寒武纪的表现非常进取，从 2018 年至 2022 年，寒武纪推出三代云端 AI 芯片，并实现了四次处理器架构的迭代。在 2021 年推出的思元 370 芯片，基于台积电 7nm 制程工艺，整体集成了 390 亿个晶体管，采用 Chiplet（芯粒）技术封装。在推理任务上，思元 370 与英伟达 2018 年图灵架构推出的 T4 芯片相比，思元 370 是 T4 性价比的两倍（据业内预估，当然用 ASIC 芯片在某一特定方面的推理任务性能与通用芯片主做训练任务比较，不太具备比较性），但胜在 ASIC 芯片的功耗较低。

寒武纪的最新产品是思元 590 系列芯片，该产品被寄予厚望，被认为"是最早实现商业应用的接近英伟达 A100 性能的国产 AI 训练芯片"。据悉，思元 590 整体算力综合性能大约是 A100 的 70%。

一颗小小的芯片背后，是长达数十年的平台耕耘，包括软硬件平台、应用框架等，创业非常不容易。

顶着"国产 AI 芯片第一股"头衔上市的寒武纪，面向的是 AI 未来的星辰大海，以及国产替代的广阔前景。但是，在云端这个极需自己"卷"自己的市场中，寒武纪 IPO 上市三年来不断投入巨额研发，形成了大额亏损，2020—2023 年财务数据显示，分别亏损 4.35 亿元、8.25 亿元和 12.57 亿元。

不仅是寒武纪，对于所有 ASIC 方向的 AI 芯片厂商来说都是如此，只有扩大规模效应、提升营收高速增长，同时，提升项目落地交付速度、降低成本，才有望打破这种"增收仍亏损"的死循环，实现真正的追赶甚至超越。

寒武纪们正处于一场看似曙光在即实则遥遥无期的长跑中。

中国 GPGPU 来了

虽然 ASIC 芯片的长期亏损让投资人备感煎熬，但很长一段时间内，国人一直在畏惧 GPGPU 这个方向。因为有着强大的英伟达珠玉在前，巨大的差距的确令人望而生畏。

但是，美国的禁令却实实在在地帮了国内从业者一把。

2020 年，美国政府对华为实施了一系列的制裁措施，包括禁止向华为供应芯片和技术设备。美国的做法，一下子让世人明白了：中美科技之争已经不容回避和侥幸了，美国要阻止中国的科技进步，必然要阻止中国进入最先进的、属于未来的人工智能领域的。而阻止人工智能进步的最佳方式，就是不向中国提供最先进的算力芯片。

第 3 章
壁立万仞：中国 AI 芯片的追随之路

事实上，也如当初的预计。2022 年 10 月 7 日，美国商务部工业安全局发布了一套新的半导体出口限制措施草案，包括九项新规则，旨在对先进芯片、高性能计算系统的交易，以及涉及实体清单上某些实体的交易实施出口管制。这些规则涵盖了技术、产品、设备、服务等多方面，从源头到终端，对中国半导体产业形成了全方位的围堵和封锁。

英伟达的高端 GPU 芯片 A100 与 H100 系列被入了禁运名单。为了应对禁运，英伟达又在 2022 年和 2023 年分别修改了 A100 与 H100 系列芯片，推出了中国特供版的 A800 和 H800 芯片。但在 2023 年 10 月 17 日，美国商务部对于中国半导体的制裁进一步升级，集中限制先进计算半导体、半导体制造设备和超级计算机项目，更加严格地限制了中国购买重要的高端芯片，英伟达的特供版的芯片也被封杀。

其实早在 2020 年首次封杀华为的档口，大家开始醒悟不能完全依靠英伟达的 GPGPU 芯片，而必须有自己的备份的时候，国内对 GPGPU 的行业投资就开始火了起来。

2020 年 6 月，美国对华为禁令刚刚公布，一家叫壁仞科技的初创公司就完成高达 11 亿元的 A 轮融资，紧接着同年 9 月又宣布完成 Pre-B 轮融资。到 2021 年 7 月，其累计融资金额已超过 47 亿元，融资的估值在百亿元以上，展现了市场对其潜力的认可。

壁仞科技的创始人很快浮出水面，原来是商汤科技的总裁张文。从商汤科技对算力的大量渴求之上，张文看到了 GPGPU 广阔的未来。但张文自己不是做芯片技术出身，所以他先后请来了拥有近 30 年的 GPU 架构设计经验、曾是海思自研 GPU 团队负责人的洪洲出任 CTO，以及曾任 AMD 全球副总裁、中国研发中心总经理的李新荣出任联席 CEO。

壁仞科技的 GPU 研发之路并不是完全顺利的，但经历了不断的研发失败、各种挫折之后，内部也传出了不和谐的声音。但是，壁仞科技终于在 2022 年 8 月发布了首款 GPGPU 芯片。前路漫长，但只要有了起点，就算有了希望。

几乎与壁仞同时，AMD 的一些前员工纷纷创业，钱军、张磊创立了瀚博半导体，陈维良、杨建、彭莉创立了沐曦半导体；前英伟达全球副总裁、中国区总经理张建中创办了摩尔线程。此外，在 GPGPU 舞台上，同场竞技的新创公司还包括登临科技、芯动力、燧原科技、天数智芯等。

2020—2022 年，大量的热钱涌入了 GPGPU 领域，这些创业公司拿钱拿到手软，每家都以十亿级别为单位连续募资。2023 年 12 月，摩尔线程宣布融资 20 亿元，估值高达 240 亿元，将 GPGPU 的融资推向了高潮。

> 科技公司生产的东西非常不同，机会有多大，公司就有多大，这取决于每家公司如何定义自身，以及如何匹配变化的市场。
>
> ——黄仁勋

因为展现在投资者面前的，是个万亿级别的超级大市场，这个市场一方面有英伟达走过的成功之路，有通用的成熟生态和供应链，更有美国的制裁为国产替代开疆辟土。

两三年的创业期过去了，这些新兴公司在大量资本的支持下，基本上都发布了自己的 GPGPU 芯片，群雄逐鹿中原，一场竞争大幕徐徐拉开。

深夜潜行，实为顶流

尽管 GPU 的创业公司们层出不穷，但有一家初创企业却颇为低调，很少宣传自己。实际上，它一开始就站在了巨人的肩膀上。这家低调的公司是海光信息，从中科曙光逐步分拆而来。

海光信息的技术源于 AMD，说来也是历史的偶然。

2016 年，AMD 连续六个季度亏损，情况很差，这时的 AMD 既需要周转资金，又需要中国这个大市场。于是，AMD 就选择与海光信息合作，通过设计一个复杂的架构，使得海光信息实际拥有了 AMD 分别在 CPU 与 GPU 这两大核心的处理架构上的技术授权。

在 CPU 授权上，AMD 收到了 2.93 亿美元的授权费；在 GPU 授权上，并没有查到具体的授权费，不过有传闻说是 2 亿美元。这两笔费用在当年看上去昂贵无比，却成了中国与海外一流芯片大厂缩小技术差距的最佳方式。虽然后续 AMD 不再授权更新芯片架构，但海光信息凭借当年的授权，一步步培养了自己的技术团队，逐步掌握了核心技术。

此后，海光信息的产品陆续上市。

在 CPU 方面，海光一号、二号、三号 CPU 分别于 2018 年、2020 年、2022 年先后上市。目前，海光三号已实现商用，并成为公司的主力销售产品。2023 年 10 月，公司下一代 CPU 产品海光四号发布，同时下一代产品海光五号的研发进展一切顺利。

在 GPU 方面，海光将其命名为协处理器，简称 DCU。深算一号、二号 DCU 分别于 2018 年 10 月、2020 年 1 月先后投入研发。美国颁布芯片禁令后，AMD 撤走了技术支持，公司开始独立研发。2023 年三季度，深算二号 DCU 对外发布。因为海光 DCU 全面兼容 AMD 的 ROCm GPU 计算生态，而由于 ROCm 与 CUDA 在生态、编程环境等方面具有高度相似性，使得海光 GPU 的用户可以兼容使用 CUDA 环境，这点非常重要，因为 CUDA 才是 GPU 的通用语言。

以主流的 GPGPU 架构为基础，适用场景十分广泛，可兼容 CUDA 环境，技术门槛低，迁移部署也方便。因此，海光这款 GPU 一下子成了国内唯一支持全精度计算的 AI 芯片。而且由于海光同时也生产 CPU，在下一个 GPU 与 CPU 相伴而生的超异构时代，海光也有了进一步发展的基础。

独立研发 GPU，肯定是一条难度超高的艰辛之路，无数的创业者已经证明了这条路的艰难。而海光信息利用特殊时机，不惜重金购买技术授权，节省了时间与试错成本，在此基础上，再进行下一代的摸索与提高，相当于直接走了捷径。

这个捷径的意义就在于：率先在中国市场实现了技术领先。

对于绝对的高科技企业来说，技术领先就相当于技术垄断，与互联网的网络效应相仿；一直处于技术领先的企业，将获得绝大部分市场份额，就像在英伟达身上曾经发生过的那样。在美国的芯片禁令之下，英伟达最先进的 AI 芯片无法进入中国市场，那么踏着 AMD 的基石而成长出来的海光 GPU，大有可能成为中国这个独立区域市场的技术领跑者。

我们之前谈过了孙正义的投资逻辑：投资最有未来的行业中最领先的公司。那么，这里我们可以加个定语，就是：投资独立市场里最有未来的行业中最领先的公司。

在中国这一因芯片禁令而形成的独立市场中，AI 芯片的最领先公司正是海光信息。

从股价和市值上来看，也验证了这一逻辑。海光信息在 2023 年底的股价高达 1800 亿元，而对应的销售收入才 50 多亿元，对应 36 倍的市销率——这种估值体系就是预期拉满，把未来进行了折现。

相信海光信息的投资商都笑开了花。海光信息再一次验证了这个投资逻辑的正确性。

超异构计算与存算一体

除了海光信息，还有一家公司也是拿着成熟的架构，既会做 CPU，又能做 GPU，那就是华为公司。只是华为的做法有点不同。

华为在美国的芯片禁令之前，就曾获得过 ARM8.2 架构的永久授权，其底层架构对华为完全开放，华为可以在此之上做任何修改。凭借该架构作为底层，华为不光推出了鲲鹏 CPU，还推出了昇腾 AI 芯片。

昇腾的 AI 芯片其实是片上系统芯片（system on chip，SoC），简单说就是把对应数据的计算、存储和控制全部封存在一个大芯片中，计算单元里面用不同的处理器来处理不同的计算。

有人也把这种将不同计算器堆到一起的大芯片称为"超异构计算"。实际上，英伟达 2022 年的 Hopper 架构就已经有了"超异构计算"的样子。在这个超大芯片里，堆满了各种不同的处理器，如神经网络处理器（NPU）、图形处理器（GPU）、数字信号处理器（DSP）、视觉处理器（VPU）、安全处理器（SPU），分别处理不同的工作。当然，也把存储器和接口连接在一起做到了这个大芯片中。

在超异构之外，存算一体也被业界视为提升芯片性能的有效途径。一直以来，经典的冯·诺依曼架构是存算分离的，存储单元与计算单元之间需要反复搬运数据，在今天大规模的计算之下，这个架构越来越成了一个消耗芯片能力的阻力墙。若能将存储与计算融合，则可有效克服此类瓶颈。

目前存算一体的一个有效解决方案，就是通过一种名为高带宽存储器（high bandwidth memory，HBM）的存储器，做成芯粒，将一层层芯粒直接封装在 GPU 里面对应的计算单元上（这种封装就是 Chiplet 封装技术）。虽然计算与存储依然是分开的，但一部分计算单元对应一部分存储单元，省掉了存储查找的时间与功耗，速度非常快，适合密集数据的处理。

虽然 HBM 成本较高、封装技术难度也大，但总算给存算一体敲开了一扇门。

超异构计算、存算一体，加上能够将裸芯粒直接封装在一起的 Chiplet 先进封装技术，不同技术路线让我们坚信 AI 芯片的发展还远远未到尽头，技术竞争还在飞速前进的路上。除此之外，类脑芯片、光子芯片等新技术也陆续崭露头角，未来的世界充满丰富的想象空间。

华人的璀璨群星

在全球半导体的舞台上，华人是最璀璨夺目的舞者。

在技术上，来自北京的萨支唐（父亲为萨本栋，民国时期院士，厦门大学第三任校长），在 20 世纪 60 年代提出了萨支唐方程，成为所有 MOS 晶体管研究的基础，并合作创造了 CMOS（互补金属氧化物半导体）技术；以创造性思维发明浸润式光刻机的技术天才林本坚是祖籍潮汕的华人，他让台积电在 55nm 之后继续推动摩尔定律前进了 7 个技术世代，并帮助 ASML 成为全球光刻机的绝对领先者；另外一个技术牛人是出生在北京胡同的胡正明，他在 1999 年就开发出了鳍式场效应晶体管，也就是我们经常听到的 FinFET，如今的 5nm 芯片依然在使用这项技术。

台积电的创始人张忠谋是浙江宁波人，1949 年开始先后在哈佛大学和麻省理工学院读书，年轻时就曾任得州仪器全球第三号管理者，然后创立了台积电，并用代工模式永久改变了芯片产业；黄仁勋祖籍浙江丽水，出生在中国台湾地区；AMD 目前的 CEO 苏姿丰也是华人，她帮助 AMD 逆境翻盘，股价涨了 30 倍，而苏姿丰还是黄仁勋的表外甥女。

芯片设计需要用到 EDA 工具，而楷登电子创始人、"EDA 教父"黄炎松也是华人，另一大 EDA 巨头新思科技的 CEO 陈志宽同样是华人。此外，博通、意法半导体、迈威、赛灵思、瑞昱半导体、联咏科技、SK 海力士等全球知名芯片企业的掌舵人，全部是华人。

华人在半导体产业上的成就，深刻说明了中华民族所携带的智慧和天赋，中国人在芯片的方寸产业里必能斩获光明的未来。中国在芯片上的跟随必然是暂时的，假以时日，我们必定能引领世界，闪耀全球。

第 3 章
壁立万仞：中国 AI 芯片的追随之路

投资悟道

- 技术的先进性带来技术垄断，在具有未来前景的赛道上，技术绝对领先者将是市场上的王者，比如英伟达。
- 算法在不断上升、迭代，且不具有门槛的算法，在进入成熟期后并不能阻断对手；而算力对应的 AI 芯片，却具有技术领先的高门槛，从而对算力的投资回报率更高。
- 具有高资本支出的行业，都是周期成长股，总体趋势是上涨的，但中间会有剧烈波动，竞争必将惨烈。
- 既要看懂趋势，又要看懂时机，这才是优秀的投资家；只看到未来，而不能有效择时的投资者，将会被周期重创。
- 收入的增速是一个看懂周期成长股的周期峰顶与谷底的有效指标。
- 有的市场是全球的，有的市场是区域性，搜寻市场领先者，可以在区域性隔离的市场中去寻找。
- 美国的芯片禁令让中国隔离在全球半导体产业链之外，但这无意中造就了中国芯片市场的独立区域性，客观上助长了近几年中国芯片市场的崛起。
- 永远在独立区域市场中投资拥有广阔未来的细分行业，并优先投资市场的最领先者。

像投资者一样思考

1. 壁仞科技首期融资估值就高达五六十亿元，你作为大型基金的首席投资官，要不要押注？当壁仞科技的估值到达一百亿元以上的时候呢？决策中要考虑哪些因素？

2. 美国芯片禁令同时让中国不能拥有最先进的光刻机与最先进的生产技术，无法生产最先进芯片这一因素会不会影响中国这一独立市场的竞争格局呢？是否影响我们的投资决策呢？

3. 英伟达 1.8 万亿美元的市值存在泡沫吗？若存在，泡沫有多大？该如何正确估值？

第 4 章

比特大陆的狗血剧

> **新质行业：数字货币、半导体（芯片）**
> **存疑案例：比特大陆**
>
> 比特大陆的故事，就像绚丽的昙花绽放，引人注目却未能持久。比特大陆的历程，是一个赌徒遇到了另一个赌徒，在形势有利时迅速抓住时机全部投入（all in），在时局不利时也想全部投入，但发展路线出现分歧的故事。比特大陆的案例引人深思，让我们反复掂量"知进退"三个字的分量。

炒币少年吴忌寒

少年吴忌寒 1986 年出生于重庆，自幼聪颖。2005 年考入北京大学经济学院，主攻心理学与经济学双学位。2009 年毕业后进入 IDG 这家知名的创业投资机构做分析师。同年 1 月，一位自称为"中本聪"的网友，在位于芬兰赫尔辛基的一个小型服务器上，亲手创建了比特币的创世区块，并获得了系统自动产生的第一笔

50枚比特币的奖励，比特币就此问世[①]。

2011年5月，吴忌寒首度在网络上接触到比特币，花费几天时间研究其技术后，深受震撼。激动的少年第一次接触比特币后决定all in：他选择向身边的亲友募资，并将募资所得10万元全部购入比特币，此时比特币的价格约为10美分。

筹码押注完成后，下一步就是宣传布道，这也是提升筹码价值的最佳办法。少年与网友长铗、老端（均为网名）创立国内首个比特币资讯交流平台——巴比特，翻译和比特币相关的外语资料。中本聪关于比特币的初始论文，或者说白皮书，就是这样被少年翻译成了中文。

2012年后，比特币因为被暗网网站丝绸之路所使用，成为犯罪交易的主要支付工具，价格一路猛涨。吴忌寒投资的10万元很快增值了100倍，到达了千万级别，年纪轻轻就基本实现了财务自由。

由于比特币价格暴涨，挖矿[②]开始变得有利可图。为了追求更高的算力，矿工们从家用计算机的普通CPU开始向GPU专业化路线发展，导致显卡价格一路上涨。这时，被币圈称为"烤猫"的蒋信予想到通过制造专用的ASIC芯片来执行特定的挖矿任务，这种芯片就针对比特币产生的算法要求进行特定的大量计算。"烤猫"为了这一想法开始在线上募资。

看到机会的吴忌寒再次all in。这次他辞去了投资的工作，再次倾尽所有，购

---

① 比特币虽自称为"币"，而实际就是一串哈希值密码，谁拥有这串密码，就代表着持有着该"币"。严格意义上说，比特币属于数字通证，英文为token，属于数字藏品的一种。比特币采取后来被称为区块链的创新技术，即：用一个又一个区块组成的链条来保存哈希值密码的拥有信息和交易信息，并按照发生时间进行排序。每个含有区块信息的计算机都相当于一个独立服务器，它们为整个区块链系统提供存储空间和算力支持，参与的计算机被称为"节点"。如果要修改区块链中的信息，那么必须征得半数以上节点的同意并修改所有节点中的信息才能生效，而这些节点通常掌握在不同的主体手中，因此篡改区块链中的信息是一件极其困难的事。

② 挖矿，是通过竞争计算来获取系统奖励比特币的方式。比特币采取的区块链技术中，每个区块相当于一个记账账簿，全部区块相当于一个全公开的记账系统，而挖矿就是通过算力计算，来竞争获得记账的权力，谁先完成记账，谁就能获取到比特币奖励。而比特币矿工则是指进行比特币挖矿的人。

买了"烤猫"公司的虚拟股权，正式加入挖矿大军。"烤猫"的运气很好，其研发的矿机大获成功，量产了世界上首款比特币专用 ASIC 矿机，这也标志着比特币挖矿由分散作业向大矿主时代的转变。

两次 all in 全部成功。吴忌寒从两手空空来到绝对财务自由。这一年，吴忌寒刚刚毕业三年，年仅 26 岁。

此时的吴忌寒决定继续冒险的历程，玩点大的：自建公司，研发性能更强悍的 ASIC 芯片，并出售矿机。这时，嘉楠耘智创始人张楠赓（网名"南瓜张"）正在北航读研究生，利用课余时间研发出了第一台 FPGA 矿机。时机对吴忌寒来说稍纵即逝，在 2013 年那个时间点如果把握不住，那可能很快就没机会了。

但是，吴忌寒经济学与心理学的专业背景，对于制造专用芯片这种高端科技并不在行，靠自己单干肯定不行，而且这事不是光靠钱就能吸引强大团队为自己服务的。

再次创业的他为了找一个成熟的技术团队合作，除了付出金钱的代价，还有大量股权的代价——付出的股权代价，也许将令他后悔终生，也许现在回看，结局早已注定。

技术狂人詹克团

吴忌寒找到的技术团队由詹克团领衔。

詹克团是个极为低调的人，可以查到的公开资料极少。资料显示，他在 1979 年生于福建闽侯，身上流淌着福建人身上那种敢闯敢拼的基因。詹克团于 2001 年从山东大学电子信息科学与技术毕业，之后在中国科学院微电子研究所攻读硕士。硕士毕业之后，詹克团曾在清华大学信息技术研究所工作。

2006 年，詹克团开始担任中国数字太和科技有限责任公司集成电路部门的研发主管和经理,该公司专门从事电路设计。在这家公司,詹克团负责监督数字电视专用芯片的设计和开发;这些芯片的出货量在他任期内突破了100万颗。

同时,詹克团还发表了大量关于电路芯片的论文,申请了相关专利,并参与了数字电视设备通用传输接口国家标准的编写工作。

2010年,詹克团参与创业,运营一家名为天津迪未数视科技有限公司(DivaIP)的创业公司,这家公司的主要产品是电视机顶盒,他也是此时和做投资分析师的吴忌寒相识的。

在吴忌寒遍寻专用矿机芯片团队的时候,想到了有着芯片教育背景和创业背景的詹克团。

吴忌寒给詹克团写了一封邮件,认真地给他介绍比特币技术。詹克团几乎是一瞬间就被比特币的魅力打动了。

"我花了两个小时阅读维基百科上有关比特币的内容,我了解到这是一个机会,我决定立即加入。"詹克团回忆道。两个激情澎湃的年轻人,总是有说不尽的想法和灵感。"我和詹克团更多的是一个互补组队的局面,就像一个乒乓球双打比赛,球打过来,谁在最佳接球位置谁说了算,大家配合比赛,获取胜利是关键。"在接受媒体采访时,吴忌寒这样说起二人的关系。

两人立刻决定成立比特大陆公司,专攻专用芯片,并着手生产矿机。两人就任联合CEO,其中吴忌寒负责市场和融资,詹克团负责技术。关于公司的股权分配,外界并不知情,但有报道称最初两人的股份是平均分配,但为了奖励技术团队,给整个技术团队留下了大量的期权,用于奖励技术实现,而后期由于技术团队总是能超预期完成技术任务,所以詹克团的持股比例远远超过吴忌寒。

第 4 章
比特大陆的狗血剧

辉煌的顶点

2013 年底，詹克团领导的技术团队仅仅使用了六个月时间，就成功研发出了比特大陆的第一款产品——S1 矿机。此时恰好赶上了比特币价格暴涨，S1 矿机很快被抢购一空。

2014 年，比特币因为受暗网交易被打击，需求短暂受限，迎来大熊市，当时比特大陆几乎破产。但从 2015 年开始，比特大陆依靠 S7 矿机（1385 芯片）和 S9 矿机（1387 芯片）支撑市场跃居行业第一，占据了比特币矿机市场 70% 以上的市场份额，以及掌握比特币全网 30% 左右的算力，吴忌寒因此被称为"一代矿霸"。

对比特大陆团队来说，那是一段黄金年代。比特大陆持续更新迭代矿机，产品供不应求，产品的算力水平持续领先对手一个身位。到 2017 年，比特大陆的总收入为 25.18 亿美元，较 2016 年的 2.78 亿美元增长了 806.95%，净利润为 9.53 亿美元。而到了 2018 年上半年，比特大陆的收入就到达了 28.45 亿美元，利润为 9.52 亿美元。

2018 年，7nm 矿机的概念提出，国内和日本都有人尝试在做，但是比特大陆是唯一一家有量产及发货能力的 7nm 矿机厂家。鼎盛时期的比特大陆甚至贡献了芯片代工巨头台积电在大陆的两成营业额。也正因如此，比特大陆在性能上才能一举干掉其他矿机厂商，成为矿机一哥。

在比特币持续升值的阶段，缺乏有力竞争对手的比特大陆堪称一台庞大而高效的赚钱机器。

伴随着这台赚钱机器的运行，身价暴涨的比特大陆创始人也将人生目标再度高看一线，准备再一次 all in：创造一个新的比特币。这可能吗？

比特币本质：带有资金避险功能的数字藏品

在创造一个新的比特币之前，要首先搞清楚：比特币到底是什么？为什么比特币的价格会一路上涨？

在比特币价格上涨的第一阶段，我们认识到比特币是被引入暗网，成为犯罪活动的交易支付手段后引起的需求大涨。在暗网交易被各国联合绞杀之后，比特币一度价格大跌。但是，到了2014年比特币又迎来新的需求机会：经济合作与发展组织（OECD）发布了《金融账户涉税信息自动交换标准》（简称CRS），旨在打击跨境逃税及维护诚信的纳税税收体制。这是国际社会愈发意识到洗钱和逃税问题的严重性后展开的集体协作，以打击洗钱和逃税行为。

2018年，国际避税天堂英属维京群岛和开曼群岛相继发布经济实质法案，要求企业增加经济实质，该法规的提出强化了对跨国公司的税收监管。在此国际协作背景下，传统的资金避难地银行，如瑞士信贷银行与瑞士银行相继陷入困境。

所有的洗钱与逃税资金，都需要一个新的出口。另外还有大量需要避难的资金，这些钱不光包括非法的，也有很多是合法的，但需要从本国汇出到一个安全的地方，以完成避险。面对这种迫切增长的资金避险需求，比特币无疑是绝佳选择。

我们可以清晰地看到，随着CRS等一系列国际合作措施的推进，比特币迎来了波澜壮阔的大牛市。而战争和动乱则加大了避险资金对比特币的需求量，进一步导致比特币价格飙升。

我们可以这样来理解包括比特币在内的一系列"虚拟货币"：所有的"虚拟货币"，都是数字通证（token），法律上属于数字化的收藏品。和古董、文玩、字画、红木、邮票等这些被人们所喜欢的收藏品一样，收藏品的价格取决于收藏爱好者的数量以及爱好者对其达成的共识，这种共识的产生与价格波动同样受供需影响。

比特币的被认可，亦是群体共识的产物，即：在供给量有限且很难被影响或操控的情况下，人们共同认识到这是个资金避险通道，继而形成了类似收藏品一样的需求，最终形成了价格。比特币绝对不是货币，就是个价格剧烈波动的数字藏品而已。

想要重造一个新的数字藏品，其价格亦取决于其受欢迎程度，即群体共识度。

硬分叉：豪赌 BCH

2017 年，比特大陆依靠旗下的矿池力量，主导了比特币的第一次硬分叉（从旧的区块链中用新规则创造出新的区块链），凭空创造出了"比特币现金"（bitcoin cash，BCH）这一虚拟币。

所谓矿池，就是给买矿机的投资人进行托管的服务机构。随着比特大陆的矿机越卖越多，比特大陆主导的蚂蚁矿池和 BTC.com 矿池逐步成为比特币世界的矿工主导力量，加上其投资的 ViaBTC 矿池，三大矿池的算力接近比特币挖矿算力的 50%。这时候，比特大陆的意见基本就代表了全体矿工的意见，可以主导比特币的很多议事规则。

2017 年 5 月，由巴瑞·斯尔伯特（Barry Silbert）召集 22 个国家的 58 家公司代表举行了纽约会议，达成了比特币扩容方案共识，把区块大小从 1M 扩容到 2M 左右，这样既解决了扩容的问题，又避免了分叉的出现。这就是"纽约共识"。

但是，到了 2017 年 7 月 17 日，比特大陆投资的 ViaBTC 却宣布硬分叉比特币，并将新生成的币种命名为比特币现金（BCH），这让签署了纽约共识的人非常气愤。2017 年 8 月 1 日，自比特币 478 558 区块起，一条新的分叉链——BCH 横空出世，所有的比特币用户都自动获得了对应的 BCH 币。自此，新兴的 BCH 与比特币原链同时存在，并彻底分道扬镳。

BCH 的硬分叉在初始时看上去是完美的：BCH 的价格从一开始的 500 美元，到年底就上涨到了 4000 美元，成为仅次于比特币的第二大市值虚拟币。BCH 挖矿收益有好几次甚至超过了比特币，人们用拥有的矿机去挖 BCH 而不是比特币。BCH 一度分流了 BTC 近一半的算力，同时也不断搅动着比特币的价格。

比特大陆依靠这一创造性的硬分叉，在比特币之外，凭空获取了另外一个虚拟货币的财富。此外，比特大陆的矿机也可以对 BCH 进行挖矿，显著地扩大了矿机的使用范围。由于比特币每四年挖矿奖励减半，挖矿行业的头上时刻悬着达摩克利斯之剑。若能在比特币之外，培养一个能够拥有"共识"的虚拟币，将能显著地提升挖矿行业与矿业的使用范围。

BCH 的成功让吴忌寒对未来充满了信心，决心将 BCH 打造成另一个比特币，或者类似以太坊币（ETH）那样具有生态系统的虚拟币。但吴忌寒明显低估了"共识"形成的困难程度。

犹如在赤水河中另做一个非茅台品牌的白酒，在云南另做一个新品牌的云南白药，这些行为都是大大低估了对老品牌的共识的力量。吴忌寒的心情可以理解，似乎以太坊的成功就在眼前，但想要复制它的成功，并非唾手可得的事情。

在短暂的价格脉冲之后，BCH 就开始了漫漫的熊途——从 4000 美元往 100 美元下跌的超级熊途。但站在当时被成功冲昏头脑的时间点上，吴忌寒似乎认识不到这种下跌的幅度，比特大陆不断用自有现金、比特币转换等各种方式不断补仓，在下跌途中买入了大量的 BCH。加上后来 BCH 几次硬分叉新币带来的收益，都无法抵挡 BCH 带来的持仓亏损。据说整个 2018 年，比特大陆在 BCH 上亏损了 8 亿美元。

显然，吴忌寒押注 BCH 是一次重大的战略误判。从之前的次次赢，到了这次的惨败，习惯 all in 的人，最怕的就是押错宝。

第 4 章
比特大陆的狗血剧

博上市：豪赌 AI 芯片

在吴忌寒鼓捣 BCH 的时候，詹克团在折腾 AI 芯片。就像 BCH 对吴忌寒来说，相当于新的比特币信仰一样；AI 芯片对詹克团来说，也是新的芯片信仰。

AI 芯片的出现是 AI 行业发展的必然结果。在摩尔定律逐渐失效的行业背景下，仅仅依靠传统的 CPU 架构，根本无法满足当下的计算需求，算力成为制约 AI 发展的主要障碍。英伟达提出了依靠 GPU 架构来应对 AI 对于算力的巨大需求，Google 则通过基于云端的张量处理器 TPU 解决这一问题。ASIC 芯片，就是专用算法的 AI 芯片，国内的翘楚比如寒武纪、地平线等都拿出了自己在 AI 芯片领域的积累，这块市场比以往任何时候都要热闹（关于 AI 芯片的具体介绍，见本书第 3 章）。

比特大陆所做的 ASIC 挖矿芯片，就是在挖矿这个特定领域的 AI 芯片。只是挖矿这件事，就是不断解数学题，较为简单、直接。而 AI 领域的事情，比如自动驾驶、智慧城市，都面临着复杂的应用场景。在这些场景中，拼的不光是算力，更重要的是算法，是对产业的理解，以及对数据的获取与理解，还有就是面对巨大的投入和不确定的收入——这些都非常不容易，尤其是对没有长期深入产业的创业者来说。

但是，比特大陆上市，不能只说矿机，因为矿机面临着政策的不确定性、面临市场能否持续的不确定性，这两大关都很难说服交易所与投资者，而 AI 芯片的故事听上去更有确定性与远景。

2018 年夏天，比特大陆连续完成两笔上市前的融资，拿到了约 7.5 亿美元，估值达到 140 亿美元。这些融资的目的，既是为了发展 AI 芯片积蓄弹药，又是为了吸引知名的机构投资者，以求在 IPO 时支撑估值和吸引投资人。

2018 年 9 月 26 日，比特大陆赴港递交 IPO 申请。

IPO 的招股书显示了一些公众所不知的股份情况。詹克团通过 Cosmic Frontier

Limited 公司持有比特大陆 36% 的股份，为公司第一大股东；联合创始人、执行董事、联席董事会主席吴忌寒通过 Victory Courage Limited 公司持有比特大陆 20.25% 的股份，这个股份比例接近 2∶1，如此分配表现出技术团队通过不断刷新高算力的产品，持续拿到股权激励后，公司的实际控制人已经是詹克团了。

流年不利后现分歧

IPO 的估值一度传出 400 亿美元及 500 亿美元。基于 2018 年上半年 10 亿美元的净利润，大家都在按照 20 倍到 30 倍市盈率来给这一新兴市场的企业进行估值。

但到了年底，坏消息传来：别说 400 亿美元的估值了，港交所直接拒绝了比特大陆的上市申请。官方给出的态度是"不满足港交所的核心原则——上市适应性（suitability）"。港交所前总裁李小加表示，"你过去通过 A 业务赚了几十亿美元，但突然说将来要做 B 业务，而且还没有任何业绩。那我就觉得当初你拿来上市的 A 业务模式就没有持续性了，那你还能做这个业务，还能赚这个钱吗？"

上市失利，但为了上市所添加的 AI 芯片叙事呢？还要继续吗？分歧就此产生：吴忌寒想往数字资产交易方向走，尽管吃了 BCH 的亏；而做硬件出身的詹克团想继续往 AI 芯片方向走，觉得这是未来方向且已经投入巨大。

而分歧产生的背景是 2018 年下半年的流年不利：币价大跌，矿企库存高企，芯片流片失败，AI 芯片无法贡献收入，BCH 又被自称澳洲中本聪的克瑞格·瑞特（Craig Wright）强制硬分叉，诸多问题一起袭来，比特大陆迎来至暗时刻。尽管有着上半年的上市前融资，但公司的摊子铺得太大，现金流消耗很快，在最困难的时刻，公司账面仅有千万级别的资金了。

2019 年春节前后，比特大陆在雁栖湖开年会。吴忌寒后来回忆说："如果不是比特币价格在随后几个月反弹……公司可能没办法撑过那个冬天。"

年会上，有员工询问关于 BCH 投资的事情，詹克团回答说："未来要客观中立地对待各类币种。"吴忌寒立马上上台反驳："你的矿机已失去竞争力，被抢走了市场，为什么要怪到 BCH 身上？"场面一度十分尴尬。

吴忌寒承认 BCH 亏了 8 亿美元，但也强调 AI 芯片亏了 15 亿美元。此刻，所有员工都知道了两位老板的分歧。

2018 年 12 月，比特大陆裁撤了开源社区、区块链金融、AI 机器人等尚未盈利的创新业务。比特大陆近 3000 人的团队也裁到了 1700 多人。2019 年春，两位有明显分歧的老板各退一步，吴忌寒和詹克团均卸任联合 CEO，由产品工程总监王海超出任 CEO。吴忌寒另外成立新公司 Matrix，从事数字资产交易等业务。

两人约定不再干预比特大陆的运营工作，仅对公司重大事项做决策。然而事实是，两人遵守该约定不久后，詹克团重回比特大陆干涉公司管理事务。吴忌寒对比特大陆的控制权曾一度占据下风。

神马矿机，技术大牛的出走

2017 年，深圳比特微电子科技有限公司上市了神马 M3 矿机，算力品质不输比特大陆的主流矿机，第一年就实现了 7000 万元的净利润。

深圳比特微的创始人、总经理、CTO 都是杨作兴。这是一位芯片大神，清华大学工程核物理系硕博连读，毕业后，先后进入北京方舟科技、北京中星微电子、扬州稻源微电子等公司，历任硬件芯片设计工程师、项目经理、总经理等职务，一直以来干的都是纯芯片的技术活。

杨作兴最早在"烤猫"的矿机公司作为技术员工作过一段时间，在比特大陆筹备成立时还为詹克团的迪未数视公司兼职制作蚂蚁 S7 矿机芯片；2015 年底为比特大陆制作完成蚂蚁 S9 矿机等产品。

杨作兴在接受媒体采访时说过："我觉得我的'全定制方法学'特别适合做矿机芯片。我就去找詹克团，告诉他我这个'全定制方法学'该怎么使用。詹克团听后希望我留下，加入公司，最后我是以兼职的工作方式，用'全定制设计方法学'帮他们设计了 S7 矿机（1385 芯片）和 S9 矿机（1387 芯片）这两款芯片。"

"全定制方法学"是设计集成电路的方法之一，杨作兴表示，采用该方法，在 3～6 个月内设计出的芯片性能比传统 APR（自动布局布线）方法设计出来的性能将提升大概一个数量级。

2015 年 6 月，比特大陆采用了杨作兴的方案制作了 S7 矿机，其功耗和成本降低幅度将近 50%。

后来，杨作兴想把"全定制方法学"用于无源无线摄像头的芯片开发，他再次找到比特大陆，希望可以拿到融资。出于报答或者说交换，杨作兴又继续帮比特大陆设计了 S9（1387 芯片）矿机。

比特大陆靠着 S7 与 S9 矿机的功耗、成本双低优势迅速崛起。最火的时候，成本 3000 元左右的蚂蚁矿机被炒到了 2 万元。蚂蚁矿机占据了市场 70% 以上的份额，一跃成为行业第一。

但是杨作兴一直没有拿到他希望得到的融资，后来就他在比特大陆的股份问题开始谈判。杨作兴说，当时吴忌寒同意给他 2% 的股份，但詹克团只想给他 0.5% 的股份，这是他无法接受的。所以，他选择离职创立了比特微。

曾有比特大陆前研发人士透露称，杨作兴离开时，带走了 S9 的全套代码，并且将核心技术以某种形式分享给了行业其他玩家。

比特大陆先是起诉比特微，在无果的情况下，选择报警走了司法程序。2019 年 11 月，杨作兴因涉嫌职务侵占被带走调查，12 月被批准逮捕。

神马矿机在 2018 年、2019 年开始抢占比特大陆的市场份额，也成了比特大陆的重要对手方。只因区区 1.5% 的股份，而想想詹克团自己持有 36% 的股份，吴忌寒面对路线的分歧与难以挽回的损失所造成的重击，他的内心始终无法平静。

突击：变更法定代表人

2019年10月28日，比特大陆向美国证券交易委员会（SEC）秘密递交了上市申请，保荐人为德意志银行，蓄力向美股发起冲击。让人惊掉下巴的是，几乎在其递交上市申请的同时，比特大陆上演了"宫斗"戏码。

也是10月28日这一天，北京比特大陆科技有限公司（境外比特大陆公司控制的境内实体）突然发生工商变更，法定代表人由詹克团变更为吴忌寒。10月29日上午11点，吴忌寒向比特大陆员工发送内部邮件，称决定解除詹克团在比特大陆的一切职务，而且即刻生效。

邮件说："比特大陆任何员工不得再执行詹克团的指令，不得参加詹克团召集的会议，如有违反，公司将视情节轻重考虑解除劳动合同；对公司经济利益造成损害的，公司将依法追究民事或刑事责任。"

此时，詹克团正以比特大陆董事长的身份在深圳参加2019年中国国际公共安全博览会（以下简称安博会），并在安博会开幕前发布了最新版AI服务器，雄心勃勃地表示要进军视频图像智能分析领域。等詹克团听闻自己将要被罢免的消息，匆忙赶回北京时为时晚矣，就连进入公司的权限都已被封锁。

詹克团在朋友圈回应，吴忌寒在他出差期间突然替换法人代表，同时强调，"比特大陆是我们的孩子，我会拼尽全力保护它！我会拿起法律武器，让所有试图伤害和利用比特大陆的阴谋不能得逞！如果有人一定要战争，我就给他们战争！"

后来的事我们知道，比特大陆境内公司法定代表人的更换并没有经过境外比特大陆的董事会，而是吴忌寒利用了其是比特大陆境内公司上一级母公司的执行董事身份单独做出的，这给詹克团要求恢复其法定代表人身份留下了操作空间。

2019年11月至2020年4月，北京比特大陆科技有限公司的法人代表身份在吴忌寒、刘路遥（比特大陆CFO，为吴忌寒在南开中学和北京大学的同学，由吴忌寒邀请加入北京比特大陆）、詹克团之间反复拉锯。

直到2020年2月12日，詹克团再次提出行政复议，请求撤销法人变更（彼时法人为刘路遥）。4月28日，北京市海淀区司法局再次做出复议决定，但当时并没有立即恢复詹克团为法定代表人。

闹剧：办事大厅抢公章

在2020年5月8日上午11时左右，在北京市海淀区政务服务中心，詹克团前去领取公司营业执照之时，突然遭遇一群不明身份的大汉强行抢走营业执照与公章。现场极为慌乱，文斗升级成武斗。

同时，比特大陆的前法人、现CFO刘路遥以及现任比特大陆挖矿中心负责人王文广出现在现场，并指挥了抢夺行动。

新闻报道后，舆论哗然。

很快，比特大陆官方回应称（当时被吴忌寒控制），詹克团已不在公司担任任何职务，市场监管部门公示登记显示詹克团为公司法定代表人属于登记错误，且严重违反《公司法》的规定，刘路遥为现行合法有效的法定代表人。而詹克团一方称，北京市海淀区市监局依法将法定代表人、执行董事恢复登记为詹克团并换发新营业执照。在詹克团的带领下，公司复工，日常经营步入正轨。

随后，北京市海淀区公安分局通报显示，海淀区公安局已对参与公章抢夺的王某广、贺某胤等人依法采取强制措施。

风波之后，在恶劣的舆论影响的压制下，詹克团与吴忌寒开始在内部组织之间就控制权进行博弈和谈判。2020年6月4日，詹克团发表全员内部信，称公司

第 4 章
比特大陆的狗血剧

股东间仍有一些法律纠纷，股权收购一事正在推进中。比特大陆将会继续以聚焦算力芯片，面向矿机和 AI 这两个市场提供芯片、服务器和算力云这三类产品。

2020 年 7 月 17 日，吴忌寒发布《再致全体同仁书》称，詹克团方面"突袭"正蓝旗矿场，非法转移托管在该矿场的超算服务器逾万台，矿机下落不明，可能已被转卖。

9 月 15 日，国家企业信用信息公示系统显示，北京比特大陆科技有限公司的法定代表人变更为吴忌寒。同日，比特大陆官网发布说明，公司已于 9 月 14 日重新在市场监督管理部门领取了公司营业执照，营业执照注载明吴忌寒为法定代表人。同时还强调，"内心里对詹克团的尊重仍未改变"。

两位老板长达一年的拉锯战，互为攻伐，给比特大陆造成了无法估量的负面影响。反观 2018 年申请上市的矿机生产厂商嘉楠科技与亿邦国际，均已敲响上市钟声。

比特大陆官网于 2022 年 9 月 14 日的说明显示，"2020 年以来，管理层的矛盾让我们的市场份额和品牌形象均受到了损伤。客户流失，员工被迫站队，福利无法得到保障。各种突发事件和负面新闻，甚至阻挠了上市计划，承诺给员工的期权几乎变成废纸。"

和解

在外部投资人股东的协调下，两位创始人最终和解，为一年多的内斗画上句号。

2021 年 1 月 26 日晚间，比特大陆创始人吴忌寒在推特发布了一串加密信件代码，并命名为《关于比特大陆两位创始人的和解》。解密后的信件显示，吴忌寒称自己与比特大陆另一位创始人詹克团长达一年的分歧，"已经以友好且建设性的方式解决"。

根据信件,具体的解决方案如下。

1. 吴忌寒本人辞去比特大陆 CEO 及董事长职务。
2. 詹克团将以 6 亿美元收购包括吴忌寒及一批创始股东手中的股份,这 6 亿美元将有 4 亿美元来自比特大陆公司向詹克团的贷款,剩余 2 亿美元来自外部融资。
3. 比特大陆将进行分拆,公司旗下云算力业务比特小鹿以及美国、挪威的矿场将剥离,吴忌寒将担任比特小鹿董事长,Matt Kong 将担任 CEO,而蚂蚁矿池将被拆分成由詹克团领导的独立公司。
4. 从现在开始直到比特大陆上市,比特大陆董事会将由五个席位组成,詹克团有权提名三席,吴忌寒有权提名两席。吴忌寒将提名的是朱翔和刘建春,前者为比特大陆创始团队成员、蚂蚁矿机 S1 和 S19 硬件设计者,后者已在比特大陆首席财务官岗位任职五年,二者将继续负责风控和财务审计。
5. 1月 26 日起,所有仍属于比特大陆集团的子公司开始对董事会成员或法人代表进行变更。

"今天和解结束后,比特大陆翻开了新的一页,会拥有巨大的机遇。作为比特大陆的共同创始人,我对比特大陆及其领导者詹克团致以最诚挚的祝福。"吴忌寒如是说。

聪明的人就是在获取自己想要的东西后,还不忘给对手送上祝福。

后续

据内部人士透露,由投资人推动的和解方案的条件之一是,詹克团承诺于 2022 年 12 月 31 日前完成美股合格上市,合格上市最低估值为 55 亿美元且上市融资不低于 5 亿美元,如果无法完成可能需要向投资人回购并支付利息。显然,比特大陆已经无法完成这一承诺，最终走向哪里，无人可知。

2022年5月，詹克团卸任北京比特大陆执行董事职务。之后，比特大陆已经很久没出现在新闻和媒体的视野里；而吴忌寒运营的比特小鹿公司则通过SPAC方式（海外借壳上市的一种方式）完成上市。

然而，已经上市的矿机老二公司嘉楠科技，在2021年创下市值50亿美元之后便一路下行。2022年，嘉楠科技依然创下了2.5亿美元的利润，但市值却只剩下5亿美元。资本市场很聪明，因为嘉楠科技2023年就开始出现亏损，亏损数额超过3亿美元，这是因为比特币挖矿难度的增加和比特币价格下行导致的。

可以说，比特币挖矿行业也属于典型的周期行业。市场用案例再一次说明，成长股的成长时间都是短暂的，任何行业的成长到达一定阶段后，都将进入周期行业。

"暴发户"的终局

怎么评价比特大陆呢？可以说赚钱赚得稀里糊涂（也可以说靠的是对比特币的信仰），亏钱也亏得稀里糊涂。在all in "虚拟货币"的同时，没有认识到所谓的"虚拟货币"根本不是稳定货币，而是由需求与供给影响的数字藏品，需求与供给的波动带来了价格的周期性上下波动，从而导致了行业的周期性兴衰。

在为了IPO上市的过程中，公司创始人之一果断进入了AI芯片这一绝对属于新质生产力的朝阳产业，但进入时点却是在行业最火爆、最拥挤的时刻（即本书第1章所称的"期望膨胀期"），同时没有意识到AI芯片的复杂性。生产虚拟币挖矿矿机的行业本质是芯片设计公司，在生产的同时培养了大量的芯片设计人才，但很遗憾没有留住最重要的人才。相信只要有这些人才在，在国内大量需要进口替代芯片的背景下，公司在芯片业会闯出一片天地。

公司戏剧性的内斗是表象，其本质依然是"暴发户心理"，即因为运气取得的成功，被错误地当成了自己的能力，妄图永远好运加身。

2021年9月，国家发展改革委、中央宣传部、中央网信办等11部门印发《关于整治虚拟货币"挖矿"活动的通知》，要求加强虚拟货币"挖矿"活动上下游全产业链监管，严禁新增虚拟货币"挖矿"项目，加快存量项目有序退出，促进产业结构优化和助力碳达峰、碳中和目标如期实现。"挖矿"这一特殊活动自此在中国走向了终点。虽然矿机公司还可以通过出口矿机来继续运营，但是很明显这不是一个永续行业。政策的变化也充分证明了比特大陆属于"暴发户"，既往的成功很大程度上沾了监管不到位的光。

区块链技术与智能合约技术确实开拓了一个全新的新质生产力行业，即数字货币行业，这一行业初露头角。随着互联网与人工智能的逐步深入，相信这一行业将会快速开花结果。但是，区块链技术的运用绝对不是比特币炒作，这只是新兴互联网发展到一定阶段，在跨国联合监管匮乏情形之下的蛮荒时代产物，随着监管加强，未来必定会逐步规范。

由于战争，动乱，各国反洗钱、反避税等各种因素的影响，比特币的价格长期居高不下，但这肯定不是历史的终局。我们在观察和分析类似行业时，一定要清晰地认识到其"暴发户"属性及其法律和道德风险。

投资悟道

- All in 不是投资，是赌博。
- 凭运气赚到的钱，都会凭能力亏掉。
- 正确的认知、运气与能力，是投资人与创业者最重要的素质之一。
- 知进退，急流勇退，向来是少数人独有的能力。

第 4 章
比特大陆的狗血剧

- ✦ 比特币的本质是数字藏品。
- ✦ 人才和对应的知识产权是最重要的公司资产。
- ✦ 放走最重要的人,就是引来一个或数个竞争对手。
- ✦ 巨额的利润一定会引来强有力的竞争。
- ✦ 没有强大实控人安排的股权结构,是不稳定的结构。
- ✦ 成长股的终局,都是周期股。
- ✦ 暴发户获得的财富,大概率很快迎来失败。

像投资者一样思考

1. 看吴忌寒的发迹历程,以及比特大陆的起步所拥有的"泼天富贵",除了幸运的运气成分外,其成功的最大特质要归功于什么?
2. 在比特大陆两大创始人的资产与控制权争夺战中,谁是最大的获利者,或者说胜利者?为什么?
3. 比特币和虚拟货币挖矿这个行业会长期存在吗?为什么?

第 5 章

快就是药

> **新质行业**：生物医药
>
> **新质案例**：百济神州
>
> 如果在一个确定性较为清晰的行业赛道上武装了最优秀的科学家和企业家，那么就要全力融资，要用尽全力奔跑。只有又准又快，才能实现创新药市场的"奇迹"。当然，实现奇迹的根本原因不是钱，而是我国有超级勤奋、超级内卷的药物研发工程师，才实现了"快"。

不远万里来中国的美国人

一个美国人，不远万里来到中国，只为实现他的创业梦想。他连续成功了两次，成功跻身"百亿俱乐部"。

这个人就是 John Oyler，他给自己起了个中文名：欧雷强。

欧雷强很聪明。1968 年，他出生于美国宾夕法尼亚州匹兹堡市，先后就读于世界著名的学府——麻省理工学院（MIT）的机械工程专业和斯坦福大学商学院的工商管理硕士（MBA）专业。毕业后，他入职麦肯锡公司做了咨询顾问。这个职业曾经与投资银行家一样，都是让名校毕业生艳羡的高薪职位之一。

欧雷强很能干，不到30岁就成为专注于肿瘤的生物医药公司Genta的联席CEO，这段高管的工作经历为他日后在医药界创业打下了基础。任职期间他同时也在积极筹备创业。他参与创立了消费者研究公司Telephia，并在这家公司主持工作四年，而后将它交给了职业经理人，自己去担任专注于中枢神经系统疾病疗法的生物医药公司Galenea的CEO，并且在那里工作了两年。2005年，他与马苏德·塔伊比（Masood Tayebi）博士一起创立了医药研发外包服务公司保诺科技（BioDuro）。无论是Telephia，还是保诺科技，欧雷强在创业时都展现了极强的商业敏感性。2007年，Telephia公司被以4.49亿美元的价格出售给了尼尔森公司；2009年，保诺科技被PPD公司（Pharmaceutical Product Development Inc.）以7700万美元的价格收购。

保诺科技的收购价格并不完美，但欧雷强的创业方向无疑是成功的。他准确地看到了中国工程师红利的机会，并在早期抓住了它。短短几年，药明康德、康龙化成等一批CRO公司①，就迎来了一波业绩快速上涨的浪潮。

保诺科技的创立让欧雷强与中国结缘。公司的办公地点设在北京，而且就在北京生命科学研究所（以下简称北生所）的隔壁，这也使他与北生所以及该所创始人王晓东结下了深厚的友谊。

远赴重洋又归来的中国人

王晓东，年长欧雷强五岁。1985年，他赴美留学，并于1991年获美国得克

---

① CRO公司为药物的研发外包公司，一家CRO公司通常同时服务多家新药公司。在药物研发领域，CRO公司与新药公司的关系，类似于房地产建筑商与房地产开发商的关系。

萨斯大学西南医学中心生物化学博士学位。

王晓东主要研究细胞凋亡规律，并突破性地发现了线粒体在细胞凋亡中的作用，是该领域首屈一指的专家。2004年，王晓东当选美国科学院院士，他是改革开放后，中国第一位获此殊荣的科学家，也是美国科学院有史以来最年轻的成员之一。2013年，他入选了中国科学院外籍院士。

北生所是我国政府发展硬科技的突破性举措，它生而不同：它是国务院特批的研究机构，是游离于高校和中国科学院之外的生命科学试验田。它的基本原则是：把握时机，以改革试点的方式，采用与国际接轨的管理和运行机制，以国际一流科学家集体为基础，进行原创性基础研究。在特殊的行政对待和稳定的资金扶持下，再加上王晓东等人的影响力，北生所吸引了一大批学术大牛归国，基本形成了我国生物医药领域的顶流。

在出售了保诺科技之后，欧雷强依然年富力强，进行下一次创业理所当然。他选择了生物创新药，而不是化学仿制药，这更是与王晓东不谋而合。研发生物创新药，尤其是研发用于肿瘤治疗的一线创新药，绝对不是一件轻松的事，而是一场难度系数超高的大冒险，一旦失败，代价是数年时间和数亿乃至数十亿美元就此打了水漂；而一旦成功，就可能获得数倍甚至数十倍的回报。

欧雷强和王晓东两人其实早有渊源。早在2009年，美国旧金山一只基金就找到王晓东，想借助他的影响力做一家生物创新药公司，并请他介绍合适的CEO人选。当时他推荐了欧雷强，但欧雷强并不想遵从这只基金的想法——做出一个项目后卖给大型药企，他认为中国才是生物药创业最好的土壤，他想做一家"百年老店"。后来，他说服了王晓东。

2010年10月，欧雷强与王晓东联合创立了百济神州公司，取"百创新药、济世惠民"各一字。在分工上，王晓东负责科研，吸引大量人才；欧雷强负责商业运营，与顶级的国际医药公司建立合作。这听上去像是天作之合。

第 5 章
快就是药

名叫默克的"天使"

百济神州公司最初获得了欧雷强本人、德国默克公司以及一些天使投资人的投资。3200 万美元对创业公司来说并不少,但这点钱在要花大钱的人的手里,确实不禁花。

创业伊始,王晓东便在百济神州内部启动了 BRAF 抑制剂和 PRAP 抑制剂的研究,这两款药物都是肿瘤研发领域关键性的靶向型药物。由于深知新药研发的风险性和高成本(若有任何微小的失误,未来修复失误的代价极为昂贵),因此欧雷强和王晓东坚持了一个简单的逻辑:要招最好的人,想尽办法寻求一流的资源,避免在过程中出现重大的失误。在这种逻辑下,百济神州以国际标准购置设备和仪器,并且从辉瑞、强生等著名药企挖来了研发与管理的骨干。这些骨干大部分是名校出身,拥有着实验室和产业界的复合经历,并且都在前公司肩负要职。

这导致百济神州开销又大又快,3200 万美元在一年多的时间就消耗殆尽。欧雷强只好返回美国融资求援,但他花了半年时间,跑遍整个投资圈依然毫无结果,最后还是默克集团又投资了 2000 万美元才让百济神州缓过劲来。

拿到钱后,百济神州继续高举高打,而不是量入为出。科研线又上马了 PD-1(程序性死亡受体 1)抑制剂替雷利珠单抗和 BTK(布鲁顿氏酪氨酸激酶)抑制剂泽布替尼两个肿瘤靶向性药物项目。这两个项目更烧钱。

后来我们知道,正是 PD-1 和 BTK 这两个靶点的药物最终成了百济神州实现企业价值最重要的基石。在 2012 年资金极度短缺的那个时间点,如果百济神州没有上马这两个项目,其成长可能就会被拖慢一步,很可能就会错过后来创新药大发展的盛宴。

只有极度的自信,甚至自负,才能匹配如此的花钱速度。不到一年时间,2000 万美元又花完了。百济神州的融资依旧没有进展,一些研发不得不面临暂停,一些优秀的员工也在这时离职了。2013 年的春、夏季是百济神州真正意义上的至暗时刻。

2013 年 5 月，天使投资人德国默克公司再次送来温暖：百济神州最早的两款药（即 BRAF 抑制剂和 PRAP 抑制剂）的海外研发权和销售权被其以 4.65 亿美元的价格买下。这样的项目授权合作又称 BD 合作，即研发药企将仍处于研发阶段的产品的相关权益进行转让，以此来获得研发资金，并将按约定方式与出资方共同开发产品和分享未来的产品收益，是新兴研发型药企除药物销售之外的另一种变现途径。

默克集团在看到了 BRAF 抑制剂和 PRAP 抑制剂的良好数据后才与百济神州签署了 BD 合作协议，这笔巨额出资挽救了融资不畅的百济神州，为其各种药物研发送上了宝贵的"弹药"。同时，这也证明了百济神州超群的研发能力。

融资的快车道

百济神州和德国默克公司的这笔项目授权合作的数额之大震动了医药圈。一家刚刚成立不久的公司，两款正在研发的药物，竟有如此高的价格，这也让投资界关注起来。从此，百济神州的融资不再像之前那么艰难，而是驶入了快车道。

2014 年 11 月，百济神州得到了高瓴创投和中信产业基金合计 7500 万美元的投资，完成了 A 轮融资。此后，高瓴创投成了百济神州的基石投资人，参与了百济神州的全程融资。

2015 年，我国政府推出了药审制度改革等多项政策，改变了我国长达 10 年的药品注册审批周期长的痛点，为创新药的注册审批扫清了障碍。国内的生物医药创新企业也获得了新机遇，生物医药行业迎来了潮水般涌入的资本。一年内，国内医药领域出现了 300 多起投资案例，涉及金额 292.08 亿元。百济神州也成功完成了 9700 万美元的 B 轮融资，不再为钱发愁。

2016年2月，百济神州成功在美国纳斯达克上市，募资1.58亿美元，首日收盘价较发行价上涨18%，公司市值达到了8.5亿美元，成了当时国内屈指可数的赴美上市的生物医药公司。

之后，百济神州不断进行战略融资、定向增发，又分别在香港联交所和科创板上市，不断进行大额募资。据粗略统计，从成立到在科创板上市，百济神州前后以各种不同的方式在市场上拿到了约人民币700亿元的募资。

这些巨额募资不断被投入更大规模的研发中，而创始人的股份在不断地被稀释。欧雷强原本是控股股东，百济神州在科创板上市时，其股份变成了5.8%左右，王晓东的股份也被稀释到1.57%左右。但公司的市值却极大增加，在科创板上市时，估值约为人民币2000亿元。也就是说，经过了这么多极致的募资稀释，欧雷强的持股价值反而上升到了150亿元左右，这比他的前两次创业所获得财富量级大多了。

很多创始人非常在意自己的控股权，如果控股权在50%以下，他们就会觉得自己没有掌控力了，33%以下就觉得要失去公司了。而欧雷强用百济神州的超额募资史告诉所有人，募资是多么重要的一件事。正是这样的超额募资，才维持了百济神州的快速研发和精准研发，才把握住了PD-1与BTK两个靶点的重要药物，而创始人的股份虽然掉至5.8%左右，但依然实现了对公司的掌控与个人财富的增长。

被快速跟进的PD-1

PD-1是一种免疫检查点。在正常情况下，人体免疫系统可以清查和清除病原体，但是在"杀敌"过程中有可能伤及"忠良"，即清除了正常的好细胞。所以，人体就有了PD-1这个检查点，如果发现是好细胞，免疫系统就自动下调功能，先放过。关键是癌细胞太狡猾了，它们在进化的过程中会根据免疫细胞的受体进化出一个叫 PD-L1 的配体，一旦 PD-1 受体和 PD-L1 配体结合，PD-1 这个检查点就认为癌细胞也是好细胞，人体的免疫系统就会放过癌细胞。

所以，药学家们就尝试生产出一些特定靶向的药物，来阻断 PD-1 受体和 PD-L1 配体的结合，帮助免疫系统重新识别癌细胞，从而利用人类自身免疫力来达到治疗癌症的目的。

1992 年，日本科学家木庶佑最先注意到了 PD-1，后来他又在人体中找到了 PD-1 蛋白。2018 年，他因在肿瘤免疫学领域的贡献而获得了诺贝尔生理学或医学奖。直到 2000 年，他才委托日本制药公司小野制药（Ono Pharmaceutical）寻找关于抑制 PD-1 蛋白的药物，但一直毫无收获。

后来一家名为 Medarex 的公司意识到了 PD-1 抗体在肿瘤治疗中的潜力。2001 年，华人科学家王常玉团队开始主导该项研究。研究过程非常漫长，困难重重。团队创造性地将 PD-1 蛋白注入到人源化小鼠体内，从而通过小鼠的免疫反应获得了抑制 PD-1 蛋白的单克隆抗体。2005 年，Medarex 与小野制药合作。2006 年，全球第一个 PD-1 抗体临床试验[①]正式启动。2009 年，百时美施贵宝（Bristol Myers Squibb，BMS）公司收购 Medarex，然后推进了临床试验。临床试验结果证实了 PD-1 免疫疗法对治疗肾癌、黑色素瘤等癌症具有积极的作用。2014 年 7 月，全球第一款 PD-1 抗癌药物纳武单抗（Nivolumab，商品名为 Opdivo，简称 O 药）在日本被批准上市，2015 年 10 月在美国被批准上市。

2003 年，一家名为欧加隆（Organon）的荷兰公司开始构思 PD-1 抗体的研发。2005 年，他们意外筛选到一系列活性很高的 PD-1 抑制剂抗体。随后，该公司陆续被先灵葆雅（Schering Plough）公司和默沙东（MSD）公司[②]收购，PD-1

---

① 药物研发试验分为临床前试验与临床试验，临床前试验主要以动物为对象，临床试验主要以人体为对象。在药物被批准上市前，临床试验又分为 I 期、II 期和 III 期，一般而言，I 期临床试验取得初步的临床药理学及人体安全性评价，II 期临床试验取得药物治疗作用的初步评价，III 期临床试验取得药物在统计学意义上具有治疗作用的确证证据。

② 公司在美国与加拿大称为默克，在其他地区称为默沙东，以区别于总部在德国的德国默克公司。

抗体研发项目也逐渐被搁置了。但随着 O 药临床试验的成功，MSD 公司意识到 PD-1 抗体在肿瘤治疗中的巨大空间，重新启动了自己的 PD-1 抗体研发项目，并全力借鉴 O 药在单克隆方向的研发结果。2011 年，MSD 公司砸下巨额资金，并采用了一个激进的临床方案设计（即不断扩大入组人数，用临床 I 期试验结果在美国申请上市批准），疯狂推进 PD-1 抑制剂派姆单抗（Pembrolizumab，商品名为 Keytruda，简称 K 药）的多项临床试验。2014 年 9 月，K 药在美国被批准上市，成了第一个在美国上市的 PD-1 抗体。

就在 K 药获批上市前夜，BMS 公司向 MSD 公司提起了诉讼，认为 K 药侵犯了 BMS 公司和小野制药关于 PD-1 抗体用于治疗癌症的系列权利。2017 年 1 月，BMS 公司宣布和 MSD 公司就 PD-1 单抗的专利诉讼签署了一项和解及全球专利许可协议，MSD 公司要向 BMS 公司和小野制药支付 6.25 亿美元的首付款，以及 K 药 2017—2023 年销售额的 6.5% 和 2024—2026 年销售额的 2.4%。

K 药和 O 药上市后取得了巨大的商业成功。2022 年，K 药的销售收入为 209 亿美元，O 药的销售收入为 82 亿美元。对毛利率超高的创新药来说，PD-1 就是"药王"，堪称摇钱树。而且早一年在美国上市的 K 药的收入遥遥大于 O 药[①]，证明创新药的先发优势非常重要，越早上市，累积的数据越多，医生越认可；越能大力推进各种适应症进入临床研究并拿到新的药物许可证，越能扩大药物的使用范围。另外，在联用药上也大有文章可做。通过联用药，K 药作为基础药进行销售，联用药作为与基础药联合使用的药物一起销售，两方面的销售收入都可以增加。

一时间，全世界都明白了"药王"的逻辑，纷纷跟随入局，这也是百济神州在 2015 年刚刚拿到一笔融资就立项研究 PD-1 药物的原因。据粗略统计，从 2014 年第一个 PD-1 抑制剂上市开始，出现了大量快速跟进（fast-follow）的研发，全球药品市场共有 170 多种 PD-1 新药上市或在上市审批中，有超过 1500 个 PD-1 抑制剂的临床试验项目同时开展。这么多模仿者，药物成功的关键策略又是什么呢？

---

① O 药尽管最早在日本被批准上市，但在美国上市的时间却晚了 K 药一年时间。

PD-1 药物是一种人源化小鼠经免疫刺激后产生的单克隆抗体，属于生物药，其分子结构式超级大，与合成的小分子化学药相比，生物药在分子大小上要大上百倍甚至上千倍，结构多变且复杂。这就给了一些药物厂商跟随的机会，它们通过改变大分子中的小部分结构，找到药效相当、但不受专利保护的化学结构，从而这些药厂对这类药物就有了独立的知识产权。百济神州以及这 170 多种的 PD-1 药物，基本属于拥有这种独立知识产权的新药。如果药效几乎一致，业界称这类药物为 me-too 药；如果药效更好，则被称为 me-better 药；而药效差些的被称为 me-worse 药。对于 me-too 药和 me-worse 药来说，其实就完全相当于仿制药，这类生物药的仿制药，又被称为生物类似药。

me-too 药物的商业策略就是生物仿制药的商业策略，即在未有类似药物批准的国家率先上市，甚至先于原研药上市，争取先发优势；而在有原研药批准的国家跟随上市，通过低价等策略抢夺市场。

美国由于其强大医疗商业保险的覆盖，一个国家的医疗占据了全球医疗市场 55% 的市场份额，其中创新药销售额占其所有药品销售额之比为 79%[①]。创新药能够进入美国，相当于进入了全球接近半数以上的大市场，且商业保险对创新药销售起到了重大促进作用。尽管有生物原研药在先，但如果能够尽早上市生物仿制药，也能通过低价与尽早上市抢来的时间，占据一些原研药的市场份额，且能够保证一定的利润率。但如果上市时间较晚，大量的生物类似药相继上市，药物的份额与利润率就会受到挤压。

新基图什么

面对"药王"的强大诱惑，以及百济神州所拥有的 me-too 药物的独立知识产

[①] 从创新药市场规模来看，波士顿咨询（BCG）公司援引 Evaluate Pharma 的数据显示，2021 年全球创新药市场约为 8300 亿美元，其中，美国市场占比为 55%；从药品销售结构来根据看，根据 BCG 数据，2021 年，美国创新药销售额占其所有药品销售额之比为 79%。

权、生物类似药的快速跟随策略,在欧雷强所被公认的强大 BD 能力之下,美国一家名为新基(Celgen)的公司心动了。

2017 年 7 月,百济神州与新基公司达成战略合作,主要包括以下四项内容:

- 新基公司帮助百济神州共同开发和商业化其 PD-1 单抗;
- 百济神州接手新基公司在我国获批产品的独家运营和商业化授权;
- 新基公司向百济神州支付约 2.63 亿美元的预付款;
- 新基公司以每股 4.58 美元的价格收购百济神州 5.9% 的普通股。

也就是说,百济神州仅用一款在当时还处于临床初期阶段的 PD-1 新药,就史无前例地拿到了巨额现金、股权投资以及新基公司成熟产品的销售权这三大筹码。这一度被业内评价为教科书般的神级 BD 案例。而仅仅新基成熟产品的销售权这一筹码,就足以为百济神州带来源源不断的长期收入,而且还能用别人的产品"试水",不担风险地建立起自己的商业化团队。更何况,新基的重磅产品——白蛋白紫杉醇(Abraxane)作为当时临床使用最广的化疗药物,未来还可以与百济神州的 PD-1 联合使用,带动 PD-1 在上市后快速放量。

在随后的两年里,新基公司的产品为百济神州带来了持续增长的收入。据中国医药健康信息领先平台米内网的数据显示,2019 年前三季度,这款白蛋白紫杉醇在我国重点省市公立医院终端市场的销售额为 21.1 亿元,这款药也由于较早进入我国市场而基本形成垄断。2019 年全年,百济神州的产品收入约为 14.25 亿元,其中白蛋白紫杉醇贡献近半。

如同神来之笔的 BD 交易对百济神州的发展意义非凡,而这并不是最后一次。

替代者安进

2019 年,百济神州与新基公司的合作遭受重大挫折,因为新基公司被 BMS

公司全资收购，交易金额高达 740 亿美元。这项巨额收购案曾遭到外界相当多的反对，但 BMS 公司决意将新基公司收入囊中。

据外界猜测，其中很大原因在于当时 PD-1 药物的 O 药的销售额高达 67.35 亿美元，撑起了 BMS 公司全年近三分之一的收入，且仍在不断增长中。在 PD-1 这一重要战场上，BMS 公司无法坐看百济神州借着与白蛋白紫杉醇联合用药的东风一路乘势而上，收购新基公司将阻断百济神州 PD-1 在美国和欧洲各国的申请进程，给继续高价售卖 K 药和 O 药留下时间窗口。因此，BMS 公司选择"大手一挥"，直接将新基公司全盘收购。

果然，BMS 公司完成收购后，就开始干涉新基公司与百济神州的各项交易，而且拖时间毁约。时间意味着金钱，PD-1 药物的上市进程被拖慢。但令外界没想到的是，虽然对手很强悍，但百济神州亦早有准备。

2019 年 11 月，百济神州在 BMS 公司完成对新基公司的收购时对外公布，其与另一家全球生物科技巨头安进（Amgen）公司达成战略合作，包括以下重要内容：（1）百济获得安进在我国已获批或已申报的三款肿瘤药物——地舒单抗、卡非佐米、倍林妥莫双抗的中国区权益；（2）百济神州获得安进公司 20 款在研抗肿瘤管线药物的中国区权益；（3）安进公司以约 28 亿美元完成收购百济神州约 20.5% 的股份。简言之，百济神州从安进公司引进一笔约 28 亿美元的高额股权投资，同时安进公司还"免费附赠"了其在中国区的整个抗肿瘤药物管线，包括 20 多款药物，其中 3 款是唾手可得的成熟果实。

这样的合作内容看起来似曾相识，却比当年放大了 10 倍量级。与安进公司合作，百济神州将曾经与新基公司开展的合作"复制"了一遍，但这一次，百济神州用来博弈的筹码不是一款重磅产品，而是公司高达 20% 的股份。可以说，这一役，百济神州同样全力以赴。百济神州的投资者们也很清楚，这样量级的合作意味着什么。消息公布当天，百济神州在纳斯达克的股价在盘后交易中上涨 25%，至 173.10 美元，而安进公司的股价持平于 213.25 美元，几乎没有波动。

无奈的PD-1出海

BMS收购新基后的策略就是通过拖时间来毁掉新基公司与百济神州之间关于PD-1的交易。果然，百济神州的海外研发时间被拖延了十分重要的两年。2021年，在新基公司退货（即终止合作）、百济神州重新拿到PD-1的全球权益后，该权益再次被以6.5亿美元首付款、22亿美元的总交易金额的价格卖给了瑞士诺华（Novartis）公司。

然而，即使有诺华公司的加持，PD-1这款产品的出海也不是那么顺利。

在美国不缺PD-1单抗药，如MSD的K药、BMS的O药，罗氏、阿斯利康等大外企都有PD-1产品在美获批适应症。虽然，此前美国食品药品监督管理局（FDA）表态称，希望把中国低价的PD-1单抗药引入美国市场，但从信达生物与礼来制药合作的PD-1抗体信迪利单抗冲关FDA失利的案例来看，FDA对PD-1药品的审批颇为严格，后续想要申报的药品估计都很难逃过"头对头"[①]比较，也就是说，美国希望后续的仿制药都是me-better药品，而不仅仅是简单的me-too药物。药品降价对FDA来说可有可无，FDA还是更鼓励创新。

因此，百济神州的PD-1药物替雷利珠单抗在美国先是延期申报二线治疗食管鳞状细胞癌（ESCC）适应症，后来又放弃了一线治疗鼻咽癌、非小细胞肺癌（NSCLC）适应症的上市申请。

2023年9月，替雷利珠单抗在欧洲获批ESCC适应症。但百济神州同时宣布，与诺华公司达成终止协议，诺华放弃替雷利珠单抗的海外权益。由于美国市场是海外权益最大的市场，这大概是由于诺华觉得美国市场的PD-1竞争已经非常激烈，在评估后续研发投入、投入时间与未来商业化利益之后，选择了放弃。

时间越拖越长，而K药和O药继续高歌猛进，竞争对手越来越多。2023年

[①] "头对头"研究是指非安慰剂对照研究，是将临床上已经使用的治疗药物或治疗方法作为对照进行的临床试验，可看作两种药物在有效性和安全性上的直接较量。

10月，我国的君实生物被美国 FDA 批准其 PD-1 药物特瑞普利单抗治疗鼻咽癌的适应症，百济神州无疑错过了在美国上市仿制药的先机。

而在国内，对手们同样面临着极度内卷的机制。2018 年 12 月，君实生物、信达生物的 PD-1 药物被批准上市，恒瑞医药紧随其后，其药物在第二年（也就是 2019 年）的 5 月获批上市，而百济神州的药物在同年 12 月上市，四家企业都是飞速推进，PD-1 药物首个适应症获批上市时间间隔不超过一年。PD-1 药物上市第一年，人均支付费用超过 10 万，但第二年的价格就发生了雪崩，下降了 64%，可见提前一年上市所享受的超额利润是完全不同的。

带点缺陷的 BTK 一代

在 PD-1 药物起了大早却赶了晚集的情况下，百济神州全力布局另一款重要的基础药物——BTK 抑制剂。BTK 即布鲁顿氏酪氨酸激酶，在不同类型的恶性血液病中广泛表达，参与 B 细胞的增殖、分化与凋亡过程。如果能抑制该激酶，就能治疗 B 细胞类恶性肿瘤及一些 B 细胞免疫类疾病。

长久以来，BTK 由于是外表光滑的蛋白，缺乏有效的化学结合点位，很难成药。科学家潘峥婴团队创新性地发现可以使用共价机制勾住这个蛋白后，Pharmacyclics 公司开始了对该领域的探索。2011 年，Pharmacyclics 公司以 9.75 亿美元的价格将该药物血癌适应症除美国外的海外市场的 50% 权益 BD 给了强生公司。

2013 年，全球首款 BTK 抑制剂伊布替尼横空出世，其特异的靶向性为血液肿瘤治疗带来了革命性的进展，使 B 细胞恶性肿瘤患者治疗成功进入无化疗时代。因此，伊布替尼一经问世便迅速成为全球畅销药。

2015 年，艾伯维（Abbvie）公司斥资 210 亿美元重金收购 Pharmacyclics，获得了伊布替尼在美国市场的商业化权力，创造了当时投资并购的神话。截至 2023

年，伊布替尼已在 80 多个国家或地区获批，7 项适应症获 FDA 批准。上市九年，伊布替尼累计销售额近 500 亿美元，连续数年进入全球畅销药 TOP10。

同时，尽管伊布替尼是 BTK 靶点中的同类首创药物（first-in-class，FIC），但它存在一个核心缺陷：被报告患者使用后多有心血管不良事件的发生。有专家指出，伊布替尼在抑制 BTK 靶点的同时，还能抑制同是 TEC 家族的 EGFR、JAK3、HER2 等信号通路蛋白。一旦共价化合物脱靶结合到其他正常的蛋白之上，就有可能引起严重的副作用。这就是造成患者有不良反应的主要原因之一。因此，BTK 药物具有从同类首创药物进化到同类最优药物（best-in-class，BIC），即从第一代药物向具有更好效果的更高世代药物进化的可能性。

2016 年 2 月，生物制药企业阿斯利康（AstraZeneca）以 40 亿美元收购 Acerta Pharma 公司 55% 的股权，看中的正是该公司旗下的 BTK 抑制剂阿卡替尼。2017 年 10 月，阿卡替尼在先后被授予突破性疗法和加速审批之后，仅凭 II 期临床数据就被 FDA 批准上市。

伊布替尼的畅销、艾伯维公司和阿斯利康公司的重金押注都让百济神州意识到自己在 2012—2013 年就开始关注 BTK 是完全正确的，因为金钱本身不会说谎。如果百济神州的科学家们可以像 Acerta Pharma 公司的科学家们一样，设计出完全具有独立知识产权的新一代 BTK 抑制剂，那么一定会在这个大市场中分得一杯羹。

快就是药

先发优势在创新药市场上尤其重要，药物早上市一年，企业不仅可以早赚一年的钱，而且可以通过卖高价尽快回流利润，同时能够在医生和患者中占领心理地位。对于那些必须长期服用的药物而言，快速推进研发和上市更为重要，这样就能更快地"圈"住患者。患者一旦用上一种药，就很少会换药。

BTK 抑制剂药物的发展存在从第一代到第二代，再到第三代，并且存在生成同类最优药物的可能性[①]。

百济神州在 2012—2014 年的临床前研究阶段为 BTK 抑制剂设计合成了 500 多个化合物，最终确定了目标产物，并将其命名为泽布替尼。从 2014 年起，百济神州全力推进包括我国在内的全球多中心临床试验，而且敢于与伊布替尼做"头对头"的比较实验。

为了更快地推进临床速度，泽布替尼项目直接跳过临床二期研究做临床三期研究，这就为整个研究节省下来 1～2 年的时间。只有极度自信甚至自负，才会这样干，因为临床试验的成本非常高，尤其是三期临床的大规模人群试验，花费不可计数，一般医药企业先在二期临床小规模人群验证有效性，才推进三期临床统计学意义的验证。

泽布替尼的最终实验数据表明，无论是副作用还是治疗效果，它都大大优于伊布替尼。泽布替尼最终于 2019 年在美国批准上市，2020 年 6 月在我国批准上市。

在我国，同样推进 BTK 第二代抑制剂研发的还有诺诚健华公司，其产品名为奥布替尼。临床试验的结果证明，奥布替尼的安全性与有效性与泽布替尼相当。2020 年 12 月，奥布替尼在我国获批上市，但美国的临床试验进展落后，要到 2024 年才有机会获批上市，这导致奥布替尼将在全球最大的医药市场中严重落后，沦为泽布替尼的仿制药物，这将大大降低其潜在的商业收益。

尽管奥布替尼临床数据良好，但由于上市落后的一步，就变成了仿制药，奥布替尼的海外权益被渤健（Biogen）公司退货，合作终止。因为渤健公司在计算仿制药的投入与收益的风险配比上，有点算不过来账了。可见，先发优势与"快"是多么重要。快就是药，速度代表了药物的商业收益。

---

① 第一代与第二代 BTK 抑制剂都是共价机制，第三代 BTK 抑制剂为非共价机制，非共价机制药物设计的目的不是为了疗效更优，而是在共价机制药物产生抗药性后，换用非共价机制药物。泽布替尼与奥布替尼均属于第二代 BTK 抑制剂。

快速奔跑

对初创的制药公司来说，快速跟进是非常重要的策略，因为完全做原研药的失败率太高，初创公司本来资金就少，一旦失败就再难翻身。快速跟进策略基本能够确保成功率，如果够快，也可能喝上一大口汤。

百济神州赶上了好时候：PD-1 与 BTK 两大重磅药品均在其创业的初期浮现机会，百济神州就顺手一把抓住了它们。这两款药体现在适应症广，可以治疗很多病症；同时，都可以与其他药进行联用。

随着 PD-1 与 BTK 两大基本药物的各种适应症[①]在世界各国陆续开展临床研究和陆续上市的同时，百济神州积极进行各种联用药和后续药的研发，PD-1 联用药的靶点包括 TIGIT、LAG-3、TIM-3、OX40、HPK1 等，BTK 所专注的血液瘤后续用药靶点包括 BCL-2 抑制剂、靶向 BTK 的 CDAC 药等，覆盖患者治疗的整个过程。

百济神州在 PRAP、PD-1、BTK 三大靶点的药物陆续上市后，每年依然有 100 亿元的亏损，这些亏损都是各种适应症临床研究、各种联用药和后续药的研发造成的。虽然百济神州在这些药物陆续上市后会有销售收入，但在密集研发阶段，收入尚不能支撑研发支出，就会造成亏损。

大量的密集研发使百济神州的研发规模超大，本来大多数新药公司通过将研发部分外包给 CRO 公司，以实现研发上的规模化经营来降低成本。但百济神州发现自身的研发规模量级已经比一般的外包公司要大得多。百济神州果断决定去外包化，整个流程全部由内部人员完成。去外包化后，百济神州的临床试验的时间和成本均降低了三分之一。

百济神州的快速扩张得益于速度与成本的独特优势，这都与我国特有的工程

---

① 此类生物药都是基于靶点的药物，可以治疗在对应靶点机理下的一系列肿瘤疾病，每种不同的肿瘤疾病，被称为不同的适应症，每种适应症均需要单独进行临床试验并单独申请上市。

师红利无法分割。

启示录

百济神州公司创业成功最重要的因素有以下几个。

第一，欧雷强和王晓东在医药领域深耕多年，从一开始的 PRAP 抑制剂，到 2015 年快速启动的 PD-1 抑制剂和 BTK 抑制剂，都证明了他们具有敏锐的商业眼光。

第二，必须认真对待科研，因为万一失败，哪怕是微小的错误，后期都要花费巨大的成本，因此百济神州配备了顶级的科学家团队。

第三，在商业侧和技术侧都确认靠谱的情况下，百济神州公司快速地推进研发，但使用国际多中心临床、在多国同时试验并申报上市材料需要大量的资金，所以百济神州综合使用创投募资、IPO 上市融资、上市后再融资、项目权益对外合作（BD）等多种募资方法，不停地募集资金。尤其是 BD 合作，可以准确地找到愿意给予最大诚意的合作伙伴，在关键阶段助力，最终打出全垒打。

投资悟道

- 在科技创业上，懂技术的科学家与懂商业的企业家结合才是完美的创业团队组合。
- 创新药领域的创业非常烧钱，一定要有充分的思想准备。
- 美国市场是全球最大的医疗市场之一，不想进入美国市场的创新药企业不算是真正的创新药企业。

- ✦ 创新药一定要在科研上极度谨慎，一个微小的错误到后期极难纠正。
- ✦ "快"是创新药企业成就巨大商业价值的重要因素。
- ✦ BD能力是创新药企业最重要的能力之一。
- ✦ 生物药既有可能做成同类最优药，又有可能沦为生物仿制药，不同的结果有不同且独特的商业逻辑。

像投资者一样思考

1. 百济神州虽巨额亏损，但公司市值很大，为什么？
2. 如果百济神州在拿到融资后，没有同时押注PD-1靶点和BTK靶点，而是选择保守策略，从两个靶点中选一个，那么公司现在的情况可能会如何？
3. 从商业上看，百济神州的PD-1药物是成功了还是失败了？

第6章

万马奔腾：创新药的中国叙事

> **新质行业**：生物医药
>
> **新质案例**：行业综述，涉及多个案例
>
> 从快速跟随策略的内卷到药物设计的差异化，甚至独家创新，我国的创新药正在快速翻越技术的篱墙。本文将从靶向单抗、ADC 药物，到细胞治疗和基因治疗，分类说明不同种类的前沿创新药的研发现状以及我国公司的表现。

来自 PD-1 的惨痛教训

在前面关于百济神州公司的文章中，我们提到了 PD-1 药物。

PD-1 有广泛的适应症开发，在靶向药最近几十年的发展过程中，能够同时治疗如此多癌症的药物只有它。虽然适用于 PD-1 药物治疗的癌症患者只占 20% 左右，但一旦符合，治疗效果就是确定的和惊人的，因此 PD-1 药物无愧于"药王"的称号。

第 6 章
万马奔腾：创新药的中国叙事

上一章我们也提到，全球药品市场中共有 170 多种 PD-1 新药获批上市或正在上市审批中，有超过 1500 个 PD-1 抑制剂的临床试验项目正在同时开展，这其中有很多来自我国的参与者。据不完全统计，我国宣布开展 PD-1 研发的公司高达上百家，可谓群雄逐鹿，内卷惨烈。

几年过去了，关于 PD-1 这款"药王"，我们在全球药物市场和我国药物市场都看到了一些令人吃惊的商业事实。

1. 全球药物市场

全球 PD-1 药物的市场规模继续扩大，即将迎来年销售额 400 亿美元的规模，但 80% 的市场份额依然被 K 药和 O 药两款药占据。由于后上市的药物并没有在药效上打败 K 药和 O 药，因此在全球市场上，后上市的药物全部沦为仿制药物。同类原研药物凭借上市先机，继续占据绝大多数市场份额。

截至 2024 年年初，我国公司的被美国 FDA 批准上市的 PD-1 药物，只有君实生物一款用于鼻咽癌适应症的 PD-1 药物特瑞普利单抗。美国鼻咽癌病例人数较少，因此，特瑞普利单抗针对鼻咽癌适应症此前获得孤儿药资格。孤儿药在美国获批上市较为容易。

而百济神州的 PD-1 药物，其全球销售权益 2017 年早就 BD 给了新基公司，而后又重新 BD 了诺华公司的替雷利珠单抗，其作为二线用药治疗食管鳞状细胞癌的适应症，一直就在美国 FDA 排队审评。但在 2023 年 9 月，其全球权益遭到诺华公司的"退货"（即终止合作），权益重新回到百济神州手里，诺华已经支付的 6.5 亿美元的预付款也不要了。这说明，诺华应该预知了，要想获得美国 FDA 的评审通过，需要投入更多的研发成本以补充数据，再加上拖延的时间因素，诺华算了下账便知难而退了。

而在此之前，2022 年 2 月，信达生物首款国产 PD-1 在美国上市失败，这对产业界和投资界的信心产生了很大的冲击。

当时，信达生物与合作伙伴礼来公司采用我国三期临床数据，报批非小细胞肺癌，但美国 FDA 肿瘤药物咨询委员会（ODAC）认为，对于在美国上市的大癌种适应症，需要有美国不同民族、种族的人群的临床数据；对于已经有同类产品上市的背景下，临床对照组应选择"头对头"，并且在临床终点选择上应与美国要求一致。最终，FDA 要求信达生物和礼来公司补做美国三期临床。而这项三期临床不仅开销巨大，而且耗时将超过三年，不再具有商业化意义。

美国 FDA 鼓励药物创新，对于大适应症的药物要求头对头试验，凡是药效上比起同类的 me-worse 药物，基本不会获批。这个要求是很高的，因为我国大部分药物快速跟进型的企业并不具备超越 K 药和 O 药的技术能力。

2. 我国的药物市场

我国的药物市场与美国药物市场有非常大的不同，最大的不同就在于美国以商业保险为主，各保险公司市场份额零散，没有价格谈判能力，这就造成美国医药市场的价格非常高，利润空间非常大，当然这也给创新带来了更大的激励。而在我国，医保占绝对主导地位，商业保险市场空间较小。一家独大意味着价格谈判权力大，创新药公司很难在市场上获利。

在我国药物市场上，药物的先发优势同样非常重要。一旦药物先发，长期病人用上药，他们就不太可能换药。所以，当第一批企业，即君实生物、恒瑞医药、百济神州与信达生物在我国获批 PD-1 药物，基本就意味着大部分 PD-1 药物的销售额将归于这四家公司。事实也是如此，国家药品监督管理局药品审评中心（CDE）陆续批准了 16 款 PD-1 药物，大部分销售额均归于第一批获批厂商。

医保压力叠加后续药物的陆续上市使 PD-1 药物市场很快陷入价格鏖战，当年所谓的"千亿市场"的想象空间崩塌了。在我国，PD-1 药物全年约有百亿元的销售规模，占全球市场超过 3% 的份额，这对上述四家公司来说是有利润的，但对研发后续上市的药物的公司来说，能否收回研发成本就有较大的不确定性了。

ADC 药物的成功出海

有了 PD-1 的前车之鉴，我国研发新一代抗体偶联药物（antibody-drug conjugate，ADC）的创新药企业就明智多了，它们明白，创新药一定要是全球市场上的创新药，而不单单是我国市场上的创新药。

要成为全球市场的参与者，原创性不足、仍处于快速跟进阶段的我国创新药企业只能主打差异化：差异化的靶点、差异化的适应症。得益于这些年在国内茁壮成长的 CRO 公司和 CDMO 公司①，使我国的 ADC 药企从一开始就能从药物的生产制造中摸索出最佳的药物设计方式，这也是美国同行所很难具有的优势。

ADC 药物的机理，是将有生物活性的小分子药物通过连接子连接单克隆抗体，从而精准定位肿瘤细胞释放高效细胞毒性。简单说，就是在抗体上连接上毒素，相当于在战斗机上挂导弹。这样，毒素被包裹在抗体上，在没有进入靶向结合位置的时候，毒性不会释放，从而降低了对正常细胞的副作用；而靶向的抗体一旦在靶向位置与病灶的抗原结合起来，毒素才会释放出来，从而对癌细胞形成精准的致命打击，大大提升治疗效果。

抗体是已经存在的药物，如 PD-1 等抗体，毒素也都是早已经发现并使用的各种化疗毒素。ADC 药物要找到一个有效的连接子（linker），让毒素安全稳定地挂上去，只有到达病灶后再释放。

连接子非常重要。关于 ADC 药物的想法和实践早就有了，美国 FDA 甚至在 2000 年就批准了第一款 ADC 药物吉妥珠单抗（Mylotarg）上市，但该药因为连接子不够稳定，有可能提前裂解并释放毒素，有形成肝损伤的风险，所以在 2012 年退市。

---

① CDMO 即合同研发生产外包组织，主要是为医药生产企业以及生物技术公司的产品提供工艺开发以及制备、工艺优化、注册和验证批生产以及商业化定制研发生产服务。与 CRO 公司相比较，CDMO 公司主要侧重于药物生产工艺优化及产品生产，而 CRO 主要侧重于药物临床前研究与临床研究。

在失败经验的基础上，第二代 ADC 相继到来：武田制药（Takeda）与西雅图基因公司（Seagen）合作，在 2011 年上市了维布妥昔单抗（Adcetris），通过瓜氨酸-缬氨酸二肽连接子将微管抑制剂毒素 MMAE 连接在单抗上；罗氏制药（Roche）在 2013 年上市了恩美曲妥珠单抗（Kadcyla），通过稳定的硫醚连接体 MCC 将化疗药物美坦新（DM1）以共价结合的方式挂在自家的曲妥珠单抗上。

国内最早的跟随者是荣昌生物制药，这是一家由荣昌制药出资、由科学家房健民负责研发而组建的公司。早在 2013 年开始，荣昌生物制药就开始模仿武田制药与罗氏制药的 ADC 架构，并在其基础上进行了改造升级，采用迪西妥单抗（一种经改造的、亲和力更强、内吞效果更好的曲妥珠单抗），用可裂解的多肽连接子，将微管抑制剂毒素 MMAE 挂在单抗上，形成新的 ADC 药物。可见，我国在 ADC 药物研发方面的具备自主创新能力。

荣昌生物制药研发出的维迪西妥单抗，其胃癌、尿路上皮癌两种适用症分别于 2021 年 6 月和 2021 年 12 月在我国获附条件批准上市；2023 年 10 月，乳腺癌适应症获批准上市。

而同时，日本第一三共（Daiichi Sankyo）公司正处在改革的漩涡中，决心全力出击来研发 ADC 药物。第一三共 ADC 研究小组合成并评估了 100 多种连接子，终于找到了合适的可酶切的四肽连接子；同时，在评估了过去内部合成的各种化合物后发现，由前第一制药独立研发的喜树碱衍生物（DXd）很适合作为 ADC 的毒素；而第一制药也曾有过开发药物输送系统制剂的经验，恰巧可以用在 ADC 药物上。

坚持不懈的努力，再加上天时地利人和，第一三共公司成功开发出了举世瞩目的一款高效 ADC 药物德曲妥珠单抗（Enhertu，研发代号 DS-8201）。德曲妥珠单抗将毒素挂在以 HER2 为靶点的曲妥珠单抗上，并与 2013 年批准上市的罗氏制药的 Kadcyla 进行"头对头"临床研究比较，最终的临床结果显著优于恩美曲妥珠单抗（Kadcyla，又称赫赛莱）。德曲妥珠单抗成为同类最优药物。2019 年 12 月，美国 FDA 加速批准德曲妥珠单抗上市。上市后，德曲妥珠单抗很快成为年销量超过 10 亿美元的"重磅炸弹"。

德曲妥珠单抗的通过结构设计，效能极高。以抗体偶联比 DAR（直接影响 ADC 药物的疗效和安全性）为例。其中，恩美曲妥珠单抗、维迪西妥单抗的 DAR 分别为 3.5 和 4.0，而德曲妥珠单抗的 DAR 指标高达 8.0，荷载的毒素可以有更高的强度，所以临床效果非常好。德曲妥珠单抗成为名副其实的第三代 ADC 药物。

第一三共公司的成功给在黑暗中摸索的 ADC 行业指明了方向。新老从业者重新集聚，整个研究开始沸腾了起来。

各种不同的 ADC 抗体、连接子、毒素三者能够产生丰富的排列组合，形成了各种组合变化，这给研发和探索提供了足够广阔的空间，这点是 PD-1 这类变量单一的靶点可望而不可即的。同时，ADC 药物涉及复杂的制造工艺，需要同时兼备生物制剂、小分子开发生产、生物偶联的研发生产能力，药明生物在 2023 年分拆其 ADC 制造的子公司药明合联在港交所上市，凸显了 ADC 生产制造的重要性。

我国的创新药企当然了解全球市场，尤其是美国市场的重要性，纷纷将产品的国际权益 BD 交给跨国药企。

- 2021 年 8 月，荣昌生物制药在保留亚洲（日本、新加坡除外）权益的基础上，将维迪西妥单抗的剩余全球商业化权益，以 2 亿美元首付款＋最高 24 亿美元里程碑付款，授权给海外 ADC 巨头 Seagen。
- 科伦博泰曾在 2022 年与 MSD 公司先后达成多次合作，其中 2022 年 12 月关于合作开发七款临床前抗肿瘤 ADC 的协议，涉及总里程碑付款达 93 亿美元。
- 2023 年 12 月，百利天恒宣布与 BMS 公司就 BL-B01D1 药物达成独家许可与合作协议。BL-B01D1 是一款 EGFR/HER3 靶向双特异性抗体偶联药物。协议规定，BMS 将支付 8 亿美元的首付款和最高可达 5 亿美元的近期或有付款；达成开发、注册和销售里程碑后，百利天恒将获得最高可达 71 亿美元的额外付款；潜在总交易额最高达 84 亿美元（当然，百利天恒的交易额高是因为协议约定未来由百利天恒支付临床研发费用，但总金额也确实不低）；百利天恒保留了国外权益的部分分成。

此外，还有和铂医药与辉瑞的合作，翰森制药与葛兰素史克的合作，映恩生物、宜联生物分别与德国药企拜恩泰科（BioNTech）的合作，恒瑞医药与德国默克公司的合作等。国际上各大医药巨头纷纷"抢购"我国的ADC项目，截至2023年，国产ADC已有10多次出海授权，这说明我国的ADC药物研发实力已经逐渐展现出国际竞争力，标志着我国创新药企的研发实力和科技成果得到了国际认可。

CAR-T 的传奇

2016年，西安一位身患多发性骨髓瘤患者参与了一次研究者发起的临床研究[①]（IIT）。三次抽血加回输后，这位患者竟然神奇地"痊愈"了，达到了全身无癌、健康生存的临床治愈状态。这是癌症治疗史上的奇迹。

消息传开，在各大论坛中激起了千层浪，很多人根本不信，因为类似的骗术实在太多了，尤其是实验发起者是一家来自南京的初创小公司——传奇生物。但当人们看到传奇生物的创始人范晓虎博士是从加拿大归来的免疫学科学家，看到传奇生物的主要股东为金斯瑞生物，而金斯瑞的创始人章方良博士是杜克大学生物学博士后，人们的怀疑少了一些。

试验所使用的药物是基于BCMA靶点的CAR-T疗法药物CAR-T疗法，即嵌合抗原受体T细胞免疫疗法（Chimeric Antigen Receptor T-Cell Immunotherapy，CAR-T），就是我们给人身体里的T细胞加入可以识别特定抗原（这里的抗原指

---

① 研究者发起的临床研究（investigator-initiated clinical trial，IIT），IIT是研究者发起的、医疗卫生机构开展的、基于研究者自我意志的研究，药企可以起到资助医疗机构研究的作用。

第 6 章
万马奔腾：创新药的中国叙事

癌细胞）的受体，使 T 细胞在发现特定癌细胞后对癌细胞展开攻击，并杀死癌细胞。为了让人体不出现排异反应，现在 CAR-T 疗法主要采取自体制备，即从人体抽血并提取 T 细胞，进行改造后大量复制，然后再回输人体。

在传奇生物刚开始院内试验的时候，美国的凯特（Kite）公司和巨诺（Juno Therapeutics）公司均在以 CD19 为靶点开展 CAR-T 疗法的临床试验，并且获得了不错的临床数据。2017 年 8 月，美国 FDA 批准世界上第一款 CAR-T 药物上市。各种以 CD19 为靶点的跟随者蜂拥而至，但 BCMA 靶点在当时确实是小众靶点，传奇生物鼓起创新的勇气，走着一条完全自我的道路。

2017 年 6 月，传奇生物带着"35 例复发或耐药患者，100% 总缓解率"的临床试验数据出现在美国临床肿瘤学会年会（ASCO）的主会场上，当场就引起热烈反响。对于多发性骨髓瘤这种不治之症来说，100% 总缓解率是什么概念呢？这超越了一般认知，数据的可信度是要被质疑的。

强生公司很快跟进，核实后发现数据属实。2017 年底，传奇生物将处于临床前研发的这款药物的 BD 给了强生的子公司杨森公司：杨森公司向传奇生物支付 3.5 亿美元首付款以及后续多个里程碑款项，换取海外市场 50%、大中华地区 30% 的收益。这创下当时中国药企对外专利授权首付款最大金额和合作最优条件的纪录。

之后的一切顺风顺水，这得益于初始的药物设计很强大。2020 年 6 月，传奇生物在美国纳斯达克 IPO 上市，完成了在资本市场上的亮相。2022 年 2 月，由于数据太过于亮丽，仅凭几十个人的二期临床数据，美国 FDA 就正式批准传奇生物研发的西达基奥仑赛（Cilta-cel）上市，定价 46.5 万美元。我国第一款国产 CAR-T 产品成功出海。

范晓虎博士后来接受采访时，总结归纳了传奇生物成功最重要的三个原因。

一是注重原始创新。早在 2014 年创立之初，传奇生物就没有追随热点开发 CD19 靶点，而是富有前瞻性地锁定了 BCMA 靶点，进行了靶点创新。此外，传奇生物在药物设计中引入了纳米抗体，最早提出多表位靶向 CAR-T 设计。原始创新理应是创新药的全部含义，这对我国内卷严重的创新药赛道具有极大的警示意义。

二是密切关注临床需求。通过市场调研，传奇生物从临床医生那里了解到，多发性骨髓瘤作为号称不可治愈的血液肿瘤，具有很大的未被满足的临床需求。

三是积极探索国际化合作。通过 BD 方式，传奇生物收到了预付款和里程碑付款，并完成了 FDA 审批，药物得以在美国上市。同时，公司还保留了 50% 的国际权益。

CAR-T 药物在美国上市非常重要。46.5 万美元的治疗价格，美国的商业保险可以部分覆盖。而从美国来到中国的 CAR-T 药物就没那么幸运了。美国凯特公司与复星医药合资成立复星凯特公司，巨诺公司与药明康德合作，成立药明巨诺公司，这两家公司基于 CD19 靶点的 CAR-T 药物在我国上市后，定价 120 万元人民币，价格约是在美国的一半，但应者寥寥，每年的销售额只有 1 亿~2 亿元人民币，两家公司连年巨亏。这充分说明在没有成熟、广泛覆盖的商业保险条件下，CAR-T 药物的可及性、销售都是有问题的。基于患者自体血液改造再回输的模式，有着高昂的成本，CAR-T 药物的定价很难降下来，因此 CAR-T 药物在我国可能存在市场不够大的风险。

传奇生物的巨大成功，以及西达基奥仑赛药物既是同类首创药物，又是同类最优药物的定位，也给我国的其他 CAR-T 企业，如同样在做 BCMA 靶点的驯鹿生物、亘喜生物（被阿斯利康收购）和科济药业等公司带来了难题：如果继续在中国推进研发并上市，那么由于销售可及性不高，可能市场空间不够大；而如果改道去美国重新做研发并申请上市，由于美国已经有凯特公司、巨诺公司、传奇生物这些医药大厂的存在，那么即使上市也会遭受仿制药物的同等待遇，类似于仿制药的逻辑，商业空间也有不确定性。

为了应对不确定性，科济药业、妙艺神州等公司均以大无畏的勇气，钻研 CAR-T 的实体瘤方向，期待走出有效的道路。同时，科济药业等公司都在通过基因装载或基因敲除的方式探索异体 CAR-T 疗法，星奕昂公司通过 CAR-NK 的方式找到通用型的 CAR-T 疗法，以求最终大大降低成本，使这一疗法可以真正被人们便宜、有效地使用。

基因治疗的曙光

mRNA

近年来，mRNA 疫苗大放异彩。面对新冠肺炎疫情的紧急情况，两大疫苗公司德国的拜恩泰科（BioNTech）公司与美国的莫德纳（Moderna）公司于 2020 年 12 月获得了美国 FDA 的新冠疫苗上市批准。而从疫苗设计到生产，再到临床试验完成，全部用时没有超过 11 个月，这大大颠覆了传统疫苗 10～15 年的长研发周期。

mRNA 疫苗的机理是在体外合成含有特定病毒信息编码的 mRNA 序列（mRNA 为信使 RNA，在细胞中从 DNA 复制基因信息起，再经细胞翻译表达成蛋白的作用），将其递送到机体内，由细胞表达成对应的病毒蛋白，诱导机体产生特异性免疫效应，进而达到免疫保护的作用。相比第一代的灭活疫苗和第二代的亚单位疫苗，mRNA 疫苗无须病毒制备，容易生产，生产成本低，且效力更强大。新冠 mRNA 疫苗的成功使所有病毒性疫苗都可以通过 mRNA 的方式复制其成功路径，简单直接，颠覆了整个疫苗产业。

但在 2023 年诺贝尔生理学或医学奖获得者卡塔琳·考里科（Katalin Karikó）和德鲁·韦斯曼（Drew Weissman）的研究之前，mRNA 技术的应用始终有两个无法逾越的障碍：一是在递送过程中，mRNA 不稳定，容易降解；二是 mRNA 进入人体后会被人体免疫系统识别并迅速清除。解决方法有两个：先通过脂质体（LNP）等将 mRNA 包裹起来，解决 mRNA 的递送问题；使用伪尿苷等对 mRNA 进行修饰，修饰过的 mRNA 进入体内后可以免除免疫系统的攻击。可以说，正是由于这两大技术作为基石，促成了 mRNA 疫苗的成功，以及未来可能出现的 mRNA 治疗方法的成功。

艾博生物是我国一家专注于研发 mRNA 药物的企业，成立于 2019 年，之后赶上了 2020 年的新冠肺炎疫情。艾博生物迅速融资，两年就拿到了 80 亿元人民币的融资金额，投后估值接近 200 亿元人民币（这正是风口的力量）。

艾博生物与沃森生物合作，意图打造我国第一款 mRNA 疫苗，却没有获得我国药监部门的批准，疫苗最终在印尼上市。沃森生物后来改道与蓝鹊生物合作，mRNA 疫苗才最终获得批准。斯微生物的 mRNA 新冠疫苗也仅仅获得了老挝的紧急授权使用，新冠肺炎疫情过后，该公司陷于困境。这说明 mRNA 所对应的两大核心技术确实存在难度和门槛，不如想象中的容易，需要经过细致的工作才能提升技术完美度。

除沃森生物外，我国药监部门还批准了石药集团的 mRNA 疫苗。这都充分说明，在经过漫长而细致的技术跟随和探索试验后，我们可以掌握复杂的 mRNA 技术。

小核酸

就像 mRNA 疫苗可以将病毒性疫苗都重新设计一遍一样，基于 RNA 的小核酸药物理论上也可以将大多数疾病重新治疗一遍：反义寡核苷酸（ASO）药物和小干扰核酸（siRNA）药物，都是通过抑制或干扰形成疾病的 mRNA 翻译成蛋白，从而起效；小激活核酸（saRNA）药物、核酸适配体（Aptamer）药物也都类似，但有时将目标从干扰变成激活，作用各有不同，但原理都是大同小异，基本是通过设计靶向的核酸序列并输入人体后使疾病基因沉默，从而实现治疗疾病的目的。这些药物对一些基因类疾病、长期无法治愈的疾病非常有用。

1998 年开始，全球第一款 ASO 药物上市了，但在 2005—2016 年，小核酸药物的市场陷入了低潮。虽然经人工设计的核酸靶向性强，但遇到的问题与 mRNA

疫苗遇到的障碍一样，即如何不被降解、不被人体免疫系统清除。所以，小核酸药物所采用的技术与 mRNA 疫苗技术是相通的，通过化学修饰与脂质纳米粒（LNP）递送，基本就能解决这两大问题。2016 年，使用新技术的药物在上市后迎来了第二春。

科学家们的智慧在于，他们发现了一种比 LNP 更加有效的药物递送方案，即通过 GalNAc（N-乙酰半乳糖胺）进行共价连接递送。GalNAc 是一种对肝细胞有高亲和力靶向配体，小核酸药物在连接上 GalNAc 后，可以迅速通过循环系统进入肝脏，然后缓慢释放，持久不断地装载到 RNA 诱导沉默复合体（RISC）上，从而实现长效抑制作用，相当于打一针，长期有效，有效期可以长达半年、一年。同时，由于通过肝细胞递送药物，因此所需药物剂量小，副作用小。

通过 GalNAc 递送的小核酸药物立刻就插上了起飞的翅膀，以前无药可治的基因类疾病，以及需要长期服药的疾病，打一针，有效期就在半年以上。再加上小核酸药物本身具有的高靶向性、高特异性所带来的高疗效，这个方向非常重要，基本可以确定是药物下一个集中创新领域。

在美国，伊奥尼斯（Ionis）公司是 ASO 药物领域的领头羊，而阿尔尼拉姆（Alnylam）公司是 siRNA 领域的王者，2018 年以来已经有四款药物上市，产品在研管线丰富，聚焦遗传性疾病、心脏代谢疾病、传染病、中枢神经系统（CNS）和眼部疾病领域，在 GalNAc 和 LNP 上构建了足够强大的专利池。紧跟阿尔尼拉姆公司之后的是箭头制药（Arrowhead）公司，该公司也搭建了十几个在研管线。

国内早期的小核酸药物开发主要有圣诺医药、瑞博生物。两家公司均成立于 2007 年，在 GalNAc 递送技术被发现之前，它们均经历了痛苦的摸索过程。在 GalNAc 被验证成功之后，两家公司纷纷跟进，开发类似的递送系统。2024 年 1 月，瑞博生物宣布与德国勃林格殷格翰就共同开发治疗非酒精性或代谢功能障碍相关脂肪性肝炎（NASH/MASH）的小核酸创新疗法达成合作。

舶望制药于 2021 年成立，由知晓最先进的类 GalNAc 递送技术的科学家创立。在心血管研发管线还没进入一期临床之前，该公司就宣布已与诺华就 siRNA 药物达成两项独家许可合作协议，舶望制药将从诺华获得 1.85 亿美元的首付款，并有资格获得潜在的期权和里程碑付款以及商业销售的分级版税，两项交易潜在总价值高达 41.65 亿美元。而在此之前，诺华的 siRNA 药物英克司兰（Inclisiran）已经于 2021 年和 2023 年先后在美国和我国获批上市，用于治疗高胆固醇症，展示了小核酸药物在慢病领域的市场潜力。

基因替代和基因编辑

小核酸药物是通过小片段的 RNA 核酸来干扰疾病 DNA 蛋白的复制，来实现治疗遗传病的目的。那么如果有一个办法，能够直接替代或修改错误的 DNA 序列，那不是更直接的遗传病治疗方法吗？

2017 年 12 月，美国 FDA 批准了 Spark 公司的药物 Luxturna，用于治疗先天性黑蒙症 2 型。先天性黑蒙症其实是由于 RPE65 基因突变导致的遗传性视网膜病变。Spark 公司使用 AAV 病毒（腺相关病毒）载体将正确的 RPE65 基因递送到视网膜细胞，通过病毒侵染，用正确的基因替代错误的基因——这就是使用 AAV 病毒的基因替代疗法。

使用 AAV 病毒替代基因的原理虽然很简单，但执行起来可能会受到人体的各种限制。而眼科的特殊性降低了其难度：(1) 定点注射到达靶细胞且维持病毒浓度，保证侵染效率；(2) 眼球免疫豁免使病毒载体免受免疫系统攻击；(3) 眼球面积小，使用较小的病毒数量就能达到治疗目的。

很快，AAV 的使用范围就被扩展到了眼科之外。在一款能够穿越血脑屏障的 AAV9 型病毒被发现后，2019 年 5 月，美国 FDA 批准了诺华公司旗下的基因治疗公司研发的药物 Zolgensma，用于两岁以下脊髓性肌萎缩症（Spinal Muscular Atrophy，SMA）患者的治疗。该病症是一种罕见遗传性疾病，由 SMN1 基因缺乏引起，会导致患者进行性肌无力、瘫痪甚至死亡。Zolgensma 使用 AAV9 型病毒，携带正常的 SMN1 基因，穿越血脑屏障后，将在脑部的运动神经细胞中替代正常的 SMN1 基因。

Zolgensma 是全球唯一一款 SMA 症一次性治疗方案，是一项里程碑式的进展，其初始售价高达 212.5 万美元。与之形成对比的是伊奥尼斯公司通过 ASO 技术推出的药物 Spinraza，患者需要每四个月通过脊柱注射给药一次。

2023 年 5 月，同样使用 AAV 病毒替代基因原理的另一款药物，由萨雷普塔（Sarepta）公司研发的用于治疗杜氏肌营养不良症（Duchenne Muscular Dystrophy，DMD）的药物 Elevidys（适用于 4~5 岁的患儿）被美国 FDA 批准加速上市，初始定价为每针 320 万美元。但是，围绕 Elevidys 疗效与副作用的争议依然在提醒我们，使用 AAV 病毒的基因替代疗法依然有很大的技术进步空间。

在我国，基因替代疗法的主要跟随者是纽福斯科技和中因科技。

除了基因替代疗法，还有直接的基因编辑疗法。所谓基因编辑，就是直接编辑修改 DNA。

要知道，从最初的锌指核酸酶（ZFN）技术，到后来的转录激活因子样效应物核酸酶（TALEN）技术，其原理都是使特定位置的 DNA 双链断裂，然后人体再自动修复连接，从而修改错误基因。这些基因修复技术的缺点是非常耗时，特定位置的断裂点设计也不太容易。

直到基因编辑技术 CRISPR-Cas9 横空出世。开发出这种技术的两位女性科学家——珍妮弗·道德纳（Jennifer Doudna）和埃玛纽埃勒·沙尔庞捷（Emmanuelle Charpentier）也因此获得了 2020 年诺贝尔化学奖。

CRISPR-Cas9 在较低的成本上，使用具有导航功能的 sgRNA 找到要切割的位点，而且可以多个位点同时切断，但其切割点依然被局限在一系列特定的 DNA 序列上，且存在一定的脱靶效应。随着技术进一步发展，CRISPR-Cas9 技术一定能够进一步成熟。

2023 年 11 月，英国药品和健康产品管理局（MHRA）批准了全球第一款 CRISPR 基因编辑疗法，即美国 Vertex 公司与瑞士 CRISPR 公司合作开发的

Casgevy 疗法，用于治疗镰状细胞病和 β-地中海贫血。其原理是从患者骨髓中提取造血干细胞，在体外通过 CRISPR-Cas9 技术进行基因编辑，编辑正常后再回输到患者体内。这种方法听上去与 CAR-T 有点类似。Casgevy 疗法虽然还未公布定价，但预计价格并不便宜。

在 CRISPR-Cas9 技术问世后，美国出现了一系列相关的创业公司，有些公司很快就在资本市场上市了。资本市场经历了一轮狂欢，以及狂欢兴奋后的价格回落。技术的复杂性使该技术的落地并不那么容易，其价格的回落也完美地契合了技术成熟度曲线的第一阶段泡沫破灭。这再次提醒我们，不要在第一波的技术风口，即期望膨胀期以过高的价格投资相关公司。

我国基因编辑疗法的主要跟随者是博雅辑因、克睿基因等公司。

创新药的资本周期

站在 2024 年的档口，怎么来看创新药所面临的一些短期困境呢？

从长远来看，中国逐渐进入老龄化社会，人均寿命在延长，创新药的市场必然持续扩大。因为国内拥有相对完善的产业链、众多工程师的人才红利和庞大消费市场的规模效应，所以药物研发成本与制造成本一直居于全球较低水平。如果能够掌握创新药的相关技术并制造出相关产品，必将成长为前景光明的朝阳产业，也将会是国内拥有持续优势的新质生产力产业。

国内创新药市场的快速发展，反映在资本市场上的表现就是医药研发企业的 IPO 估值一度高企，形成了非常强大的阶段财富效应，使得大量资本迅速向创新药聚集，至 2021 年达到高点。之后，随着美元加息、国际关系紧张、医保控费、创新药入院难等一系列因素影响，医药研发类上市公司的估值迅速下调。很多公司股价的下调幅度之深令人叹为观止。二级市场的估值下降也传导至一级市场，无论是已经上市的还是未上市的医药研发类企业，均面临融资难问题，很多在研管线在资金匮乏的情况下步履维艰,几乎难以为继。

从某种程度上说,目前创新药的短期困境是由资本配置周期引起的。当一个行业受到大量资本光顾之后,必然因资金拥挤度上升致使资本收益率大幅下降,继而迎来资本的大量撤离。资本的配置周期,就是大暑之后必有大寒。可以说,创新药的困境既有产业的现实因素,但更多的是由剧烈波动的资本配置周期带来的。简单地说,就是资本泡沫破灭给创新药行业带来了短期调整。

只要认清了创新药的短期困境是周期现象,那么就可以坚定信心,耐心地等待走出周期底部。若能在周期底部精准抄底,那么将来必定会迎来喜人的收益和光明的未来。

投资悟道

- ✦ 创新药一定是要放眼全球市场进行同台竞技,在设计之初就要想明白这点。
- ✦ 美国拥有全球最大的医疗市场,中国药物能够进入美国市场非常重要,创新药在申请美国上市前,需要依照美国的规则进行药物临床试验。
- ✦ ADC 药物的成功 BD 出海证明,中国式差异化是可以有效参与国际竞技的。
- ✦ 传奇生物的巨大成功证明,中国人只要掌握了基本的技术能力,就可以在创新上大展宏图。
- ✦ 最先进的技术极为复杂,不知深浅地盲目踏入可能会踩坑;但一旦全面掌握技术,就将迎来快速起飞。

像投资者一样思考

1. 在一个国际前沿的技术赛道上,一位从海外实验室出来的科学家领衔创业,风险在哪里?
2. 我国的创新药企如何通过药物 BD 的方式,实现了登陆全球最大的医药市场——美国呢?又是如何做到成本相对较低、收益相对较高的呢?
3. 将在国外获得成功的技术与产品引入我国是一个好的商业策略吗?为什么?

第7章

来喝一杯互联网咖啡吧

> 新质行业：数字经济（互联网）、新消费
>
> 新质案例：瑞幸咖啡
>
> 瑞幸咖啡的故事是一个史诗般的商业故事。从看到商业机会、快速行动、快速融资，到出现丑闻后的快速切割，再到重新组织团队和快速恢复，这个故事告诉我们，只要基本逻辑在，投资人不怕当实控人，照样可以做好公司管理。

2019年5月17日，一家成立仅仅18个月的中国企业在美国纳斯达克成功敲钟。

这家名为瑞幸咖啡的企业，成立只有18个月，亏损却超过了25亿元人民币。但在上市后，该公司却收获了35亿美元（约合200多亿元人民币的上市市值），且上市完成了5.61亿美元的募资。

这种每亏损1块钱就收获10元资本价值的事真真切切地发生了。很快，随着亏损的加剧，市值再度增长，甚至翻倍。这一切都反映着资本的疯狂。

各种质疑声传来，但资本市场用股价的不停上涨来回击人们的不自信：为什么价值在于看待未来，而不是看待现在？面对未来的美好前景，现在的一点点困难都能用市值的不断上涨来实现！

直到有一天，一份做空报告在互联网广泛流传，雪湖资本花了大价钱，通过在一些店内数人头的办法来证明瑞幸虚构收入。这其实有点匪夷所思，因为瑞幸原本就巨额亏损，虚构的收入最多能够在通过市销率估值的体系中多获得一点估值而已。

很快，独立调查组就成立了。调查结果显示，部分虚构收入属实。这基本在美国资本市场中被判了"死刑"。而后，瑞幸咖啡经历了退市、各种诉讼，神奇的是，它后来又推出了各种网红产品，又真真切切盈利了，其资本价值逐步又回来了，可谓具有梦幻一般的传奇色彩。

开店闪电战

瑞幸咖啡起源于神州系。神州系最开始包括神州租车和神州优车两家公司。创始人陆正耀在恰当的时间点上启动了一门租车的生意，即神州租车，并且获得了资本的支持，而后在网约车最火热的时候，从神州租车的业务中分拆了网约车生意，命名为"神州优车"，并恰当地在新三板市场最火热的时候上了市。

所谓"恰当"，其实是找对了时机。成人事者，天时、地利、人和三大要素缺一不可。而"恰当"指的就是"天时"。当陆正耀看到咖啡市场在我国的"天时"时，一场开店闪电战开始了。

2018年1月1日，瑞幸咖啡分别在北京和上海开了两家门店，一家店在北京银河SOHO，另一家店在上海宝华国际广场。但很快，瑞幸咖啡的广告就占领了电梯轿厢、地铁站牌、公交站牌等，到处都是汤唯和张震举着小蓝杯说着"小蓝杯，谁不爱"。

第 7 章
来喝一杯互联网咖啡吧

2018年12月25日，瑞幸咖啡上海新世界大丸百货店正式营业，意味着瑞幸咖啡完成了2018年在22大城市布局2000家门店的计划。它仅用了一年时间就完成了星巴克将近30年才完成的目标。

无疑，这是一场开业的"闪电战"。

在纳斯达克上市前，瑞幸咖啡继续推进其闪电战策略，目标指引是新设立2500家新店面。一时间，北京、上海等一线城市到处都能看到瑞幸咖啡的招牌。

闪电战需要耗费大量的资本弹药，为此，瑞幸咖啡快速募资：2018年先后完成两轮各2亿美元的募资，主要投资人为大钲资本、愉悦资本、中金资本、GIC及君联资本；2019年上市前，完成了由贝莱德资本投资1.5亿美元的Pre-IPO投资。需要提及的是，瑞幸的主要投资人大钲资本和愉悦资本，其主要合伙人都是跟随陆正耀在神州系上赚到过钱的，因而形成了紧密的联结。

按照当初风险投资入股的价格计算，大钲资本等投资人也用一年的时间完成了三倍的回报，这属于资本奇迹。

抛开后来的虚构收入的问题，瑞幸咖啡面对机遇所采取的快速行动，以及快速登陆资本市场，都堪称教科书般的操作，是对市场机遇与资本敏感两者的高效结合，是择机而动的最佳示范。

那么，陆正耀和投资人所看到的"天时"（即重大市场机遇）是什么呢？

为什么创业者、资本市场可以理解并发现这种市场机遇，而大众却很难第一时间发现并认可呢？为什么大众甚至要嘲笑这一模式呢？

第三空间的缝隙

如果要用一句话来总结"天时"，那就是我国拥有庞大的消费基数和咖啡低渗透率，面对咖啡这种超级成瘾性饮品，因移动互联网成熟而形成的对传统咖啡市场的改造缝隙或改造的可能性。

以星巴克为代表的传统咖啡店有其特有的形式：独特的口味、特定的优雅环境，形成了能喝咖啡，又能聊天、办公或休闲的第三空间。星巴克因其小资定位而拥有一批铁粉，盈利能力稳健；而其他跟随者却很难赚到钱。

虽然星巴克的一杯咖啡只有不到5元的直接材料成本却可以卖到33元的高价，但即便如此，其净利润率比起高昂的毛利润率也依然不值一提（见图7–1）。可想而知，其他咖啡店的经营状况。

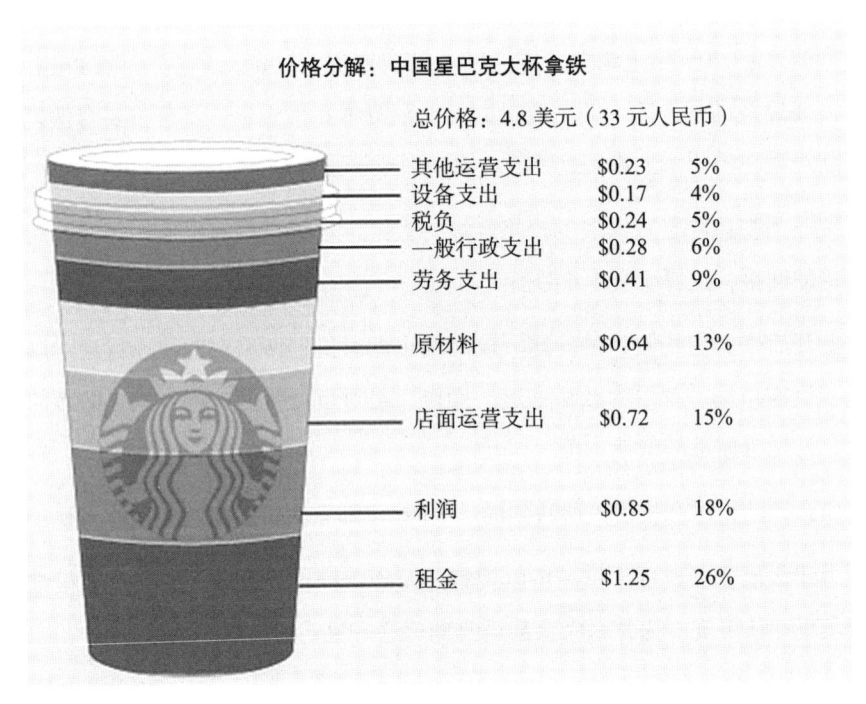

价格分解：中国星巴克大杯拿铁

总价格：4.8美元（33元人民币）

其他运营支出	$0.23	5%
设备支出	$0.17	4%
税负	$0.24	5%
一般行政支出	$0.28	6%
劳务支出	$0.41	9%
原材料	$0.64	13%
店面运营支出	$0.72	15%
利润	$0.85	18%
租金	$1.25	26%

注：因为四舍五入的原因加起来不足100%。

图 7–1　星巴克咖啡成本分解图

数据来源：华尔街日报。

在仔细检视以星巴克为代表的传统咖啡店的成本结构后，我们将豁然开朗，也将很快明白瑞幸咖啡的机遇点在哪里。

根据《华尔街日报》发布的来自斯密街咨询的调查报告显示，以一杯大杯拿铁举例，星巴克在我国的成本结构是原材料成本占13%，员工成本占9%，设备占4%，这些都是不高的数字，但空间的租金成本占26%，剩下15%的门店营业支出中，装修和门店维护占大头。最终，星巴克只拿到了18%的利润率，但这18%足以展现星巴克强有力的品牌溢价能力。

可见，房租与空间维护这两种与地点直接相关的成本占据了营业收入的接近41%（26%加上15%）。

如果空间成本可以减少，比如将41%降低成4%呢？那么一杯大杯拿铁咖啡的成本将会是多少呢？根据星巴克的成本结构图，我们可以计算出，在只有4%的空间成本且其他情形不变的情况下，一杯售价33元拿铁咖啡的综合成本为14.85元。如果能够同步降低员工成本，将员工数减少2/3，然后再同步降低行政管理支出、税负支出和其他运营支出均降低2/3的水平（即这四项从25%下降到8.33%），这时一杯大杯拿铁咖啡的成本就降到了9.35元，在这种情形下，即使咖啡价格只有9.9元，也能维持5.5%的利润率。

以上成本下降不是没有可能，因为移动互联网的加持，使得这种设想成为现实：在互联网下单，以外卖与自提而不是店内消费为主的情况下，传统星巴克100平方米的门店面积压缩到10平方米，同步人员支出、管理支出均可大幅下降。

鉴于我国咖啡市场的渗透率并不高，降价将能大大拓展不具备星巴克咖啡消费能力的人群成为消费者，将咖啡市场进一步下沉与普及。

节省下来的成本用于产品降价，拓展咖啡的消费人群，这种逻辑也被称为下沉逻辑。瑞幸咖啡的创立与投资正是基于这一逻辑。

浑水：做空的暴利

2020年2月，美股知名做空机构浑水调研（Muddy Waters Research）公司公布了一份长达89页的匿名调查报告,数据翔实。后来我们了解到,这份报告大概率来自雪湖资本。

雪湖资本雇用了92名全职和1418名兼职人员进行实地监控,记录了瑞幸咖啡在981个工作日的门店流量,收集了25 843张顾客收据。最后得出的结论是:单个门店的每日销售商品数量在2019年第三季度和第四季度分别至少被夸大了69%和88%;瑞幸夸大了其每件商品的净售价至少1.23元,以人为地维持其商业模式。

做空报告同时提出了关于瑞幸的商业模式缺陷的讨论:中国的核心功能性咖啡需求市场规模较小并处于温和增长趋势,很难一瞬间出现大幅增长;瑞幸的客户对价格敏感度高,留存率是依靠优惠的价格促销来驱动的;瑞幸试图降低折扣水平(即提高有效价格),并同时增加同一门店的销售额,这是不可能完成的任务;瑞幸这一"平台"充满了没有品牌忠诚度的机会主义客户。

这份做空报告的数据过于翔实,使作为已经上市的公众公司的瑞幸无法不直接面对。所有的非执行董事、投资人对于作假这件事无论是否知情,在确凿的数据面前都只能有一种做法:切割。

很快,董事会便成立独立调查委员会来调查这件事情。两个月后,调查结论出来了。

2020年4月2日,美股盘前,瑞幸咖啡公告称,公司内部调查显示,COO及其部分下属员工从2019年二季度起从事某些不当行为,与伪造交易相关的销售额约为22亿元。当天,瑞幸咖啡的股价从26美元的价格跌落(之前已经从40多美元跌至26美元),最后以5美元收盘。很快,瑞幸咖啡的股票就被交易所勒令退市。在退市前,瑞幸咖啡的股价最低到了1.16美元的低点。

雪湖资本在这起做空案中投入了海量的人员进行调查分析,并拿到了详细的数据结论,一击而中,获得了大量盈利。

投资要义：对的逻辑要永远坚持

瑞幸之前的财务投资人怎么办？如果在这样的造假丑闻中什么都不做，那么不仅会损失所有投资，降低基金收益率，而且基金合伙人的声誉会受到严重影响，未来再想募资就困难了。

持股资料显示，大钲资本和愉悦资本参与了瑞幸咖啡所有轮次的融资。大钲资本是原华平投资亚太区总裁黎辉单飞后创建的新平台，愉悦资本是原君联资本刘二海单飞后创建的平台。瑞幸咖啡是大钲资本和愉悦资本押注最大的项目。大钲资本在瑞幸咖啡上市前大概投资了1.8亿美元，愉悦资本大概投资了1.1亿美元。

大钲资本的幸运在于，其于2020年初减持了瑞幸咖啡的部分股票，套现了2.3亿美元，已经完全回本；而愉悦资本则一股未减。在造假爆雷后，很明显，已经回本且还拥有大额资金的大钲资本站在了解决问题最有利的地形上。

一位资深投资人在爆雷后要问以下两个问题。

第一，当初投资项目的逻辑是否依然成立？很明显，咖啡降价可以大幅扩大消费人群，瑞幸最开始的销量已经证明了这一点。尽管雪湖资本提出的咖啡渗透率增长缓慢、大幅降价造成品牌忠诚度不高确实是问题，但这些小问题不妨碍整体市场的下沉逻辑依然成立这一大命题。

第二，瑞幸咖啡能不能救？彼时的瑞幸咖啡有三大痛点，即管理层因财务造假不受信任，管理不够高效带来业务损失，可能面临的诉讼带来的损失。如果诉讼的损失有限且公司能更换管理层，同时精打细算、高效管理，关闭所有亏损门店，保留盈利的门店，那么生意应该是可以持续的。

所以，如果坚持正确的投资逻辑，那瑞幸就可以救，即先换人，再整理，最后给钱。

争夺控制权

自 2020 年下半年起,以黎辉、刘二海为代表的投资人系,与以陆正耀为首的创始派系,开启了激烈的控制权争夺战。因为在逻辑正确的基础上,瑞幸咖啡还有上市和后续定向增发募来的近 10 亿美元,还有盈利的门店。

2020 年 6 月 20 日,瑞幸咖啡召开了特别股东大会,决定罢免董事长陆正耀以及 CEO 钱治亚,新上位者是陆正耀的前助理郭谨一,他曾负责瑞幸门店的扩张。但郭谨一其实是陆正耀的"门徒",新上任的两名独董曾英、杨杰也被外界视为陆正耀系的。

但郭谨一很快选择与原老板决裂,走向了"资方"。不久之后,陆系董事曾英、杨杰辞职,恢复邵孝恒在瑞幸的董事职位。邵孝恒是瑞幸前独董,也是内部负责调查瑞幸财务造假的核心人物。这意味着在瑞幸"内斗"中,站在陆正耀一边的董事被清除,而在改组后的董事中,以大钲资本为首的投资人派系占据了主导权。

2021 年 1 月,不甘心的陆正耀再度卷土重来。瑞幸 7 位副总裁、5 位总监、34 位区域经理联名写了一封罢免信,称"现任董事长和 CEO 郭谨一无德无能,公司已经到了存亡边缘",还列出了他贪污腐败和中饱私囊、铲除异己和党同伐异、能力低下三大罪名,要求罢免郭谨一。郭谨一很快反击,称联名信系陆正耀、钱治亚等前任高管组织撰写,部分当事员工不明真相,被裹挟签字。

新旧管理层直接开撕,争夺进入白热化。两方对峙,比的就是谁更能拉拢人心,但结果依旧是陆系退败。

再往后,陆正耀的势力愈发薄弱。2021 年秋,市场传出消息称,陆正耀试图借助其他公司入股,实现间接持股瑞幸,但瑞幸迅速推出"毒丸计划",实施股权摊薄反收购措施,"以应对此前出现的针对公司的恶意收购行为",就此绝了陆的这一念想。

咖啡饮料化

让瑞幸咖啡能够存活的关键，除了降低成本、关闭不盈利的门店等，还有一条新路，即咖啡饮料化。

正如雪湖资本所提出的，中国人的习惯饮茶，咖啡的渗透率与亚洲其他国家没有太大差异，让中国人接受咖啡注定是个缓慢的过程，而直接打折销售只能短暂带来销量的上升，却无法带来持久的品牌忠诚度。

破局之路就不该是直接出售传统的咖啡，而是将咖啡饮料化，变成年轻人易于接受、适合中国人口感的成瘾性新饮料。就如肯德基适应了中国人的味觉系统，而在中国发展顺遂一样。

2021年，瑞幸的生椰拿铁火爆，这反映了瑞幸和其他咖啡品牌在逐渐孵化更多奶咖，而且含"咖"量逐渐下降。以拿铁为代表，几乎万物都可以与拿铁组合，年轻人也愿意为网红饮品买单。当生椰浆＋咖啡成为拿铁的爆款公式后，有网友调侃，瑞幸咖啡的债就是靠大家一杯杯生椰拿铁还完的。

2021年全年，瑞幸咖啡共推出了113款全新现制饮品，其中生椰拿铁和随后的椰云拿铁最为成功。尤其是生椰拿铁，自推出后，它迅速成为销量冠军，上线一个月销量超50万杯，甚至实现了单月销量超1000万杯。

瑞幸咖啡的新CEO郭谨一交出了令人满意的答卷。

再次注资

在单品获得成功的同时，瑞幸咖啡也在逐步了结财务造假的相关诉讼，并同步募资。

2020年12月，瑞幸咖啡发表声明称与美国证券交易委员会（SEC）已就部分前员工涉嫌财务造假事件达成和解。据 SEC 有关人士表示，针对造假指控，瑞幸咖啡同意支付 1.8 亿美元罚款以达成和解。

2021 年 2 月 5 日，瑞幸咖啡发布公告称，公司正申请破产保护，这也为瑞幸在实现重组前赢得了"休息"的机会。同年 4 月，瑞幸咖啡发布公告称与公司股东大钲资本和愉悦资本达成了总额为 2.5 亿美元的股票投资协议，其中大钲资本向瑞幸注资 2.4 亿美元，愉悦资本也再向瑞幸注资 1000 万美元，价格为每 ADS①（即美国存托股）6.5 美元。

五个月后，瑞幸咖啡又连发三则公告称，公司与美国集体诉讼的原告代表签署了 1.875 亿美元的和解意向书；正式向 SEC 递交了包括经审计的财务报告在内的 2020 年年报；已经向开曼法院正式提交了对可转债债权人的债务重组方案，该方案在获得开曼法院批准后，于 2022 年 4 月执行完毕。

2022 年 1 月，大钲资本收购了陆正耀等原管理层手中曾经被债权方"托管清算"的股权。

自财务造假事件爆发后，瑞幸股价暴跌，质押了大量股份的陆正耀、钱治亚二人面临贷款违约。开曼法院任命毕马威公司作为清算方，并代表债权方处置二人掌握的上述三家 SPV 公司股份，以偿还债务。此次大钲资本联合 IDG、Ares SSG 收购的股份总数为 4800 万 ADS，价格为 4.43 亿美元，即每 ADS 约 9.23 美元。

此次收购意味着，陆正耀、钱治亚曾掌握的瑞幸股份所属终于尘埃落定，二人基本无法靠重获股权翻盘了。在该笔交易后，大钲资本成为瑞幸咖啡的实际控制人。

---

① ADS, American Depositary Shares, 即美国存托股份, 允许外国的股票在美国股票交易所交易。事实上，大多数的外国公司股票以这种方式在美国股票交易所交易。美国存托凭证由美国的存托银行发行，每个 ADR 代表了一个或者多个外国的股票，或者一小部分股票。

第 7 章
来喝一杯互联网咖啡吧

回报

事实证明，在正确的逻辑下，出手拯救处于危机期的企业的投资会获得意想不到的回报。

瑞幸咖啡财报显示，2022年全年，瑞幸咖啡的总净收入为132.93亿元，同比增长66.9%；营业利润为11.56亿元，营业利润率为8.7%。而仅仅2023年第三季度这一个季度，瑞幸咖啡就实现了72亿元的收入，9.62亿元的利润。利润率的提高主要来自加盟店的贡献。可见，咖啡真的是个赚大钱的生意，只要看准互联网带来的线下商业的转变。

2022年，瑞幸咖啡基本上以平均6天一家店铺的速度在迅速扩张，全年净开店2190家，同比增长36.4%。自营店开完之后，瑞幸咖啡开始招募加盟商，开利润率更高的加盟店。到2023年底，瑞幸的门店高达15 000家，已经成为咖啡界的绝对龙头。参考蜜雪冰城，瑞幸有可能达到20 000家门店，模式上形成自营为主、联营为辅的全方位格局。

雪湖资本在做空瑞幸咖啡大赚一笔之后，又在低位重新买入了瑞幸咖啡，开始做多，并对外发表了《我为什么旗帜鲜明地看好瑞幸》的文章，从天时、地利、人和角度进行了分析，并对当初看空报告中的商业缺陷，从咖啡饮料化的角度进行了全面修正。

2023年，瑞幸咖啡在粉单市场的股价长期在30元美元左右震荡，并计划重返纳斯达克。大钲资本的两次投资在两年多和一年多的时间里分别获得了5倍、3倍的投资回报。

瑞幸咖啡这家公司注定会载入中国商业史册：从开出第一家门店到上市仅用了18个月，上市后融资10亿美元，最高市值120亿美元，创造了速度与市值的双重神话。

但很快，虚假交易堆砌的"神话"破碎：瑞幸咖啡从上市到退市只用了13个月，退市时市值仅为 3.5 亿美元，仅为市值高点的 2.9%。

瑞幸咖啡于 2020 年 7 月退市后进入粉单市场交易，初始价格约 0.95 美元。后来又进行了重组与注资，PE 投资机构成为公司实控人，股价又重新回到 30 美元。

这是商业史上的奇迹，也是投资史上的奇迹，值得我们回顾与学习。

思辨新消费

瑞幸咖啡同时是近些年蓬勃而兴的"新消费"行业的代表性公司。在瑞幸横空出世之前及之后，"新消费"在创投界已经火热了很长一段时间。在瑞幸被救活后，更是将茶饮赛道的投资推向了新的高潮。

所谓"新消费"，其实很难有明确的定义。专业地说，是指由数字技术等新技术、线上线下融合等新商业模式，以及基于社交网络和新媒介的新消费关系所驱动的新消费行为。简单地说，就是以互联网的玩法重做一遍消费产业。

"互联网+"的消费，很容易让人想到互联网流量及其流量成本。事实也是如此，一些网红消费品玩家，即利用互联网初期的廉价流量特质，借助网络推手，确实让项目火过一段时间。这其中既有成功的元气森林、锅圈食汇、三只松鼠、泡泡玛特等，也有失败的黄太吉、钟薛高、虎头局等，还有正在上下浮沉的完美日记、奈雪的茶、海伦司等项目。

若说总结经验，那最大的经验就是：互联网流量的成本很重要，但又不能完全依赖流量。黄太吉与钟薛高就是典型的过度依赖流量但自身产品力不足的代表，这样的品牌很容易被流量反噬，一旦发生一件小事逆转网络评价，品牌形象几乎瞬间崩塌。

从瑞幸的经验来看，除了网络流量外，还有两大关键能力：一是能够大力削减关键成本中的空间成本与运营成本，二是能够通过奶咖重塑产品力。对比而言，奈雪的茶、喜茶、海伦司等新消费项目，在网络流量外虽然都有着不错的产品力支撑，但都没有实现成本的大幅缩减，这导致它们的利润状况不如预期，甚至一些公司在登陆资本市场后，股价一直上不去。

从既往投资经验看，新消费的投资还要特别注意辨别伪需求。一种伪需求是尝鲜需求，这在以前的很多消费电子项目上很普遍，某个新鲜东西出现时大家都会去买来尝尝鲜，这让公司一两年内的营收状况极好，可一旦过了尝鲜期，需求就直线下降。另外一种伪需求是时尚需求，其往往是一阵风的跟风需求，等时尚风潮过去，曾经的时尚单品就会变成过气品，导致库存积压。

真正的产品力，其着力点应该是用户持续不断的刚性需求。只有围绕老百姓的日常生活，才能够以更低的成本、更高的效率，提供更好的产品与服务，从而收获持久的发展和美好的明天。

投资悟道

- 抓住商业机遇，募集资金打一场闪电战，可能会铸造商业奇迹。
- 线下咖啡店省下的房租全部都是可以降价的空间。
- 咖啡降价大大拓展了客户范围。
- 咖啡饮料化适应了中国人的味觉系统。
- 财务造假的管理层，没有任何可被接受的理由。
- 只要逻辑正确，出手相救困境企业，可能就会获得意想不到的回报。

像投资者一样思考

1. 瑞幸咖啡的商业逻辑本来就是正确的,那陆正耀为什么还要财务造假呢?
2. 咖啡饮料化的隐忧是什么?
3. 瑞幸咖啡门店的扩展有没有边界?边界在哪里?

第 8 章

来自互联网卖菜的教训

> 新质行业：数字经济（互联网）、新零售
>
> 存疑案例：每日优鲜
>
> 　　喧嚣过后，一个看上去很有前途的生意，一个听上去就有争议的模式，百亿的资本，巨头玩家腾讯的支持，知名基金老虎环球的加持，青岛国资的力捧，是如何铸成最后的结果呢？没有复盘就没有反思。让我们从投资人的角度看看，每日优鲜到底错在哪了？

在互联网解决了标准品如何做电商之后，互联网创业开始向其他纵深方向努力。网约车、咖啡饮品等都属于互联网向不同领域拓展的尝试。还有一个几万亿的生鲜赛道，等待互联网去赋能改变。

2014年11月，每日优鲜公司成立，明星创业者，加上首创的前置仓模式和最快30分钟达服务，迅速跻身生鲜市场，一时风头无量。随后七年时间，每日优鲜陆续得到众多知名投资方青睐，曾获青岛市政府引导基金、腾讯、中金资本、高盛等11轮融资，合计超130亿元，并于2021年6月25日在美国纳斯达克挂牌上市。

然而，仅仅登陆资本市场不久，每日优鲜就轰然倒塌。在烧光了130多亿元资金之后，还欠下了巨额债务。每日优鲜的互联网生鲜尝试留下了惨痛的经验教训，让我们来复盘一下。

是赛道的错吗

生鲜是个很大的赛道，有关老百姓的一日三餐。虽然市场总量随着人口的增长放缓，但是在结构上呈现两个趋势。

第一，城镇化。随着人口城镇化，需求向城市进行转移，导致冷链物流的需求增长。

第二，精品化和线上化。对城镇农贸市场进行的环境治理使生鲜开始转向超市和互联网。目前，生鲜是尚未完全被线上化的领域，有着巨大的潜力空间。随着冷链物流和最后一千米配送的完善，生鲜赛道的互联网之路将被逐步打开。

弗若斯特沙利文（Frost & Sullivan）公司发布的报告显示，每日优鲜公司倒塌前的五年恰恰是生鲜电商增长最快的五年。我国生鲜线上渗透率从2017年的4.1%提升至2021年的12.9%，线上生鲜零售市场规模从2017年的1520亿元增长至2021年的7290亿元，复合年增长率为48.2%。而服装和消费电子（3C）的电商渗透率已经到40%以上，增长已经变得极为缓慢。以服装和3C作为对标（只是假设作为对标），生鲜的线上渗透率尚有两倍以上的增长空间，依然是最有想象力的赛道之一。

而且，生鲜品类具备刚需和高频的特性，流量和用户黏性是其他零售业品类望尘莫及的。生鲜电商一旦把握了足够的市场份额，就拥有了事关流量的护城河，占得了流量变现的先机。从这个逻辑出发分析，这个赛道是巨头必然会也是必须介入的赛道。对任何创业者和投资人来说，在进入市场的第一天就应该对这一点有清醒的认知。

而事实亦是如此。我国最主要的电商玩家阿里巴巴从 2021 年起就将市场发展重点放到以生鲜为主的新零售上。目前，阿里已经形成了天猫超市、淘菜菜（社区生鲜团购）线上矩阵，线下自建盒马鲜生，收购了高鑫零售（大润发）、三江购物等超市。

美团在 2017 年逐步介入生鲜领域，从小象生鲜到美团闪购，再到美团买菜和美团优选。发展至今，已形成"三驾马车"并驾齐驱的局面，即快驴、美团买菜和美团优选。

阿里巴巴披露的财报数据显示，生鲜赛道处在海量资金支持的"投入期"。在生鲜赛道所属的本地生活服务板块，在非通用会计准则下，阿里巴巴 2022 财年（2021 年 4 月 1 日—2022 年 3 月 31 日）的营收为 434.91 亿元，净亏损为 217.75 亿元。即使刨除亏损大头饿了么的拖累，整个生鲜赛道所带来的亏损依然非常巨大。

美团 2021 全年在零售业务上也大手笔投入，包含美团优选、买菜的新业务的全年经营亏损达到惊人的 384 亿元。

如果将 2017 年作为生鲜互联网赛道的起步期，那么五年之后，生鲜赛道正是"海量投入期"，是战事最酣、最残酷的阶段。预计这块最后的电商再经过五年发展就会进入发展的平缓期，能坚持完这"十年抗战"的生鲜玩家将拥有未来持续的盈利空间。

每日优鲜于 2014 年底成立，大量的融资发生在 2015 年后，这使它拿到了进入战场的重要的武器和弹药，而且它也赶上了生鲜互联网的起步和启动的大发展，赶上了发展的最佳时机。所以，赛道没有选错。这也是每日优鲜能够获得众多风险投资支持的重要原因。

由于巨头的必然入场，这一市场在中短期注定无法盈利。即使在模式上可能会短暂盈利，竞争的高烈度也会导致继续亏损，顶多只能是具备运营效率的个别玩家有微利。

对于独立品牌来说，要么独立募资生存，要么出售给巨头。这两个选项，无论哪个都要提前考虑：独立募资怎么走，能坚持多久，募资节点在哪里，怎么不断保持资金的有效利用率；出售选项怎么走，出售给谁最合适，收购者的观察角度和需求到底是什么，怎样提高被收购的价格。而且两个选项都必须要有持续的、具有超高黏性的客户（铁粉）作为基础；有着广阔、保证质量且直通的供应链体系。这既是独立募资的基础，也是在公司出售时，公司的价值体现。

每日优鲜的错误在于，这是"十年抗战"，打到第三年，发现更大的玩家在不断进场，在基本盘未稳的情况下就急于出击，边出击边补充弹药，出击到第五年就弹尽粮绝了，没有后续弹药补给了。这也让它错过了整体出售的时机。

每日优鲜可能没有提前认识到巨头的入场效应，忽略了这一赛道的残酷性，忽略了竞争的多维度，在战略上也没有提前做好规划准备，没有做到提前设置冗余度。

是前置仓的错吗

每日优鲜是第一个做出前置仓的，也是因为前置仓的巨大亏损而被压垮的。前置仓就是在人群集中的社区附近建立一个小仓库，配置可以保鲜的冷柜，一般可以辐射3千米的半径。客户在App下单后，前置仓就能够立刻完成分拣，骑手取货后可以在30～60分钟内将货品送上门。

前置仓是对最终端用户的极大尊重，同时由于租赁的仓库可以不考虑门面，可以是地下室等租金较低的地点，节省了租金费用和传统便利店的运营费用。但这也代表着流量必须花钱从其他地方获取，前置仓自身没有线下流量做配合支撑。

前置仓是重资产、重投入的模式，除了租金和冷柜费用，还需要1位负责人、5～10位分拣和仓库员工、10～20位配送骑手（骑手实际可以灵活外包，每日优鲜走错了这一步，在骑手上浪费了大量资金且不易转身）。这些前置仓费用在上市的财务报表里被称为履约费用。

东北证券的研报数据显示,前置仓模式的履约费用高达 10～13 元/单(履约费用根据每日仓单量波动),是传统中心仓电商的三倍左右、平台型电商的两倍左右、社区团购的六倍左右。如此高的成本,如何才能实现盈利呢?

只有真实的数字分析才是最客观的。

2021 年 12 月,每日优鲜的竞争对手叮咚买菜(同样是前置仓模式)宣布在上海地区实现略微盈利:平均客单价超过了 66 元,每单毛利率 28% 以上,分选中心的加工和干线运输的费用率为 6%,前置仓履约费用率为 15%,总部和营销费用占比为 7%。这些数字代表着高客单价、稍高的毛利率、受控的履约费用率以及极为克制的营销费用。

高客单价的原因有较高的收入水平、重度客户以及较高的 SKU 支撑。东方证券的一份调研报告称,叮咚买菜单仓的 SKU 数约 3100+;美团买菜 SKU 数最多,超 3400 个,两者皆是小面积仓 + 高 SKU 商品,单仓利用效率高;每日优鲜总 SKU 数约 3400 个,其中大部分 SKU 商品属于云超特卖,其配送时效通常为次日达。剔除云超特卖 SKU 后,每日优鲜的总 SKU 数为 1400+,属于三者中即时配送 SKU 数最少的。从 SKU 数据上可以看出,在没有增加前置仓面积和成本的情况下,美团买菜实现了最高的单仓利用率,这个利用率完全是依靠美团一以贯之的精细化管理做出来的;而每日优鲜则实现了最差的单仓利用率,不知道公司内部有没有对此进行反思。

稍高的毛利率取决于三个方面的努力:(1)供应链的直采比例,即缩减外部供应商的供应量,更多变成直接从农场采购,降低贸易的层级,既控制了质量,又提高了毛利率;(2)增加高毛利的品种,尤其是可以冷藏且满足下单人即时配送需求的品种,如预制菜或半成品菜;(3)低损耗,要求入库的产品本身质量好,要对分拣人员进行细致管理,要对前置仓的储备货物有细致的规划,这主要考验的是一家公司的管理能力。

受控的履约费用率要靠规模来降低，即每个前置仓对应的每日单数要超过 1000 单以上，这要求客户有黏性、有复购率，不断累积，最终达到规模效应。

极为克制的营销费用意味着不能乱烧钱。"烧钱策略"可以用在第一次获客上，在获客完毕后，要形成复购就不能胡乱补贴了，而要靠产品质量、体验和服务使客户形成复购的黏性，让客户主动来复购，而不是靠不断补贴来刺激。

通过以上分析我们可以看到，与任何一种消费品的成功一样，生鲜平台成功的关键也是复购率和高毛利，而这决定于产品的高质量以及管理和运营的精细化。

"前置仓是个伪命题，不可能盈利。"盒马鲜生创始人侯毅曾如是说。盒马鲜生这几年不停地尝试各种线下模式，如 Mini 店、盒小马、盒马 F2、盒马邻里等。如果我们仔细分析就会发现，似乎每种模式都有各自的问题，盈利问题也都没有解决。模式都有其优点和缺点，都有其对应的客户群与之匹配的运营管理体系，核心在于深度运营，而不是仅仅提出一种模式和一个概念。

前置仓可能本身没有错，每日优鲜错在没有做好前置仓的精细化运营。但是，我们同时也要看到，做了前置仓精细化运营的叮咚买菜到 2023 年依然在亏损，为了止亏，叮咚买菜不得不关闭一些无法盈利的前置仓点位。这告诉我们，选择一种商业模式非常重要，前置仓本身就是一种很难运营的模式，因为它与我国主要城市居民的收入结构和支出结构不完全一致，与瑞幸咖啡的咖啡饮料化相比，不具备瞬间爆发的特质。

是客户的错吗

每日优鲜踏入错误的河流可能与最初的选择有关。

由于创始人徐正原来就职于联想佳沃食品，因此每日优鲜最先上线的是佳沃的水果。佳沃的水果品质好，但也稍贵。每日优鲜最初的打法就是通过发放优惠券，吸引办公室白领购买。这种营销策略的问题在于，对生鲜的需求主要来自单身人群以及需要准备一家人一日三餐的家庭主妇，而办公室白领吃水果是个休闲需求，是个可有可无的需求。

找到、找准自己的客户群，是任何生意的第一步。每日优鲜最初的推广策略所面对的客户群与真正的客户群并不匹配。事实证明，买水果的客户是以单身年轻人居多，他们不用负责一家人的一日三餐，且他们在买水果时对价格极度敏感，超过 60 元客单价的情况并不多见。虽然对水果的需求也是需求，且是真需求，但不是生鲜电商需要的强复购需求和高客单价需求。每日优鲜一开始就找错了客户群。

后来，每日优鲜开始了一轮又一轮的融资，而每轮融资都是对收入数据的一次考验。每日优鲜发现，补贴一降下来，客户就少了很多，但又没有决心，放弃错误的客户群重新开始。为了融资成功，每日优鲜不得不再加大补贴，把跑掉的客户拉回来，一次次饮鸩止渴。不断补贴只能刺激薅羊毛党，但这些人的消费意愿与消费能力与前置仓企业提供的服务并不匹配。

那些融资用的数据，如果只是用"羊毛党"拉起来的，其实就是无用的数据。

投资人在进行投资的时候，一定要睁大眼睛，仔细分析数据的有效性与持续性。

是投资人的锅吗

显然，在规模-融资互动模型上，每日优鲜患上了"补贴症"，即拿补贴换流量，拿流量换融资，而缺乏沉下心来找到真正的客户，以及把一个看似简单却又深藏运营智慧的前置仓模式走通的决心。

每一次缺钱了，每日优鲜可以通过"刷"数据来获得下一笔大额投资。在互联网投资万马奔腾的时代，刷数据是个技术含量很高的活。投资人与被投公司在真刷与假刷的各种数据之间辗转博弈。但一级市场与二级市场不同，二级市场有共同波动的定价，出问题的公司会以股价下跌给其他投资人以警示与思考。一级市场的投资人互相之间不透明、不沟通，而且投资都是边际成交，100 个投资机构看项目，即使 99 个机构都认为这个项目有问题，但只要有最后一个投资机构认为 OK，融资也会成功。所以，刷数据永远有市场，况且每日优鲜还有运气。

从 2014 年到 2016 年，少数资本在浅尝辄止地投资每日优鲜，以表示对赛道和前置仓的支持。2017 年和 2018 年，前置仓模块快速铺开，数据上显示出高速增长（主要是收入高速增长），前置仓的亏损问题被掩藏起来了。很多投资人从数据看以为随着收入和效率的提升，现金流会逐步转正。

2018 年是每日优鲜最好的时候，那一年 9 月，每日优鲜宣布获得 4.5 亿美元 D 轮融资，投资阵容也是其融资历史上最强大的一次：腾讯、高盛等领投，老虎环球基金等跟投。

但时光的天平在叮咚买菜进入前置仓模式后，就倒向了叮咚买菜。2018 年 7 月开始，由于采用了纯直营方式，并且更好地控制了供应链，叮咚买菜上海日单量稳定超过每日优鲜，且履约效率、复购率等指标都优于每日优鲜。2018 年底，老虎环球基金领投叮咚买菜；2020 年，另外一家知名美元投资机构泛大西洋投资领投 7 亿美元；2021 年，软银愿景基金加投 3.3 亿美元。

而从 2019 年开始，每日优鲜就融资困难了，2019 年没有拿到任何融资，而上一轮融到的钱也基本被花完了。2020 年初的疫情救了每日优鲜一把。由于疫情，每日优鲜的各种数据都在往上走：2020 年 2 月，每日优鲜客单价增长了 40～50 元，到达 120 元左右，毛利率超过 25%，是前一年的 3 倍。

2020 年 7 月，每日优鲜拿着疫情得到的不错的数据说服了中金资本、阿联酋阿布扎比投资局（ADIA）和苏州常熟政府产业基金等共同投资了 4.95 亿美元。但对此类消费互联网项目最感兴趣的美元基金没有跟进。2020 年 12 月，青岛国信、阳光创投、青岛市政府引导基金组成联合投资主体，向每日优鲜战略投资 20 亿元（约合 3 亿美元）。作为置换，每日优鲜将在青岛城阳区设立全国总部。

第 8 章
来自互联网卖菜的教训

互联网的数据与商业策略太复杂了。很明显，青岛的国资们没有搞清楚商业数据背后的全部含义，在每日优鲜项目上承担了巨大的亏损代价。它们只看到了数据的表面，没有透过数据看到更深一层的本质。同时，投资人对浅层数据的关注也加重了类似公司的亏损力度。

对数据的浅层关注不仅仅发生在一级市场，在二级市场的上市企业里面也是如此。为了冲刺上市，2021 年上半年，每日优鲜加速烧钱，发"满 199 减 100"的大额优惠券、每月在抖音等渠道花 2000 万元买流量，用半年时间将订单量冲到年初的两倍，也因此出现了巨额亏损。整个 2021 年，每日优鲜预计亏损 37 亿元（约 5.5 亿美元），接近它上市募资额的两倍，可以说是得不偿失，加速了其衰落。

每日优鲜获得的投资如表 8–1 所示。

表 8–1　　每日优鲜获得的 12 轮、超 130 亿元的融资

时间	轮次（每日优鲜经历 12 轮融资，金额超 130 亿元）
2014 年	天使轮 500 万美元： 光信资本、元璟资本、展博创投
2015 年	A 轮 1000 万美元： 腾讯投资、光信资本 B 轮 2 亿元人民币： 腾讯投资、浙商创投、元璟资本
2016 年	B+ 轮 2.3 亿元人民币： 远翼投资、华创资本
2017 年	C 轮 1 亿美元： 浙商创投、联想创投、易凯未来产业基金、腾讯投资、KTB 投资集团、远翼投资、华创资本 C+ 轮 2.3 亿美元： 老虎环球基金、元生资本、时代资本
2018 年	D 轮 4.5 亿美元： 腾讯投资、Goldman Sachs、时代资本、Davis Selected Advisers、Sofina、老虎环球基金、华兴新经济基金、Glade Brook Capital Partners、保利资本
2020 年	战略融资未披露 中金资本

续前表

时间	轮次（每日优鲜经历 12 轮融资，金额超 130 亿元）
2020 年	E 轮 4.95 亿美元： 中金资本、工银国际、阿布扎比投资局、腾讯投资、苏州常熟政府产业基金、老虎环球基金、高盛资产管理 F 轮 20 亿元人民币： 青岛国信、阳光创投、青岛市政府创投引导基金
2021 年	IPO 3 亿美元
2022 年	战略融资 2 亿元人民币： 山西东辉（未到账）

资料来源：Wind 软件、每日优鲜、晚点 LatePost。

在特定的历史时点上，补贴、获客、追概念、快速融资拿钱都没有错，但这必须有一个坚实的基础，即商业模式必须跑通。在刨除获客的一次性亏损和软件开发的一次性投入后，公司是要有毛利率和正现金流的，业务也要是可持续的。

走正道，从事伟大的事业

每日优鲜有两次没走正道。

第一次在社交电商的概念上。

2018 年，每日优鲜先后推出了"每日一淘"和"每日一拼"，虽然"社交"概念十足，但采取了拉人头、打传销擦边球的方式，突破了监管底线。尽管后来社交电商的 App 最终被监管部门下架，但每日优鲜靠着这些流量和概念融到了 4.5 亿美元。

但事实是，这是警报声第一次响起，也是底线第一次打破。为什么说底线被打破？价值观、道德观都要拿出来仔细审视。成就伟大的事业是个长期过程，只有永远坚守底线、永远走正道的创业者才能真正赢得未来。警报声第一次响起，任何一位身处其中的投资人都应该想办法走人了。

第二次是在加盟模式的选择上。

2019年下半年,每日优鲜推出"微仓",打出"0元当老板"的口号,将一些闲置的前置仓承包给个人,只要交5万~10万元的保障金就能当店长,但每日优鲜明知道前置仓在巨额亏损之中。在承包给个人前,是否对其亏损进行了明确告知?是否想到了给加盟者脱离亏损的具体方案?如果这些都没有,那是不是直接"坑"加盟者呢?而且变成加盟模式后,最直接的变化就是产品质量控制下降了,间接地也坑了最终消费者。

第二次警报声响起后,每日优鲜没有具体措施,投资人还是追投了E轮和F轮两轮投资,两轮投资合计约50亿元人民币。再之后,本该加大力度去做的直采没有深入去做,对供应商的应付账户拖欠却越来越多。亏损太大,资金耗费太快,大额融资刚到账,很快就花完了……这些都像漩涡,为了延续自己的生存,将周围的一切都吸附进去。

走正道是任何一个创业者最后的底线。即使再苦再难,这条底线也不能打破。没有了这点保证,成功就无法持续。

综上,每日优鲜最大的错误是"浮躁"。这是互联网时代特有的泡沫,我们在千团大战上体会过、在几百场直播上看见过、在P2P上吃到过苦果,每日优鲜只是一个延迟引爆的雷。不是现在的经济环境和创业环境差了,而是创业环境太好了,拿钱太容易了,骄纵了一些并不具备创业能力的创业者。

从投资者的角度来说,一家公司的内部管理、对运营细节和效率的追求,以及对后端供应链的深耕,都关系着生意的成与败。这才是核心,投资人应重点关注这个核心,而不是仅仅看增长的收入数据和用户数据。

投资悟道

- 在大赛道中创业必须仔细审视商业模型，要慎重对待无法完全跑通的商业模型。
- 在垂直赛道中创业要重视巨头入场所带来的竞争，提前做出独立生存或尽早出售的策略安排。
- 精细化运营是公司管理的核心要义，也是成功的基石。
- 走正路、价值观正确才能成就伟大的事业。
- 产业泡沫会使创业者浮躁，浮躁会给投资人带来巨大伤害。

像投资者一样思考

1. 每日优鲜的前置仓模式本身不是护城河，那么护城河是什么？
2. 如果每日优鲜一开始的策略就是出售给巨头，那么从一开始应该如何设计、如何运营，才能达到以最佳条件出售的目的呢？

第 9 章

宁王来啦：一个神话的诞生

> **新质行业：新能源电池**
>
> **新质案例：宁德时代**
>
> 　　有人暴赚 300 亿元，有人巨亏 60%，人类的悲欢并不相通。研究宁德时代这样一家兼具新产业、新技术，并吃透时代红利的公司，我们可以看到不同时期入局、拥有不同赔率的投资人，其结果天差地别。通过对案例的分析，我们将再次深刻领悟，什么是成长，什么是周期。

招银国际资本在 2016 年分两次投资了宁德时代，共计投资约 40 亿元。2018 年 6 月宁德时代在 A 股创业板上市。2020 年起，招银国际开始陆续减持，到 2023 年半年报，招银国际的持股从前十大流通股中消失，相信在 2023 年招银国际已经减持完毕所有持股。

该笔投资为招银国际获得了 4～15 倍的投资回报。不光投资的深度（投资回报率）有，投资的广度（绝对利润规模）也非常大。由于投资总金额大，按照平均约 8 倍的收益率来退出的话，投资利润规模在 300 亿元。

这无疑创造了投资神话。

对宁德时代的投资，也展现了新质转换投资的可贵之处：当判断行业发生新质转换后，不光是发生新质转换的最前沿公司本身，而其上游供应链也非常值得投资。就如智能手机革命发生后，不光苹果公司的股价涨了几十倍，连带其上游供应链公司蓝思科技、立讯精密等一系列公司都完成了数倍的增长。

新能源电动车的革命，则带动了一系列的上游公司，宁德时代作为主要的动力电池供应商，当然是供应链的绝对核心，但宁德时代的上游公司，以及上游公司的上游公司，都提供了与众不同的投资机会。

新能源电动车带来的投资机会对普通股民来说也是十分友好的。我们看到招银国际2016年的入股价约是43元/股，但宁德时代上市后的2018—2019年，有相当长一段时间，股价都维持在60元左右，给普通股民留下了充足的投资时机。而宁德时代招股书里公布的最大上游供应商德方纳米，也在2019年上市，在2019年的任意时间内买入德方纳米的股民，将在三年后收获10倍以上的回报。

但是，若简单听信新能源行业最高潮处的分析师的发言，在股价高点买入宁德时代股票或新能源行业的ETF基金，那么其股价的下跌将会给这类投资者带来痛苦的回忆。

消费电子电池

当然没有成功是无缘无故的。宁德时代的成功，来自其创始人曾毓群最早进入了消费类锂电池领域。

曾毓群，福建宁德人。年少贫穷而好学上进，1985年考入上海交通大学，1989年进入日本TDK公司在东莞的工厂，并一直做到工程总监。1999年，在顶头上司的带动下，一起辞职创业，创立宁德时代的前身——香港新能源科技有限公司（简称ATL，宁德时代的简称为CATL），主攻手机等消费电子产品内的电池。

经过细致研究，曾毓群认为锂电池属于拥有未来的技术。

在1991年，被索尼公司的吉野开创性地第一次使用石墨作为电池负极、钴酸锂作为电池正极，发明了一个创新性的可充放电的电池，人类历史在这一瞬间被改写。

索尼推出锂离子电池后，贝尔实验室成功获得锂聚合物专利。对于这项专利，贝尔实验室采取来者不拒的策略，将专利卖给了全球包括ATL在内的20多家公司：先支付许可费，然后每卖出一块电池，再从销售额中抽取一定比例的分成。

曾毓群花费100万美元取得了专利许可，成为被授权使用该项专利的厂家之一。在之后的生产和使用中，他发现这种锂聚合物有一个巨大问题，就是充电时会变膨胀。这个问题其实一直是困扰着很多手机电池厂商。直到有一次，曾毓群在出差返程途中，在飞机上翻看电池技术手册，直觉般意识到问题可能出在电解液：其沸腾温度与电池工作温度上限十分接近，很容易产生气体。团队更改配方后进行测试，结果电池工作正常，核心技术就此突破。

核心问题被解决后，ATL就成了具备技术领先优势的公司，当然走得顺风顺水。先是2004年拿下苹果MP3的电池订单，一举跻身苹果产业链。从此之后，ATL一直是苹果的稳定供应商。2005年，ATL公司被以1亿美元的价格出售给日本TDK集团。

在消费电子电池领域，ATL的占有率一直是市场第一，占比约35%的市场份额；与之对比，当时比亚迪的市场份额约为7%，市场占有率在第五位。比亚迪在消费电子电池的地位，决定了它需要开辟新的产业路线，这也是为什么早在2007年6月，比亚迪就设立动力电池的公司与工厂，专攻磷酸铁锂技术路线。

曾毓群与上司共同的第一次创业获得了巨大成功，拿到了宝贵的创业经验和管理经验，还有公司被收购后获得了大量的资金储备。

二次创业

2007年，在比亚迪将触角伸到动力电池领域之后不久，ATL董事会敏锐地提出"二次创业"，也将注意力拓展至动力电池领域。2008年，特斯拉发布了第一款电动车，将松下生产的用于电子产品的锂电池串联起来，成功驱动了汽车行驶，并且行驶里程高达几百千米。

特斯拉最初使用的这款电池是松下的18650型号的圆柱形电池，当时这款电池的市场表现堪称最成熟、最稳定、最安全的一款产品，每年的出货量在几十亿节，且具备一致性。18650型号算是锂离子电池的鼻祖，是日本索尼公司当年为了节省成本而定下的一款型号，其中18表示直径为18mm，65表示长度为65mm，0表示形状为圆柱形。

电池一致性非常重要，因为电动车的动力电池是几百上千枚电池组合在一起的，一旦一致性出问题，基本等同于车辆装载着一颗炸弹。而特斯拉成功做出了电池管理系统，使得电池的一致性与效能发挥极大作用。

仅仅利用成熟的圆柱电池就能够驱动汽车，那么如果在动力电池领域做出专门的研究和技术提升呢？是不是就可以到达一个新的高度？

电动车所带来的产业革命性的机会，改良传统圆柱电池所带来的技术进步空间，都是时代赋予的特殊机会，这种机会只留给长期在行业内浸润、观察并为之做准备的人。对于曾毓群来说，那就是在锂电池行业的长期从业、深厚的技术积累与对行业变化敏锐的洞察力，三者共振，才有了后来宁德时代的王者地位。

2008年，中国政府也注意到了电动车可能的技术路线，开始借奥运会的东风，用政策绑定财政的方式推广新能源车。在这一年，在曾毓群的主导下，日本TDK集团成立动力电池事业部，发力研发汽车动力电池。

当时ATL在东莞已拥有两个工厂，正准备扩建第三个工厂。曾毓群希望通过搞出一个产业，造福家乡。一位宁德时代内部人士透露，"曾总是以辞职来要挟，把公司'绑'回来的"。当时新厂地址选择众多，曾毓群和宁德老乡团队以辞职施压，终于得到股东的同意和大多数人的支持。2008年3月，曾毓群把ATL在内地第三座工厂建在了家乡宁德；同年，ATL也将一部分产能迁到了宁德。

2011年4月，发改委《外商投资指导目录》草案公开征求意见，其中一条规定：外资控股公司不得从事动力电池生产。这给了曾毓群分拆ATL动力电池业务独立经营的机会。

2011年12月，由曾毓群和老乡兼高中同学黄世霖牵头，中资背景的宁德时代注册成立，ATL仅占股15%。或许没有人能想到，这家新成立的公司后来成为一度突破万亿市值的动力电池王者。

成功的逻辑

在前文中，我们已经分析过了，新能源电动车本身是一场充满想象力的新质生产力革命：一旦汽车能够用电来驱动，就能彻底摆脱化石燃料这种有限且高污染的能源，极大缓解能源危机。

在一个产业的初始阶段，纵有无数个解决不了的问题，包括了充电桩数量少、汽车制造成本高、锂资源稀缺等，这些都不是最核心的逻辑要点。如果把这些问题看得过重，就如同抱怨汽车刚发明出来的时候缺失加油站一样，犯了静态思维的错误。

我们做投资，看的是未来，一定要有动态思维，以未来的角度来看现在。电动车行业最核心本质点包括以下几点。

第一，电力驱动，比燃油驱动更省钱。运行成本的极大节约是核心，尽管一开始电动车的制造成本过高，但对运行里程更高的商用车辆来说，全生命周期成本是比较低的。成本是第一王道，是第一性原理，成本的节约代表了这一产业从根本上是可行的。

第二，在制造成本上，未来还有巨大的下降空间。传统的燃油车，在发动机等部件的制造上，成本空间已经没有任何压缩的可能，但随着动力电池的日渐成熟和一体化车身的铸造，新能源汽车将越来越便宜，未来无论是制造成本，还是行驶成本，都将大大低于燃油车，从而彻底取代燃油车。

第三，电动车的纯电气结构，将更有利于开展智能化，未来将成为互联网和人工智能施展的重要空间。

如果在2007年有人能看清楚以上三点，就可以勇敢地踏入动力电池的大潮。而在那一时点上，基本上就只有比亚迪的王传福和宁德时代的曾毓群两人清晰地看到了这一点。

中国的经济特征带有鲜明的政策驱动特征。有些产业政策，其实是产业中的从业者提前看明白了未来，就提前通过政策来进行产业驱动。在中国做生意，一定要注意不能逆政策而行，而是要把握政策的导向。顺势而为就相当于顺风的帆船，前进的动力十足。

从逻辑上分析，中国是个制造业大国，新能源汽车的生产制造本来就是中国最擅长做的事，而动力电池又是电动汽车里面最重要的核心部件。在消费电池已经占据了世界主要份额的情况下，国家同时扶持新能源汽车和动力电池产业也在情理之中。

2011年《外商投资指导目录》规定外资控股企业不得从事动力电池生产，本意就是要保护中国公司，鼓励中国公司从事动力电池产业。

从2013年开始，在国家看到海外上市的特斯拉形成的巨大成功之后，国家又出台了一系列对于新能源汽车的优惠扶持政策，包括税收减免、对购买新能源汽车的消费者给予补贴等，直到今日，虽然由于行业的逐渐成熟与成功，有些补贴在退坡，但这些政策却仍在延续。

超越比亚迪

在很长一段时间内，宁德时代与比亚迪缔造了动力电池领域两强争霸的格局。两家公司都是入场的早期玩家，领导者又都是技术出身，而且都有巨大的资本积累。但是两家公司还是有很大不同的。不同点主要集中在两点：有没有自备汽车工厂与技术路线的选择。

1. 自备汽车工厂

比亚迪有自备汽车工厂，很早就收购了秦川汽车，并改名比亚迪汽车，从未中断汽车生产。这给了比亚迪在动力电池领域非常强的技术研发优势：比亚迪可以在自家的汽车工厂里做研发试验，不停修订各种参数指标，直到达到最优。

而宁德时代只能一开始闭门研发技术，直到2012年与华晨宝马就旗下车型之诺1E的高压电池项目展开合作。凭借宝马的背书，宁德时代的知名度大增，开始进入宇通客车、厦门金龙、普莱德等企业的供应链，市场份额迅速提升。

所以在一开始，比亚迪的技术应用最快，最快应用到自家车型上，但是由于其自己生产汽车，与其他汽车主机厂商产生了竞争关系，致使其他主流汽车主机厂商都在寻觅比亚迪之外的稳定动力电池供应商，而宁德时代的出现恰恰满足了这一需求。

随着宁德时代的动力电池开始扩大供应和逐步成熟，越来越多的汽车厂商选择了宁德时代。毕竟，动力电池的成本是电动汽车的主要成本，而选择竞争对手当主要供应商，在心理上还是很难迈过这道坎的。

2. 技术路线

两者的初始技术路线不同，比亚迪主要做磷酸铁锂技术，宁德时代主要做三元锂技术。

磷酸铁锂电池的最大优点是安全性高、使用寿命长，缺点是能量密度低，受气温影响较大，冬天续航会大打折扣。而宁德时代的三元锂电池的优点是能量密度高、重量轻，缺点则是不够安全，被撞击后容易起火，且本身使用寿命较短，成本也要高于磷酸铁锂。

在国内新能源车市场刚刚起步时，不同车企会根据产品定价等因素选择不同的电池方案，并无绝对优劣之分。但到了2017年，国家有关部门调整新能源车的补贴政策，更高能量密度的电池可以获得更高的补贴，以引导车企和消费者选择长续航、低能耗的车型。而这恰好是三元锂电池的长处与磷酸铁锂电池的短板。

在政策引导及厂商和用户的主动选择下，三元锂电池迅速成为市场主流。随后四年间，三元锂电池的国内装机量占比迅速提升至50%左右，就连比亚迪也不得不从2017年开始换装三元锂电池。

这段红利期一举奠定了宁德时代如今的地位。凭借与上汽、一汽、广汽等国内主要车企的合作，宁德时代的动力电池装机量从2017年起超越比亚迪，并将领先地位维持至今。

到了2020年上半年，宁德时代的市场份额一度逼近70%，而比亚迪在终端销售不振、内需订单萎靡等因素的共同作用下，市场占有率下滑至10%左右。国内动力电池市场"一超多强"的格局看似牢不可破。

但下半年风云突变。由于全球电池原材料大幅涨价，磷酸铁锂电池的成本优势开始凸显；同时，技术进步让最新一代磷酸铁锂电池的性能有了大幅改观，能量密度显著提升。这促使包括特斯拉在内的众多车企纷纷转向，再度将磷酸铁锂电池纳入采购清单。

而宁德时代的优点就是灵活、调整方向快。宁德时代很快也将磷酸铁锂技术纳入生产计划，并顺利成为特斯拉的首个磷酸铁锂电池的供应商，这使得即使市场转向，宁德时代在很长时间内仍一直保持在50%左右的市场占有率。

第 9 章
宁王来啦：一个神话的诞生

投资的时点逻辑

回看招银国际对宁德时代的投资，回顾 2016 年，刚好是宁德时代即将对比亚迪完成超越的时间点。这一时点，各大汽车主机厂商陆续开始对宁德时代下发订单，但 2017 年更有利于宁德时代的补贴政策还没有来。这个时间点，如果无法预知后来的政策走向，那么要完成对宁德时代的这笔超大额投资，该如何来判断呢？

这一投资取决于以下三个判断。

第一，电动汽车是否有未来。当然，关于电动汽车能否全部替代燃油车，会有各种分歧，但当时国家已经出台了政策，对包括公交车在内的各种商业运营车辆给予电动化的补贴，即使电动车不进入千家万户，仅仅是商业运营车辆部分的动力电池，就已经是一个庞大的市场了，商业前景判断在当时是很容易做出的。

第二，要判断宁德时代能不能取得领先定位。在 2016 年，动力电池的技术基本成熟，宁德时代已经拿到了各大汽车主机厂商的订单，需要的是产能爬坡与配套资金跟进，相当于完成这笔巨额融资后，公司的业绩就能上一个台阶。从这个角度看，做出投资决策并非难事。

第三，也是最重要的事：该笔投资的估值是不是很贵？如果结论是贵了，还要投资 40 亿元现金，那么是不是有点莽撞了？作为投资人，你有没有这种大笔投资的决心和勇气？

翻阅宁德时代的财务报告可知，其 2015 年收入为 57 亿元，较上年增长 5.6 倍；其利润为 9.32 亿元，较上年增长 16 倍。收入和利润均呈快速增长态势，这种增长是否具备持续性，这是投资人需要思考的第一个问题。

从静态市盈率上看，投资时点的市盈率倍数达到了约 50 倍，如果要去做 IPO，那么 IPO 的招股价可能会低于这次的投资价，相当于价值再被稀释了一次。

在这两大问题的困扰下，招银国际选择的是投资"可转债"，即可以转换为股份的债务。在 2016 年的业绩得到基本确认（收入再次增长 1.6 倍，达到 149 亿元；利润增长 2 倍多，达到 28.52 亿元），后续订单保证了继续能够维持增长，同时公司进入股改要申报 IPO 材料的情况下，招银国际选择在 2017 年将债务转换为股份。

所以，可转债是个特别强大的投资工具，在投资金额巨大且投资人还有一定谈判权的时候，应该尽量使用这一工具。

看到未来、看到能力

但是，要是投资时因为缺乏谈判力，而无法获得类似可转债的权力，只能进行普通股投资，那怎么才能做到不丢项目，或者不因项目的静态估值贵（往往体现为市盈率或市销率较高）而降低投资金额呢？

那么我们就得看到未来，看到项目特殊的潜力。即我们之前探讨过的，新兴行业所拥有的广阔空间，以及项目因其领先地位与壁垒所获得的持续的市场地位。

在看到未来方面，我们不能为短暂的行业现状所困扰，而是真的要"以 10 年为单位思考"，即投资公司柏基投资（Baillie Gifford）的座右铭："真正的投资者以 10 年为单位思考，而非以季度为单位思考"。就像柏基投资特斯拉之时的坚持一样：特斯拉的投资分析并不局限于公司短期的财务数据和产能销量，更多聚焦于行业的未来，以及特斯拉的核心竞争力、商业模式和长期视角下未来几何级的成长空间。

在看到能力方面，真正的投资者应该看到宁德时代所拥有的核心竞争力：其独特的研发体系所带来的技术赶超力，在行业的起始阶段非常重要。

宁德时代的研发体系不仅涵盖了材料、产品、工程设计等多个层级，更通过大算力及智能化的方式对材料和材料体系进行创新研发和智能设计。

具体来说，宁德时代构建了高通量材料集成计算平台，通过算力，能够模拟真实或未知的材料，建立组份、结构和各种物性的数据；通过定义材料问题，宁德时代可以利用数据挖掘算法形成描述器，形成未知材料数据集或材料性质的预测；大量数据也让宁德时代对模型做出反馈，进而沉淀出各个研发领域的解决方案。

再加上承袭于 ATL 10 余年电池工艺的 Know-How，以及宝马 800 页技术文档的神来之笔，让宁德时代有了一种稀缺能力：以品质不如日韩的国产原材料和设备，制造出一致性满足车企需求的动力电池，行业谓之"吃粗粮，干细活"。

围绕在宁德时代周围，就形成了一套独特的"粗粮"供应商，这些供应商所供应的原材料质量有限，却能在宁德时代的集成下发挥效力。这些公司依靠宁德时代成长，当然，利润中最丰厚的部分，留给了真正的技术集大成者。

同时，我们也看到了宁德时代的远期视角：在上市之前就布局了一些上游材料商，形成绑定关系；收购了锂电池的回收企业邦普时代，这是一家创造了关键回收技术的企业；同时布局了以钠电池技术为主的储能行业。这些都是具有超前眼光的布局。

看到这些技术与布局所带来的竞争优势，是不是就能立刻在行业启动的初期，下定投资的决心？

成长的顶部边界：清醒的认知

无疑，宁德时代遇到了时代赋予的四重红利，终成王者。这四重红利分别是：

- 特斯拉的引领。一家强大且知名的公司在全球市场引路，给予了中国发展新能源汽车的坚定信念。
- 政策加持。持续的政策补贴，尤其对三元高密度锂电池的补贴，使得宁德时代较之比亚迪更多地从政策中获益。
- 技术领先。技术硬实力领先对手一个身位。
- 模式获益。忽然崛起的新能源汽车产业需要电池这一核心动力单元，而新能源汽车的创业公司在一开始并不具备电池产能，但又不愿意采购具备整车生产能力的竞争对手比亚迪的动力电池。

这四重红利的持续性如何？让我们一一进行分析。

1. 特斯拉的引领作用依然会对电动车产业形成长期影响，但边际影响力会趋弱。
2. 对三元锂电池的补贴政策肯定是暂时的，后续政策很快会把三元锂电池和磷酸铁锂电池的补贴拉平。
3. 技术领先非常重要，但是否能够长期领先呢？这其中存在极大的不确定性。"吃粗粮，干细活"的技术模型会逐渐被别的公司模仿和超越，而新的技术如半固态电池、固态电池、钠电池等，别的公司均有率先突破的可能性。
4. 第三方模式这点能否长期持续呢？第三方电池肯定是有市场的，这是社会分工的必然，核心是第三方模式的市场占有率有多高。宁德时代受惠于政策引导，已经在很长一段时间内一家独大，市场占有率长期高达 50% 以上，如此高的市场占有率能持续多久，犹未可知。

我们看到了半导体领域台积电的第三方代工模式的存在，是因为半导体行业的资本开支实在太大，一个最新制程的资本开支高达几百亿美元，几乎没有任何巨头可以支付其最新制程的建设成本，大家都要通过台积电来完成最先进制程的生产，这是技术垄断叠加高资本开支带来的威力。

而在半导体的非先进制程上，就要看规模效应了。如果一家巨头企业的规模很大，那么它肯定不想把核心产能交付第三方，因为这部分的利润应该留在自己的体系内，如同芯片中的存储业务一样，存储厂商都是自建产能来完成规模效应下的成本最低。

所以，从这个角度思考，在新能源电池的技术并不具备完全领先垄断效应的情况下，宁德时代所处的第三方电池这个市场，大概的格局应该是：主要服务中部和尾部厂商（以收入来计算头部、中部和尾部），收入较高的头部厂商在技术能够实现的情况下，大概率会选择自建电池产能，以维持垂直可控和规模效应的结合，但对自己不具备的新技术，依然会选择从第三方采购。

事实上，行业的发展也是如此。以广汽集团下的新能源汽车品牌埃安汽车为例。埃安属于价格较低的新能源汽车，主要售卖给各种出租商务需求使用。埃安汽车也是出于防止宁德时代一家独大的考量，先是扶持了中创新航这个第三方电池厂，后又着手自建电池产能。

很快，长安汽车、吉利汽车、蔚来汽车都要自研电池。蔚来汽车甚至通过一笔投资控制了半固态电池技术，2023年底在自家车上亲测后，扎实地实现了1000千米的行驶里程——这相当于宁德时代的技术领先优势可能要被打破了。

自研电池的风潮映射着车企们在竞争加速、格局快速演变的压力下，对核心技术话语权收回的急迫。作为电动车的"三大件"，动力电池与用户最为关注的安全、续航、充电效率息息相关，更直接决定着产品的竞争力。如果能把技术掌握在自己手里，是头部车企乐见其成的事。同时，高占比的电池成本，也左右着车企的盈利能力，在车辆销售规模到达一定数量后，自建电池厂代表着能够把电池的利润率也握在自己手里。

成长与周期之辩

同时，我们也要问，宁德时代这种超级的快速成长，其界限在哪里？对投资者来说，风险又在哪里？

有一点我们一定要清晰地认识到：所有的行业成长与公司成长都不是永续的。成长到一定程度，大部分公司会迎来竞争对手，因为高成长一般也意味着强大的需求，更意味着高毛利，这会吸引很多资金进入该领域。如果不幸在一个资金成本超低、大量资本寻求利润的地方，那资金的嗅觉就像鲨鱼闻到血腥味一样疯狂涌入。唯一能够阻挡资本进入的，就是巴菲特所称的"护城河"，一般都是强大特许经营权（垄断牌照）、品牌或生态，还有像英伟达的 GPU 一样，绝对遥遥领先的技术与附带的技术生态。

有"护城河"的企业实际上少之又少，所以绝大部分公司成长到一定阶段后，都是在周期成长股与周期股中二选一。

宁德时代的技术已经非常强大了，但我们依然看到存在比亚迪这样强有力的竞争对手，也依然会有中创新航、瑞浦兰钧等竞争对手，再加上有规模厂商的电池自研趋势，那么宁德时代的"护城河"其实还不够强大。考虑到新能源产业正在蓬勃发展，远未进入黄昏，那么宁德时代将成为一只强周期成长股，在上涨的总趋势下伴随着强烈的波动（见图 9–1）。

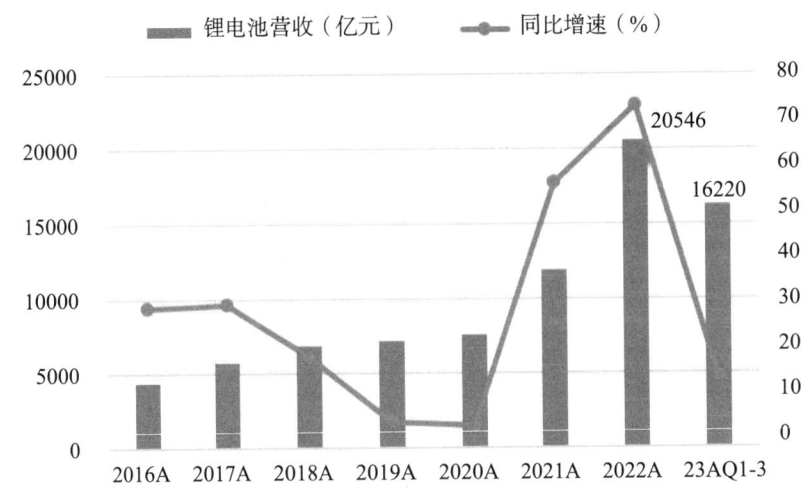

注：板块财务数据为万得锂电池板块（最新为 96 家企业）

图 9–1　锂电池板块营收及增速

资料来源：Wind 软件、中原证券。

用收入增速来衡量周期成长股峰顶与谷底，这是非常有效的观测指标。因为

第 9 章
宁王来啦：一个神话的诞生

利润指标会上下波动，不同企业有不同的成本控制水平，无法统一，而收入增长给了周期成长股一个非常值得观察的视角。

这里，我们择取了 Wind 列举的锂电池板块 96 家企业的收入数据，并计算其增速。我们可以清晰地看到：在增速 30% 左右时，就已经是顶部空间了；而在 2021 年和 2022 年，由于新能源汽车行业的发展忽然加速，锂电池行业的增速高达 60% 甚至 70% 以上，进入了绝对的顶部区域；而在 2019 年和 2020 年，行业增速都是低于 10%，是绝对底部区域。2023 年前三季度的行业增速约是 20%，如果 2024 年的增速掉入 10% 以内，就可以判断该行业进入了绝对底部区域。

从宁德时代这个行业领先公司来看，2020 年公司收入增速只有 9.9%，是绝对底部；但 2021 年收入增长达 159%，2022 年继续增长达 152%，显示了头部公司所不同寻常的领先性，这两年同样应是绝对顶部。在 2023 年前三季度，宁德时代收入增长了 40%，同样，我们相信这个数据一旦掉入 20% 以内，就应该是进入绝对底部区域了。

所以，绝对不要忽视超级成长股的周期性，因为其伤害性极大。股价既是长期未来现金流的折现，又是短期交易者情绪的体现。在增速蓬勃上涨时，很容易让有的投资者线性外推、情绪乐观，导致股价过高。

图 9-2 展示了股价的疯狂上涨以及其后的急剧下跌。从股价上看，后复权①后，宁德时代曾经到达过 692 元的高位，当时的市值高达 1.6 万亿元。1.6 万亿元是什么概念呢？假设未来宁德时代不再增长了，市场给个平均 15 倍的市盈率，代表着宁德时代要每年赚 1000 亿元的利润才能维持这样的市值。这种可能性有多大呢？即使实现了 1000 亿元利润，那投资的盈利在哪里呢？我们投资需要的赔率又在哪里呢？

---

① 后复权是股票用语，它是相对于前复权而言的，是在 K 线图上以除权前的价格为基准来测算除权后股票的市场成本价。后复权可以用来全视角地观测股票自上市以来的全部涨跌情况。

图 9-2 宁德时代股价变化

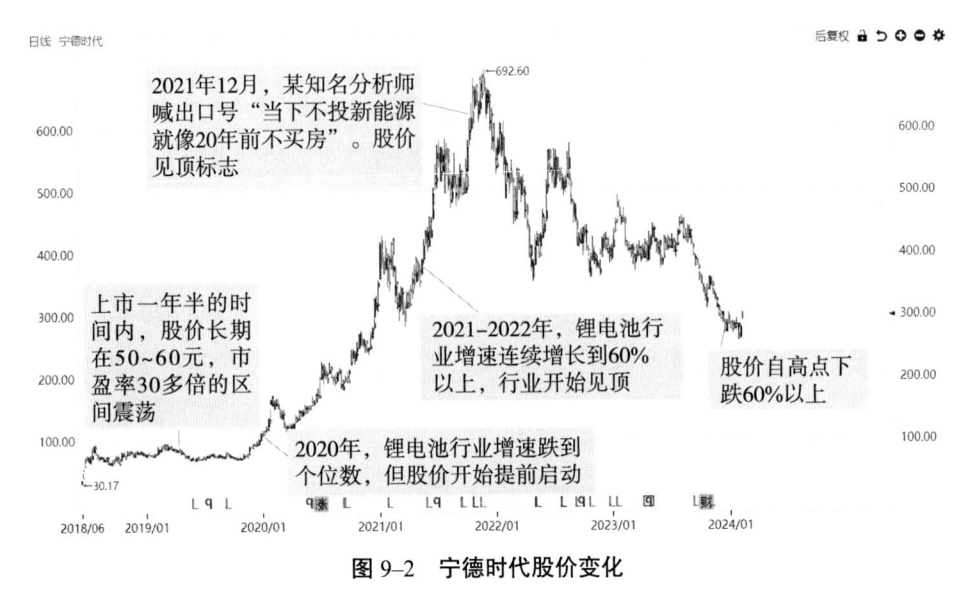

资料来源：同花顺软件。

2021年7月，几乎在股价的最高点上，宁德时代率先发布第一代钠离子电池，引发了各路卖方机构的关注。对此，2021年7月30日中信证券发布研报认为，此举彰显了公司极强的创新能力，给予公司2023年65倍PE估值，对应市值17 550亿元。

中信证券这份报告是什么意思呢？它是说，持有宁德时代股票的人，在两年后也只能获得10%的收益，即赔率为只赚0.1倍。这么小的获利可能性，其实就是在告诉投资者：卖了吧！不过话不能说得那么直白。

中信证券当时推断宁德时代2023年利润为273亿元，而实际情况呢？实际情况是宁德时代2023年全年实现了441亿元的净利润！这比当年的预测还要高62%。但股价呢？距离高点下跌60%以上！这真是讽刺，业绩比预测超额实现60%以上，而股价却下跌60%以上。所以说即使最靠谱的企业，即使实现最佳的运营与利润，如果投资者没选对入场时机，依然可以让投资者巨亏。

所以，一定要小心群体的一致性：情绪最高涨的时刻，往往是最危险的时候。

你以为自己站在了风口上,实际可能已经站在了悬崖边上。忽视周期性,线性外推永远是投资界最大的愚蠢——产业有周期,情绪也有周期。即使是最看好的未来,也有起伏波动。

请永远记住:在成长之上,需要周期视角来择时。

投资悟道

- 宁德时代的案例再次说明,在成长的赛道上,投资最领先的公司,将收获最大的回报。
- 国内市场是带有鲜明政策驱动特征的市场,搞清楚政策导向,才能把握发展机遇。
- 成本驱动是判断一个行业有没有未来的关键指标。
- 技术赶超力是技术行业领先公司最重要的特点。
- 可转债永远是强大的投资工具:下有保底,上不封顶。
- 任何成长股都不能一直成长,一定要注意成长的边际。
- 除非少数拥有"护城河"的企业,大部分成长股到一定阶段会蜕化成周期股或成长周期股。
- 用过去的数据线性外推是投资大忌。

像投资者一样思考

1. 为什么行业风口、群体的一致性会带来投资损失？底层的原理是什么？
2. 券商研报都是"推荐买入""持有"，为什么就没有"卖出"这个推荐项呢？怎样才能客观地看待券商的研报呢？
3. 买入行业 ETF 基金的风险是什么？
4. 中创新航、瑞浦兰钧这样的第三方电池生产商有投资价值吗？投资价值该怎么去判定？

第 10 章

理想汽车：美团买的菜

> 新质行业：新能源汽车
>
> 新质案例：理想汽车
>
> 如何在最具前景的赛道上选择最领先的公司？有人选择的角度是赛马，有人选择的角度是骑师。毫无疑问，美团及其创始人王兴选的是骑师，方法是从互联网的角度思维，选择"最佳产品经理"李想及其创立的理想汽车。

2019 年 8 月，美团创始人王兴领投了理想汽车的 C 轮融资，个人出资高达 2.85 亿美元；2020 年 6 月，理想汽车 D 轮融资，美团再次领投 5 亿美元；随后 7 月理想汽车在美国 IPO 上市，美团继续认购 3 亿美元，王兴个人认购 3000 万美元。在 12 个月之内，美团和王兴共投资了理想汽车高达 11 亿美元的巨额资金；在 IPO 之后，美团和王兴合计持有理想汽车 24% 的股份，比理想汽车的创始人李想持有的 21% 的股份还要高，是理想汽车真正的第一大股东。

投资之时，理想汽车的第一辆车刚刚发售不久，从依靠财务指标进行投资的角度来看，这家公司看不出任何可投资之处。但是，理想汽车上市一个月后，其股价就到达了 IPO 价格三倍的涨幅平台，并后续长期在这个涨幅平台波动。美团和王兴的投资综合成本在一年多的时间内就相当于平均赚了 4～5 倍，这样的投资水平可谓"稳、准、狠"，投资金额巨大，回报收益也巨大。

股价先行，变革还是泡沫

早在 2013 年，王兴就曾注意到汽车行业互联网化的趋势。王兴出手投资新能源汽车并非一时兴起，而是有自己的判断。他曾公开表示，非常看好智能新能源汽车的未来，并认为未来电动车第一名大概率先会出现在中国而不是美国。

> 有些人总是念念不忘自己失去了什么，而忘记自己得到了什么。我不是那种人。我对生活充满了好奇和激情，"纵情向前"才是我的态度。
>
> ——王兴，美团创始人兼 CEO

远在大洋彼岸的特斯拉汽车公司，则在 2010 年 6 月上市，招股价 17 美元，在上市的三年内，股价没什么波澜。时光拨到 2013 年春，特斯拉的股价突然异动上涨，拥有先见之明的投资者关注到了特斯拉新推出的 Model S 车型，该车型做到了 480 千米的续航距离，同时做到了最快一小时即可充满的充电时间，这两项指标双双打破了电动汽车原有的极限。

投资界被新能源汽车假设成功的可能性，以及一旦成功之后拥有的巨大市场所震撼，开始蜂拥买入。

来自苏格兰的传奇投资机构柏基投资也属于这种看到了未来的投资人。在 2013 年的上涨浪潮中，柏基基金买入了 230 万股特斯拉的股票，买入金额达 8900 万美元，平均成交价 38.70 美元。如此大的买入量，对应当时市值还很低的特斯拉公司，也可以理解为，股价就是被这么一批最看好公司前景的投资人买上去的（见图 10-1）。

第 10 章
理想汽车：美团买的菜

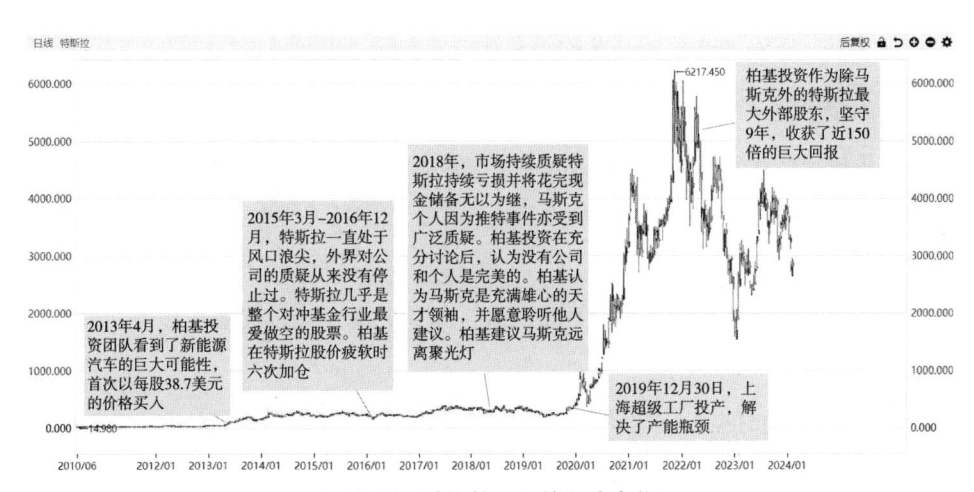

图 10-1　特斯拉公司的股价变化

资料来源：同花顺软件。

大概就是在这个时间，让王兴看到了特斯拉，也看了新能源汽车存在的机会，才有了最初的思考。

面对股价的暴涨，如何区分这是机会还是泡沫呢？对股票投资者而言，需要评估两件事：一是这个机会究竟是不是真的产业变革机会；二是股价对应这个机会而言，还有没有升值空间。而对于作为实业投资者的企业家而言，主要需要评估前者。

全生命周期成本

这究竟是不是真正的产业变革，或者说是新质转换呢？

首先从 480 千米的续航里程来说，这基本具备了成为汽车的基础。很多人在说 480 千米出不了远门、充电时间过长、售价高这些因素，但是这些因素并不是绝对产业变革最根本的因素。须知，在汽车刚刚被发明出来的时候，也是到处都没有加油站，还不如吃草的马儿购买和维护成本低，然而随着产业的成熟和规模化，初期问题都可以在后期克服。

真正决定产业变革的，是成本结构。一辆汽车的成本，不仅要考虑购置成本，还要考虑到使用的全生命周期的所有成本，如下述方程式所示：

$$汽车全生命周期成本 = 购置成本 + 维护成本 + 运行成本 - 残值$$

在2013年的时点上，电动车的购置成本比燃油车高很多，同时由于动力电池使用年限不高，导致残值极低，看上去非常不划算。但思维这个魔鬼的诀窍就在于运行成本上。

电动车由于使用电力驱动，每千米大概耗费0.15度电，即使以国内的商用电价格来计算，一千米的成本大概是0.18元；而燃油车，假使较低油耗每百千米8升汽油计算，假设汽油的售价是7元/升，那么一千米的成本大概是0.56元；两者的差价为每千米0.38元。

对于不同运行里程的使用情况来说，其成本结构是不同的：对于每年就开1.5万千米左右的家庭来说，运行成本一年将节省0.57万，即使开上5年，算上购置成本和低残值，并不合算；但对于每年开15万千米左右的商业运营车辆来说（商业运营车包括出租车、网约车、共享汽车），每年就能节省5.7万元。一年5.7万，两年11.4万，对于很多便宜的出租车来说，两年节省的运行成本，就快买一辆新车了，多开几年所赚的钱，已经大大超过高购置费和低残值了。

所以，对于商业运营车辆来说，电动车这个产业是前途无量的。未来，如果充电时间可以快速下降、充电桩数量批量上升、车辆购置成本能够下降，那么，对于每年运行里程较多的家庭是极具竞争力的。

从这点来看，电动车对汽车界所带来的新质生产力革命是成立的。但是，特斯拉从Model S这一高端车型出发、通过提升体验感并高价出售给富有人群的定位，都给自己后续的营销带来了痛苦，也给后来的模仿者带来了痛苦。因为我们刚刚分析了，电动车最开始的主要用户群体应该是开着廉价车型比拼成本的出租车，而不是私家车。

特斯拉的痛苦期

如同技术成熟度曲线所展现的一样，在愉悦的期望膨胀期结束后，就迎来了痛苦的泡沫破灭谷底期——尤其是对特斯拉这样的疯狂创业者而言，其选择的道路不是先做出租车，再做家用私家车，而是直接从高端私家车做起。

预期拉动的特斯拉股价在上涨到一个平台之后，技术落地并非一帆风顺，而是遇到了一系列麻烦。

> 失败是一种选择。如果事情没有失败，那就是你的创新还不够。
>
> ——埃隆·马斯克

第一，电动车因其发展历程较短，整体汽车架构尚未进一步完善，难免出现硬件方面的质量和做工问题，以及软件方面的系统故障问题，最麻烦的则是动力电池的燃烧和爆炸问题。

第二，特斯拉对于产业链的布局非常重视，其新能源汽车产业链向前延伸至太阳能发电与存储，向后延伸至充电桩的更新与安装，中间过程还包括电池系统的规划组装、触控仪器、整车零部件的研发与生产等，从硬件到软件，几乎大部分核心是自研，从自研到生产线，公司大量投入导致亏损严重，现金流一度接近崩溃。

第三，没有公共关系费用，马斯克认为在公共关系上的花钱是没有回报的，因此不能给予任何费用支持。这也导致了各种负面舆论层出不穷，而得不到好的回应，特斯拉的售后服务并没有给予消费者满意的答复，消费者维权的现象也屡屡出现。

特斯拉的股价在 2014 年到达接近 300 美元的高位后，在整个 2015—2016 年都是萎靡不振的状态，各种对冲基金轮番做空。而柏基投资正是看到了巨大的新质转变场景，硬是顶住压力，不仅没有抛售股票，反而六次在跌到相对底部时选择加仓。

到了 2018 年，在特斯拉的预售获得大量订单的基础上，其他方面又出现了问题，主要包括：（1）因为自动驾驶程序造成车祸，将大量已售车辆进行召回处理；（2）生产产能迟迟无法提升，而现金流消耗量却大幅提升，加上即将偿付的债务，特斯拉面临现金流危机。

2018 年的市场存在普遍质疑，作为一家汽车制造公司，特斯拉花费 15 年的时间却依然无法解决最基本的汽车大批量生产问题。其实，这只是黎明前最后的黑暗。"这一年（的经历）让我感到老了五岁，是我职业生涯中最难熬的一年，特别痛苦。"马斯克在采访时是如此形容的。

前途暗淡，山穷水尽，困境中的特斯拉在中国的帮助下峰回路转，柳暗花明。在特斯拉迎来最后一跌，在逐步解决完 Model 3 产线的各种问题后，特斯拉的上海超级工厂投产，产能得以大规模释放，自此特斯拉一飞冲天，其股价在之后的两年上涨了 30 倍！

新能源汽车的中国故事

蔚来汽车是特斯拉在中国的铁杆追随者。2014 年，在观察到特斯拉的暴涨后，易车网创始人李斌意识到特斯拉开创了一个新的时代，就跟随这股新能源汽车的潮流下场了。

中国有两家主要的汽车互联网媒体，一为易车网，二为后来卖给中国平安的汽车之家，而汽车之家的创始人就是理想汽车创始人李想。两位创始人先后从汽车媒体进入汽车制造，正是时代转折的注脚。

第 10 章
理想汽车：美团买的菜

鉴于特斯拉股价的大幅攀升，蔚来汽车自创立之日起的募资就非常顺利，很快就集齐了包括腾讯、高瓴资本、京东、顺为资本、红杉资本、TPG、淡马锡等各种顶级资金。摆在李斌面前的是两条路：是走高端路线，还是走低端路线。

> 在中国超越特斯拉没什么难度，就跟亚马逊在中国干不过京东一样。中国是全世界最大的电动车市场，把中国市场做好已经足够了。
>
> ——李斌，蔚来创始人兼 CEO

走高端路线，意味着完全模仿特斯拉，利用新科技时尚，给用户带来奢侈品般的满足；走低端路线，这是利用国家推出的补贴政策，主推低价商业运营车，一边拿着国家补贴，一边帮运营车辆降低成本。

走高端路线，意味着前期大量的投入与亏损，并且问题在于特斯拉本身就是高端的代名词，特斯拉一定会拿走最大的市场份额，将来自己能拿到多少份额很难预知；走低端路线，则可以拿到国家的补贴支持，但问题在于这个领域的竞争实在激烈，各种为了拿补贴的势力蜂拥角逐，鱼龙混杂，真造车和纯骗补的各种供应商都存在，而且一旦品牌做成了低廉的代名词，等新能源汽车的大市场真形成的时候，再往上做品牌就很困难了。

蔚来汽车选择往上做高端，而大多数公司则选择选择往下做中低端，先通过国家补贴的商业运营方向，把现金流转起来。

而李想作为特斯拉在中国的首批车主，在蔚来汽车创业一年后才姗姗来迟，做了一家叫"车和家"的公司，这家公司的主要产品方向是一款叫作 SEV 的超迷你电动车，车内能够容纳包括司机在内的两个人乘坐。由于采用了罕见的前后串联的双座布局，因此 SEV 看起来更像是一辆被横向压缩过的普通汽车。因此，SEV 的身形比奔驰 Smart 车型更为迷你，一个普通车位甚至可以停下 4 辆 SEV 汽车，而这辆车的续航里程只有不到 100 千米。

为什么会造这样一款车？李想明显是想在新能源电动车发展的初期，拿最低的车辆制造成本，赚一波国家补贴的流量。国家在看到特斯拉的成功之后，决定大力发展新能源汽车行业，为了鼓励行业发展，一直给予汽车购置补贴，但规定了要拿到补贴必须满足行驶年数和行驶里程数。所以，对于商业运营车辆来说，既能节省运行费用，又能拿到政策补贴。

但出租车的数量毕竟有限，因此共享汽车行业应运而生。共享汽车在国内的发展是一个尴尬的行业，因为中国的人均收入水平和居住的集中度与欧美不同，并不满足汽车分时租赁行业的环境，但新能源汽车的出现，让行业多了一块补贴收入，因此共享汽车开始在国内火了起来。

不少新能源汽车主机厂商与共享汽车平台达成协议，约定后者需要帮助前者达到补贴年限和里程数，才能享受价格优惠或提前升级更换新车。有些新能源汽车未达到补贴政策要求的里程数，一些共享平台公司甚至以每天200元的费用雇人空跑里程，跑够里程好去申请补贴——从这个现状就可以看到，依靠国家短暂补贴的共享汽车行业是多么混乱，而大批创投同行竟真有去投资这个行业，多么地短视！

当仅仅是为了拿国家补贴，大量廉价低质车被生产出来的时候，行业就充斥了乱象。乱象可以被投资人看到，也可以被主管机关看到。投资者看到这个乱象时，心中就充满了疑惑：难道未来的新能源汽车行业就是这个样子吗？大家纷纷用脚投票，股价下跌。行业主管机构看到这个乱象，就会认识到只约定行驶时间与里程数的补贴方法是有问题的，一定会调整补贴方案。

补贴方案调整之日，就是低质廉价电动车的死期，也是大多数共享汽车公司的死期。这一死期很快就来了。2018年底，财政部、工信部等四部委联合发布《关于进一步完善新能源汽车推广应用财政补贴政策的通知》（以下简称《通知》），新政明确指出，纯电动乘用车续航水平在250km以下的车型将不再享受补贴；动力电池系统的质量能量密度不得低于125Wh/kg；取消地方地补。《通知》还规定：对于非私人购买或用于营运的新能源乘用车，按照相应补贴金额的0.7倍给予补贴。最后这条规定，就是针对主要共享汽车骗补现象的补丁。

第 10 章
理想汽车：美团买的菜

蔚来汽车的痛苦期

行业补贴的退坡，直接对低续航能力、低能量密度的行业参与者形成了重大打击，也倒逼了动力电池行业的技术大升级。对于二级市场的投资者来说，从行业乱象开始到行业整顿，则对应了股价的持续下跌，也正确对应了预期之后的泡沫破灭期。从另一个维度来看，泡沫破灭的时刻也正是投资者下注的另一个关键点。

作为走高端车路线的蔚来汽车，虽然没有受到行业整顿的伤害，但也承受了行业泡沫整体破灭的损失。

痛苦从融资艰难开始。泡沫破灭期的公司，已经不再像预期膨胀期那么容易融资，如果没有在膨胀期融到充足的资金，或者没有节省资金预算，那么到了泡沫破灭期，受到的掣肘将会非常大。

2018 年 9 月，仅仅销售了 1000 余辆车的蔚来汽车登陆纳斯达克，这次上市更像一级市场无法融资之后的无奈之举。二级市场的表现同样不给力，这次上市定价非常低，主要投资人只有同样投资特斯拉的柏基投资一家机构，但给蔚来带来了宝贵的 10 亿美元。

2019 年更像是腥风血雨。随着产能的扩大，亏损也在逐步加大，全年亏损奔着 100 亿元而去，而交付后的新车更是曝出了各种意想不到的问题。蔚来与特斯拉一样，在产能刚刚释放、产品逐步交付时，都面临了诸如成本超支、质量问题、延迟交付、起火事故、里程焦虑、财务危机、召回、裁员等问题。

你没看错，特斯拉曾经经历过的和正在经历的，蔚来全都走了一个遍。即便站在巨人的肩上，有些问题依旧不可避免。

到了 2019 年 10 月，蔚来已经站在了现金流枯竭的破产边缘，股价最低跌到了 1.19 美元，濒临退市，比超低定价的上市价格 6.25 元又跌去了 80% 以上，早期投资人高瓴资本由于害怕蔚来汽车破产和退市，在 2 美元左右就以亏损价清仓离场。

最后，蔚来汽车如同当年的京东方一样，迎来了中国宝藏般的创投城市——合肥的雪中送炭，最终在困境中重新站了起来。

对理想汽车的质疑

李想的"车和家"公司在 SEV 和共享汽车上栽了跟头后，再翻回来开始做高端电动车。2018 年 10 月，"车和家"推出子品牌"理想智造"，并发布了其转型后的第一款车——理想 ONE，其后"车和家"整体被更名为理想汽车。

有着蔚来汽车的前车之鉴，让很多人不得不怀疑：这个时间点是不是晚了？蔚来都不能避免特斯拉的那些错误，重新犯一遍，甚至差点死掉，凭什么理想汽车就可以？

> 我经历了五个认知楼层，每一次楼层的提升，都是巨大的痛苦或意外的灾难带来的，没有退路。不过，当爬上更高的楼层以后，我发现之前楼层上的那些让我痛不欲生的问题竟然如此简单，甚至毫无意义，简直是庸人自扰。
>
> ——李想，理想汽车创始人兼 CEO

另外，理想 ONE 是一款增程式汽车，这是一种非常讨巧的设计模式：车辆同时装载了动力电池组和燃油发动机组，燃油发动机用于车载供能，在电池电量耗尽时，可以通过燃油发电。这样的方式的确解决了电动车的续航焦虑，但同时引来一定的争议，认为理想汽车是"挂羊头卖狗肉"，因为其电池续航里程并不够远，一旦用户远距离出行，就得主要依靠燃油来驱动。

大众中国 CEO 冯思瀚则公开评判，称理想 ONE 的增程式电动车的技术路线，是"最糟糕的解决方案"。也有投资者认为，增程式车并不是纯电动车，因此不应该享有纯电动车的估值。

第10章
理想汽车：美团买的菜

事实是这样吗？让我们分析一下。

首先，分析客户需求。我们在上面分析了，电动车分为低端与高端，低端用于商业运营，高端用于个人和家庭使用。电动车在初期售价高、残值低而运行成本低，只有行驶里程数较高的商业运营车才能在使用成本上算得过来账。对于个人和家庭来说，行驶里程数有限，所以只能和特斯拉一样，把电动车以智能为概念，打造成奢侈品，用产品力而非成本来吸引用户。在这方面，李想是杰出的产品经理，对产品节奏的把控堪称一流。

李想从做互联网的经历出发，精准捕捉了"家庭出行"这一蓝海需求，特别针对中年男性群体，打造"奶爸车"概念。而且，在第一阶段，整个公司只做这一款车，在续航及驾驶性能、空间及舒适度、智驾体验及安全性三大维度上发力，在整体上形成智能的性价比。这不就是典型的消费品精准定位逻辑吗？这不就是互联网产品的极致思维吗？

其次，看转换成本。做增程式电动车和纯电动车之间，技术的差异其实主要是电池性能的差异。在动力电池技术整体还待提高的时候，通过增程器来解决用户的里程焦虑这一最大痛点，而等待动力电池技术提升后，也能切换到纯电。从增程切换到纯电，没有壁垒和障碍，且成本很低，可以随时实现。

至于没有纯电的估值，对于长期投资者来说，便宜点难道不是更好的投资机遇吗？

至于特斯拉和蔚来汽车所走过的弯路，理想汽车也会重新走一遍吗？当然有可能会，也可能不会。清醒的投资人应该看到，在蔚来汽车创始的时候，李想投资了蔚来3000万美元，因此一直长期待在蔚来汽车的董事会里，近距离观察蔚来汽车的一切，对蔚来的研发、生产，对蔚来所犯的同特斯拉一样的错误，都领悟深刻，这为理想少犯错误提供了可能性。

泡沫破灭期提供的投资机遇

正是由于市场环境不佳,以及市场存在偏见,为美团和王兴低价投资理想汽车提供了机遇期。而其投资时点恰恰位于泡沫破灭期的底部区间——这里是个绝佳的投资机会点。前文我们探讨了趋势与时机,这里的案例再次说明,时机往往处在长期趋势下的短期泡沫破灭期。

市场很快证明了王兴做出投资决策的正确性:理想汽车完美规避了蔚来汽车遇到的一些困难,理想从自建工厂到量产下线,再到月销过万,分别用了40个月和22个月,团队执行力极强。亮眼表现也使股价迅速上升,理想汽车很快跻身造车新势力一线行列。

> 自己没想明白的方向和目标,不要扔给团队。
> ——李想

增程式取得成功之后,电池的续航里程上升到了可以满足用户需求的程度,理想汽车就开始准备推出高压快充的纯电车型,用事实来证明,增程式技术切入纯电技术非但没有障碍,还可能甩掉旧包袱,直接使用最新、最先进的技术方案。

增程式的成功还引来了一群模仿者,比如比亚迪仰望、华为系品牌、东风岚图、东风猛士、长安深蓝、零跑汽车、合众哪吒、吉利汽车、奇瑞汽车等一线汽车制造商,纷纷采用增程式,这充分证明了当初理想汽车选择方向的正确性。

增程与换电之辩

与理想汽车的增程式汽车不同,蔚来汽车采用了换电模式来解决用户的里程焦虑,即蔚来为用户建设换电

> 我觉得理想汽车是我个人的映射。我活着是为了掌控自己的命运,挑战成长的极限,所以我一定会选择最大的行业、难度最大的领域来做,并拿结果来验证。
> ——李想

站，可以快速更换电池，延长车辆行驶里程，提升用户使用电动车的体验。此外，蔚来还推出车电分离模式，采用"裸车销售＋租赁电池"模式，让用户可以根据自己的需求选择适合自己的套餐，这样可以有效降低用户的使用成本，同时还可以提升车辆的二手保值率。

尽管换电模式非常方便，用户体验非常好，但换电模式的缺陷也显而易见，一方面是对用户痛点的不完全理解，另一方面是巨大的成本与实践难度。

第一，蔚来的换电思路并没有切中"里程焦虑"的核心痛点，用粗放式换电站布局的极高成本来彰显"用户服务"。真实的"里程焦虑"是什么？这个里程焦虑当中应该包含两层含义：行驶里程＋充电频率，而重点就在充电频率。城市使用场景当中，500千米以上的续航基本可以满足一周工作日的通勤问题，一周顶多花两个小时充两次电，没什么可焦虑的。真正需要解决里程焦虑的场景是在长途行驶当中，即高速公路上的高速行驶持续耗电才是真实的焦虑，但蔚来没有把换电站有针对性地聚焦布点高速服务区，而是浪费大量的资源和成本在城区，城区换电站仅仅是为了体现服务而满足了一个伪需求而已。

第二，换电是个具备外部效用的社会工作，建设通用的换电站才是换电的未来的发展方向。想要统一换电标准就必须有组织或由企业来牵头，但是谁都不愿意牵这个头，而且各个车企的电池标准并不一致，很难实施。蔚来汽车一家公司的销量并不足以支撑海量换电站的建设与维护成本。

而且，随着高压快充、华为液冷超级快充等方案的推出，再加上超长续航电池，似乎无论是换电模式，还是增程模式，未来都不重要了，市场很快就会因技术进步而面临新方向的抉择。

在整个过程中，我们看到蔚来为了建设换电站，付出了巨大的代价，因公司长期亏损，股价在一波上涨后又快速下跌。在股价的底部，蔚来为了生存，不得不连续融资，虽然获得了中东金主的支持，但也付出了股份的代价，股东、持股者的权益被稀释，持股体验非常不好。

这里的经验教训就是：满足用户需求，简单且好用才是最佳选择。

强大的华为来了

在 2022 年和 2023 年，理想汽车迎来了其绝对的、无法回避的、令其胆战心惊的对手——华为。

2022 年三季度，赛力斯（原名：小康股份）在华为强大的智能驾驶方案的加持下，推出了问界 M7 汽车，该汽车就是采取增程式，全面学习、模仿了理想汽车，直接对标，且加上了华为耗费巨资研发出来的智能驾驶系统。

"问界 M7 的发布和操盘，直接把理想 ONE 打残了，我们从来没有遇到过这么强的对手，很长一段时间我们毫无还手之力。华为的超强能力直接让理想 ONE 的销售崩盘、提前停产，一个季度就亏损了十几亿。"李想在其微博里回忆说。

2022 年 9 月底，理想汽车在北京的雁栖湖举行战略会，他们达成的一个重要共识就是全面学习华为，学习最先进的企业，且尽快升级为矩阵型组织。理想汽车的管理团队中每个人都买了不下 10 本关于华为的书籍来看，学习后者在产品研发、销售服务、供应制造、组织财经等方面的经验。不仅如此，理想汽车还引入了不少拥有华为背景的管理人员，全面加强对华为的学习。

在快速完成学习后，理想汽车很快推出了 L7、L8、L9 三款车型。尤其是 L9，发掘了全尺寸 SUV 细分市场的潜力，直接把"彩电、冰箱、大沙发"三件套搬进了车里，这原本是不少豪华 MPV 才有的舒适性配置，理想把它们优化之后用在了 SUV 上。李想用了一句广告语"500 万内最好的 SUV"来体现 L9 的价值，被广泛传播。最终，理想汽车面对华为的竞争成功翻身。

然而，华为确实是强大的存在。在 2023 年三季度，华为和赛力斯再次合作推出问界 M9 车型，全面对标理想汽车的 L9 车型。在 2024 年的龙年春节联欢晚会上，M9 又是主要赞助商，营销全面发力。余承东说"问界 M9 是 1000 万以内最好的豪华 SUV"，连广告语都直接对标，一场商战不可避免。

而随着 2024 年理想 L6 即将发布，以及问界 M 系列陆续扩军后，华为与理想的"白刃战"又将持续升级。一般来说，当老大和老二开始贴身肉搏战的时候，死的不会是这两家，而是排名靠后的一些小品牌们。

汽车产业是个国际竞争的行业，中国在新能源汽车的先行度、竞争烈度，都是前所未有的。像华为与理想这种高级别的较量，其结果就是带领一批中国的新能源汽车，一起占领全球市场，德国和日本汽车的好日子已经不多了。可以预见，在不久的将来，中国新能源汽车产业必将席卷全球。

尾声

一位理想汽车的早期投资人总结了一句非常深刻的话，这对于理解投资的胜率也有非常强的借鉴意义。他说："一切商业的竞争都是效率的竞争。你今天做的任何创新，都是因为比以前做这件事的人效率更高，你才能出来。一切创新最终达到的目的，都是效率要比别人高。"

"在所有地方的效率都要比竞争对手高，是决定成功的终极因素。"

投资悟道

- 在前景赛道里找最优势的骑师（创业者），是一种特殊且有效的投资思路。
- 真正决定产业变革的是成本结构，要考虑产业的全生命周期成本。

- 目的不单纯的创业（如骗补等），最终都是死路一条。
- 即便有前车之鉴，创业者如果没有有效的提醒机制，有的错误还是会再犯一遍。
- 产品力是突破低能级价格战的一种特有方式。
- 短期泡沫破灭时，恰恰是投资长期趋势产业的时机。
- 满足用户需求，简单且好用才是最佳选择。
- 在所有地方的效率都要比竞争对手高，是最终决定成功的因素。

像投资人一样思考

1. 最优秀的产品经理，就一定能做出来最优秀的产品吗？这里面有什么例外吗？技术能力在最佳产品上，起到了什么样的作用？
2. 回顾蔚来汽车的发展历程，能总结出新技术创业的哪些经验与教训？
3. 华为智驾在新能源行业里究竟是什么样的竞争量级的存在？如何与华为这样的对手进行竞争？

第11章

数字化下的收购进化者

> **新质行业：传统行业的数字化改造**
>
> **新质案例：安踏体育**
>
> 安踏是中国体育服饰界一个特殊的存在。这家看上去很土的公司最终实现了逆袭。安踏从百亿市值开始，通过体育营销，通过收购 FILA 品牌以及包括始祖鸟在内的亚玛芬体育，成为我国知名运动时尚品牌。安踏靠的是什么？靠的是看清楚行业弊端后的数字化改造，以及明确方向后果断出手收购并准确出击。

很多与安踏同时代的福建晋江的服装鞋帽企业都不存在了，很多服装上市公司上市后越扩张就越凋零，而安踏愈发茁壮成长。通过多品牌策略，安踏体育成功超越了体育服装界名声大、起点高的李宁公司，营业额在我国国内超越了耐克、阿迪达斯等品牌，成为运动时尚界的中国王者。

让安踏突出重围的是两个大招：一招是渠道管理，另一招是收购。突出重围的基础是根据市场环境制定的数字化赋能策略，让科技"改造"原本容易出问题的商业模式。

中国服装业的阿喀琉斯之踵

在我国服装业中,10年以上长盛不衰、稳健向上的企业非常罕见。

与欧美很多品牌可以延续几十年的品牌盛果期不同,在我国,金利来和梦特娇只用了10多年时间,就从高端品牌变成了老年品牌;JACK & JONES用了区区七八年,就变成了路边货;达芙妮在女鞋市场上,从全盛到衰退到破产,也差不多用了十年。

各种成功的服装上市公司纷纷铩羽:拉夏贝尔、搜于特(品牌:潮流在线)、柏堡龙相继被退市;风靡一时的美斯特邦威因亏损大规模关店;杉杉股份转型锂电池;雅戈尔成为多元投资集团;朗姿股份转型医美……

> (服饰)这个行业难的是一针一线、日复一日的坚持。我也不确定自己绝对能把这个企业做好,我只是有绝对做好的勇气、精神和担当。尽人事,听天命。
>
> ——周成建,美特斯邦威创始人

为服装企业埋下雷的是其大批发的商业模式。

大批发,即通过层级或非层级的代理商,把渠道零售全部外包出去的服装销售模式。这种模式的特点是资产特别轻,只做产品设计与品牌营销,生产全部依靠代工厂,而销售完全扔给渠道,每年几场订货会,由渠道商按照一定的折扣订货打款。在这种模式下,企业依靠少量资本就非常容易做起来,也非常容易抓住服装行业里的产品设计与营销这两大重点,这也是国际主流服装公司(如耐克等)的运营之道。

大批发模式听上去没有问题,但哪里出了问题呢?问题出在厂商与最终客户之间隔了经销商这一层。这造成了客户的反馈不能第一时间传回给厂商,经销商依据自己的理解,而不是客户的真实需求订货,这就非常容易造成畅销产品断货、平庸产品积压。品牌方的员工如果为了完成业绩,也有进一步向经销商压货的动力。

在市场上升阶段，渠道商不断吃货、压货，问题就这样被掩盖，直到市场来到"明斯基时刻"：渠道商那里压满了货，而市场因为经济周期或其他而一时无法消化；为了资金周转，渠道商不得不低价大量甩货，而甩货这个动作本身就对品牌造成了无法弥补的伤害，尤其是中高端品牌，最怕渠道商甩货。

大甩货次数多了，高端形象会荡然无存，消费者慢慢就会把甩货的品牌与地摊货画等号，厂商花费巨资、用数年打造的品牌形象有可能再也回不来了。在大甩货之后，品牌要么一蹶不振，要么花费大量的时间和资金来重新锻造品牌。

耐克虽受益于大批发模式，但也会受到此种模式的伤害。只是耐克的产品力强，品牌力更强，而且其经销商基本都是大公司，在遇到问题后可以更快地恢复。当耐克开始打折销售其产品，往往会被客户视为抢购时机，销售额会大增，品牌受影响小。受影响更大的是公司旗下的其他品牌，形成更大的产品积压。所以，商业模式不能完全抄领先者的作业，要根据企业自身的情况进行适当改变。

中国动向（曾运营Kappa品牌）的董事长陈义红就曾反思过大批发模式的根源："'品牌+大批发'模式的弊端是信息沟通不畅，你只要批发出去，对品牌商而言已经形成销售额，它就不会关注零售端的变化。"

无法因零售端的预警而改变生产策略是导致存货问题的根源，而存货问题又是压垮品牌的致命稻草。品牌一旦崩塌，这家公司的基业就没了。

收购FILA中国区经营权

FILA品牌由斐乐兄弟于1911年在意大利创立，最初只是生产内衣的家族小纺织企业。一直到1972年，FILA才试图向运动服饰领域发展，并以网球针织衫作为突破口。之后，FILA在代言人上押对了宝：FILA在1973年就签约了瑞典网球球员比约·博格（Bjorn Borg）为代言人，比约·博格从1976年开始就穿着FILA的球衣连续拿下了六届法网、五届温网的冠军。FILA从此开始进入全盛期——1976年到1997年，FILA迎来黄金20年。

FILA因为耐克的闯入及其获得的巨大成功而黯淡，而2000年进入奢侈品行业更是败笔。随着整个运动休闲服饰行业开始进行调整，FILA最终难逃被交易的命运。

2003年，美国对冲基金博龙资本（Cerberus Capital）以3.51亿美元的价格将FILA收购并转为私有化品牌。但经营四年后，FILA的销售额继续下降，并出现了巨额亏损。2007年，FILA韩国子公司的总裁尹润洙（Yoon Yoon-Soo）利用杠杆收购，以4.5亿美元的价格买下了FILA全球业务，并将总部搬到了韩国。

后来，尹润洙为全球商学院贡献了经典的杠杆收购教科书级案例：在收购完成后，为了平衡杠杆收购带来的巨大债务，尹润洙创新地使用了全球品牌分地区授权出售的方式，只留下了FILA在美国和韩国的业务自己经营，其他地区以买断经营权、外加未来每年缴纳批发收入的3%作为品牌使用费的方式，以削减债务。FILA共发放了47个品牌授权，其中中国内地、香港、澳门的经营授权公司85%的股份给了百丽国际，代价为4800万美元。百丽国际在中国运作FILA品牌两年，比较吃力，因为其对运动服饰的基因还在于销售渠道，而不是产品设计和营销这两大最核心领域。2009年，百丽国际稍微加价，转手将FILA中国经营权公司85%股份出售给安踏。

安踏为什么要买FILA品牌呢？因为想使用跟随策略。2005—2008年，陈义红从李宁公司单飞，凭借运作来自意大利的古老品牌Kappa，四年间的收入分别为1.48亿元、8.59亿元、17.11亿元和33.22亿元，而其归母净利润分别为3781万元、3.06亿元、7.34亿元和13.68亿元。Kappa的收入体量和高利润率令人眼红。收购一个与Kappa同样级别，甚至曝光率和知名度高于Kappa的同属意大利的品牌，并在风格上趋同，就相当于使用了跟随战略，切入Kappa的市场，分享与Kappa相同的高利润率市场。

向零售商转型

安踏没有想到的是,仅在拿下 FILA 品牌的次年,整个运动服饰行业就迎来了增长放缓的局面,2011 年和 2012 年出现的存货危机几年时间才得以化解,那些没能顺利度过危机的公司和品牌(如同属晋江系的德尔惠)在危机中彻底消失了。

FILA 想要追随的对象 Kappa,虽然没有消失,但也挺惨的。2011 年,Kappa 的销售收入从 2010 年的 40 亿元以上下跌至 27 亿元,次年继续下滑至 17 亿元,从此,销售收入再也没有超过 16 亿元。最近几年,Kappa 品牌老化严重,一直在吃过去营销的老底。

安踏公司与李宁、Kappa 等公司的基因完全不同。安踏本来就是代工厂出身,直到今天,工厂都是安踏上市公司的主要构成部分之一。安踏的董事长丁世忠 17 岁去北京闯荡的时候,就是做渠道销售的,后来他创办了锋线公司,该公司作为渠道商,成为安踏重要的子公司。在安踏上市后,锋线被出售到体外,但依然在丁氏家族或可影响的实体中。

也就是说,安踏的基因是重资产基因,且在生产端、渠道端都有着深刻的理解。因此当库存问题袭来时,安踏因为有重资产基因,所以可以无惧地向重资产进行延伸转型:安踏一边清理库存,一边向零售商转型。

安踏首先采取了鼎力支持渠道商的政策。与其他品牌任由渠道商无限低价大甩货不同,安踏采取的方法是低价回购经销商手上滞销的全部存货,开设了近 200 家工厂店,并通过电商渠道帮助经销商处理库存,有序清理库存。

丁世忠说:"所有品牌零售者都是甲方,消费者是乙方,关注消费者缘何购买比简单给货更重要。品牌+批发模式已经不能满足消费者的需求,我们要向零售商转型,从粗放的品牌批发模式转向精细化的品牌零售模式。"

安踏为此进行了销售运营的扁平化改革,将需要层层管理的大区、分区经理、经销商、加盟商逐一取消，直接设立销售营运部，不仅仅管理每一个经销商，而且要与经销商一起管理每个加盟商。在统一渠道商之后，尽管渠道商不全部由安踏总部拥有，但基本上全部受安踏总部控制。

2011 年，为了方便对渠道进行管理，安踏开始提升信息化水平，要求加盟店导入 ERP 系统，覆盖率接近 100%。通过信息化，总部能够实时了解分销商的零售、折扣、存货情况，及时提供订货指导、门店陈列指导和店员培训。考核指标从原来考核出货量，改为考核库销比、连带率、客单价等零售指标。

2012 年，安踏变革订货会模式，将一年四季改为"4+2"模式，对经销商订货给予指导，这一系列举措的出台也是加盟商愿意导入 ERP 系统的关键。通过信息化技术手段，安踏总部在库存处理、产品设计、新货补充方面拥有了主动权。在渠道多维改革提效后，安踏终端销售自 2014 年率先回暖。

FILA 直营店狂飙与数字化模型

处在品牌中高端领域的 FILA 对品牌的影响力更在意，库存问题和渠道商更关键。在安踏已经决意统一管理经销商的背景下，FILA 的渠道决定采取全直营模式是非常自然的决定。

在被安踏收购时，FILA 全中国门店数只有 60 家，到第二年即 2010 年就涨到了 210 家。从 2012 年开始，FILA 品牌店铺全部转为自营，即所有的零售店都是安踏自有的直营店，且门店数量每年增加百余家。2017 年，一年增加 284 家门店，是年初计划的一倍多，年增幅 35%，开店速度较之前再次提升。2018 年是 FILA 门店数量增长最快的一年，这一年开店 566 家，数量达到 1652 家。2019 年，FILA 店铺数为 1951 家，可以说基本上该占的市场都占了，这一年，FILA 的门店数量基本到达了巅峰，之后大约也维持在这一水平。

与 FILA 门店同时增长的是安踏的收入与利润水平。安踏的销售收入从 2012

年 70 多亿元增长到 2019 年的 330 亿元多；而归母净利润则从 13 亿增长到 50 多亿元。可以说，直营店模式的 FILA 是安踏真正崛起的幕后大功臣。

基于 FILA 直营店模式的成功，以及互联网的进一步发展，安踏在疫情后开始利用数字化进一步接近消费者，围绕消费者构建起人、货、场的直营型零售。

> 各品牌的管理模型要围绕"人、货、场、运营"这四大维度，建立管理标准，并不断地升级和优化，高标准对标模型的合理度和竞争力。
> ——丁世忠，安踏体育董事长

在"人"方面，安踏打通旗下多个品牌，以 7000 万会员为核心，覆盖 2.5 亿消费者数据资产的庞大的私域流量池，围绕消费者的消费行为数据进行用户画像；基于不同圈层的用户画像和不同触点进行精准匹配，精准营销。

在"货"方面，安踏以消费者大数据驱动商品运营，逐步实现商品全价值链从自动化到智能化的进阶，提升商品效率。

在"场"方面，安踏把门店里的每一项工作按"工作流"的方式全部放到零售赋能 App；与社交电商、直播电商等新兴的电商企业积极合作，通过新的渠道扩充市场。

收购亚玛芬体育

基于在 FILA 品牌上的成功，丁世忠想继续扩大商业版图，于是安踏积极谋划下一场大型并购。

总部位于芬兰的亚玛芬体育（Amer Sports）进入了视野。亚玛芬体育拥有 14 个强势的专业品牌，其中包括高端户外装备品牌始祖鸟（ARC'TERYX）、法国山地户外越野品牌萨洛蒙（Salomon）以及美国网球装备品牌威尔胜（Wilson），每个品牌都拥有光辉的历史。但这些绝对高端品牌高处不胜寒，亚玛芬体育长期处在亏损经营中。

对于安踏来说，其拥有了传统的体育品牌安踏，又有了中端的运动休闲品牌FILA，那么高端的专业品牌自然成了下一个对象。安踏在FILA以及直营店铺上的所有经验都应该可以在高端品牌上继续尝试。

2019年3月，安踏联合方源资本、运动休闲服务巨头露露乐蒙（Lululemon）创始人奇普·威尔逊（Chip Wilson）名下投资工具Anamered Investments以及腾讯公司，以46.6亿欧元的价格收购了亚玛芬体育。收购完成后，亚玛芬体育在芬兰交易所退市。除了这46.6亿欧元外，收购方还需要额外承担约10亿元的亚玛芬体育的债务以及其他融资费用，使总收购成本高达56亿欧元。

"这是我从创业到今天所做的分量最重的一次决定。"丁世忠在给员工的内部信中写道。做出收购决策的当晚，丁世忠彻夜未眠。

从资金的运用上来说，这是一场非常典型的杠杆收购。收购方利用安踏的产业背景，成功游说了金融机构给予了超过37.89亿欧元的并购贷款，即收购方实际出了约三分之一的款项。并购完成后，并购贷款通过股东贷款的方式被置换到了被收购对象亚玛芬体育体系内，由亚玛芬体育来承担该负债。后续，亚玛芬体育又从金融机构获得了20亿欧元的流动资金支持，当然这也让亚玛芬体育背上了沉重的债务与利息负担。

所以，56亿欧元的收购金额看上去很大，但收购方实际只付出了19亿欧元左右。安踏体育的财务报表上显示，对亚玛芬体育的投资成本初始为人民币105亿元，后续随着出售部分股份变成了人民币93亿元。

在这类杠杆收购案例中，只要能够做好债务的风险隔离，收购成功就可以出奇效，即使不成功，损失也是有限的。如果能够像尹润洙一样，收购完成后快速出售一些非主要品牌或一些地方经营权，快速完成资金回流后再进行一些主品牌的发展，那么就会成为一个教科书级别的收购与运作案例。

可惜世界经济形势一直动荡，高端品牌的日子越来越不好过，亚玛芬体育旗下的一些品牌又绝对高端，资产剥离要找到买家很难。2019年，其旗下法国单车系统及车手装备品牌马威克（Mavic）被出售，交易金额未披露；2020年，其旗下健身设备品牌必确（Precor）被以4.2亿美元的价格出售；2022年，其旗下芬兰潜水电脑及工具及运动表品牌颂拓（Suunto）被出售，交易金额未披露。此外，亚玛芬体育的其他资产剥离都没有进行，安踏需要从经营上彻底对其进行改造，才能快速扭转其亏损状态。

大改造

收购完成之后，改造开始了。

首先在组织上，是人才的建设，要找到与目标最匹配的人。

丁世忠在同时出任董事长和CEO的情况下，为始祖鸟品牌找到了CEO斯图尔特·C.哈兹尔登（Stuart C. Haselden），他曾在Lululemon任职五年，一路做到了首席运营官兼国际执行副总裁，当时恰好与始祖鸟当下拓展女性消费市场的目标相符；为萨洛蒙找到了总裁兼CEO弗兰哥·福利亚托（Franco Fogliato），他曾在哥伦比亚（Columbia）担任全球全渠道执行副总裁，规划将萨洛蒙打造成全球山地品牌。除此之外，安踏还抽调了郑捷、徐阳、殷一等品牌老班底加入亚玛芬体育。郑捷后来接替丁世忠担任亚玛芬体育的CEO，负责全球资源协同；徐阳和殷一则分别成了始祖鸟和萨洛蒙的中国区CEO，负责在国内开疆拓土。老将们的优势非常明显，他们都有充分的品牌运作经验，能够确保将FILA经验完美移植到亚玛芬体育上。

其次在品牌上，要把品牌从小众变成稍微大众，就要改变品牌定位。收购前，始祖鸟在国内运动消费市场的知名度较小，门店数量不多；收购后，安踏将高端户外运动品牌的定位扩大化，开始加强营销，把品牌做年轻，扩大消费群体。

始祖鸟在产品设计上也开始走年轻路线，被说唱歌手德雷克（Drake）和特拉维斯·斯科特（Travis Scott）、潮牌 Off-White 设计师穿上身，签下名模刘雯，走进抖音和 TikTok 以及直播间等，并借助北京冬奥会掀起的冰雪运动和户外运动风潮出圈。

在小红书等社交平台，围绕始祖鸟的"病毒式"传播主要分为两类：一是突出技术性能，如用户身穿始祖鸟夹克冲进大雨后"全身而退"，力证产品的防水能力；二是彰显高端属性，动辄近万元的外套售价，模仿奢侈品牌门店限流和配货销售的营销手段，让这个外观朴实的品牌成了"户外爱马仕"。终于，经过三年的品牌建设，始祖鸟品牌被运营成了"户外界的爱马仕，冲锋衣中的 iPhone"，逐渐成为一种身份象征。

> 做"好"的商品容易，做"对"的商品难。"对"的商品是商品价值+消费者价值的双重满足。
>
> ——丁世忠

再次，也是最关键的，就是改经销商为直销门店，将在 FILA 上成功的开店经验进行移植和复制。

安踏先是从经销商手上回收奥莱渠道和线上店铺经营权，全部货品改由总部统一配置，随后又淘汰了大批经销商，其中不乏曾为始祖鸟和萨洛蒙贡献了 70%销售额的三夫户外。

2020 年 9 月，始祖鸟阿尔法中心在上海开业，这是始祖鸟全球最大的旗舰店。第二年，它又在上海恒隆广场开了家店；后来，它在北京王府中环开了亚洲首家线下体验店。这些店铺有一个共同点，即都开在大牌奢侈品店周围，它的邻居不是爱马仕、Tiffany，就是杰尼亚，足以看出它针对高端市场的决心。截至 2023 年底，始祖鸟的线下门店已经超过 150 家，而且它还有一些特色门店，如在香格里拉开了一家海拔最高的体验店。

第 11 章
数字化下的收购进化者

重新上市，100% 的回报率

伴随着收购后的改造以及直营店的不断开设，亚玛芬体育的营收从 2020 年的 24.46 亿美元增长至 2022 年的 35.49 亿美元，年增长率保持在 20% 以上。到了 2023 年，亚玛芬体育 2023 年全年的营收到达了 43.68 亿美元左右，继续保持 20% 以上的稳健增长。

在利润方面，亚玛芬体育 2020 年至 2023 年的净亏损分别为 2.37 亿美元、1.26 亿美元、2.53 亿美元和 2.09 亿美元。其实到了 2023 年，基本就算盈亏平衡了，因为亏损中包括一次性商誉减值因素，而公司的 EBITA（息税折旧前利润）一直都是正的。如前所述，公司的杠杆收购的本金和利息由公司承担，即报表中公司来自股东相关方的贷款，金额高达 40 亿美元，每年需承担约 1.8 亿美元的利息。

2024 年 1 月 31 日，亚玛芬体育计划以"AS"为股票代码在纽约证券交易所上市。上市成功募集资金 13 亿美元，资金募集前的市值为 50 亿美元，募集后为 63 亿美元。按照这个发行价格计算，安踏相当于以人民币 93 亿元的投资成本，收获了约人民币 180 亿元的市值，几年下来的投资回报率约为 100%。从资本市场回报率的角度看，安踏对始祖鸟等品牌的运作是成功的，整个收购也是成功的。

随着亚玛芬体育运作的不断推进，安踏将下一步的发展目标从"单聚焦、多品牌、全渠道"升级为"单聚焦、多品牌、全球化"。

正当中国企业纷纷出海、走向世界之时，安踏的这一成功说明了中国企业不只有出口中低端产品这一条道路。安踏通过收购国际最高端的产品品牌，并通过自身的优势进行整合运作，成功地走出了一条具有中国特色的国际化道路。通过不断收购整合，中国企业也将成为世界舞台的中流砥柱。

投资悟道

- 数字化赋能是传统企业加强自身管理的利器。
- 直接面对消费者是传统消费企业在互联网时代的重大机遇。
- 向零售商转型才能成功克服服装业大批发模型的弊端。
- 运营好人、货、场、经营四大维度才是合格的零售商。
- 对始祖鸟品牌的运作是 FILA 零售模型的又一次成功复制。
- 杠杆收购是重要的收购方法之一。

像投资者一样思考

1. 如果说向零售商转型是克服服装业大批发模式弊端的根本解决之道，那为什么其他服装品牌转向不及时呢？
2. 用 56 亿欧元购买 14 个陷于亏损泥潭的顶级品牌，究竟是贵还是便宜呢？如果这些品牌一直亏损而自我无解脱之道，那么再等等不是会以更便宜的价格买到吗？

参考文献

序　章

［1］井上笃夫.信仰：孙正义传［M］.孙律，译.南京：凤凰出版社，2011.

［2］杉本贵司.孙正义传：打造300年企业帝国的野心［M］.王健波，译.北京：中信出版社，2020.

［3］李杉，问耕.起底软银千亿美元基金："疯狂"加杠杆，这是孙正义的信心和贪婪［EB/OL］.量子位.［2017-06-14］.https://baijiahao.baidu.com/s?id=1570147827769867&wfr=spider&for=pc.html.

［4］李杉，李林.不懂AI的孙正义，硬撑的千亿美元规模？软银愿景基金背后危机四伏［EB/OL］.量子位.［2017-08-11］.https://baijiahao.baidu.com/s?id=1575411791430610&wfr=spider&for=pc.html.

［5］罗超.超级AI买家阿里巴巴［EB/OL］.罗超频道.［2018-12-11］.https://zhuanlan.zhihu.com/p/52130401.html.

［6］孙正义：从首富到首"负"，世人对他毁誉参半，商界对他却评价极高［EB/OL］.趣史研究社.［2020-07-20］.https://baijiahao.baidu.com/s?id=1672

743368389711427&wfr=spider&for=pc.html.

［7］东方亦落.有善始没善终，孙正义真的配得上"投资神话"的名号吗？［EB/OL］.最极客.［2020-09-14］.https://baijiahao.baidu.com/s?id=1677794608194524552&wfr=spider&for=pc.html.

［8］李京亚.软银历史级亏损背后：孙正义走上诺伊曼老路［EB/OL］.界面新闻.［2022-05-31］.https://baijiahao.baidu.com/s?id=1734310334308359941&wfr=spider&for=pc.html.

［9］雷建平.WeWork收到警告：不符合上市标准 软银损失惨重 曾估值470亿美元［EB/OL］.雷递.［2023-04-19］.https://baijiahao.baidu.com/s?id=1763599684098461990&wfr=spider&for=pc.html.

第1章

［1］丁广胜.汤晓鸥：一位被人工智能事业耽误的"脱口秀大师"［EB/OL］.网易智能.［2019-01-28］.https://www.163.com/tech/article/E6JOPD0200098IEO.html.

［2］Lee达森.人工智能知识全面讲解：最简单的神经元模型［EB/OL］.CSDN博客.［2022-06-27］.https://blog.csdn.net/tysonchiu/article/details/125485696.html.

［3］aift."反向传播算法"过程及公式推导（超直观好懂的Backpropagation）［EB/OL］.CSDN博客.［2019-05-15］.https://blog.csdn.net/ft_sunshine/article/details/90221691.html.

［4］bitcarmanlee.深度学习中的梯度消失与梯度爆炸及解决方案［EB/OL］.CSDN博客.［2022-02-23］.https://blog.csdn.net/bitcarmanlee/article/details/123097950.html.

［5］timer159，人工智能发展与模型定制化趋势［EB/OL］.CSDN博客.［2020-12-10］.https://baijiahao.baidu.com/s?id=1685670855983944731&wfr=spider&for=pc.html.

［6］ 海边的周游.人工智能简史［EB/OL］.知乎.［2022-03-22］.https://zhuanlan.zhihu.com/p/482853234.html.

［7］ 算法进阶.一文概览人工智能(AI)发展历程［EB/OL］.知乎.［2023-08-01］.https://zhuanlan.zhihu.com/p/375549477?utm_id=0.html.

［8］ 杰姬·芬恩，马克·拉斯金诺.精准创新：如何在合适的时间选择合适的创新［M］，中欧国际工商学院专家组，译.北京：中国财富出版社，2014.

［9］ ChatGPT实现技术原理有哪些?［EB/OL］.3D探路人.［2023-03-23］.https://baijiahao.baidu.com/s?id=1761167225199368926&wfr=spider&for=pc.html.

［10］ 王一鹏.OpenAI再次举起屠刀，以及几个推论［EB/OL］.虎嗅.［2024-02-16］.https://baijiahao.baidu.com/s?id=1791033967499907866&wfr=spider&for=pc.html.

第2章

［1］ 乾明.为了自动驾驶，Uber每月烧钱1.3亿［EB/OL］.量子位.［2019-03-13］.https://baijiahao.baidu.com/s?id=1627863448900032324&wfr=spider&for=pc.html.

［2］ 何彩俪，刘博.一个80后创业天团敲钟：曾被VC/PE联合封杀，市值550亿［EB/OL］.投资界.［2021-04-16］.https://baijiahao.baidu.com/s?id=1697165412706233861&wfr=spider&for=pc.html.

［3］ 做空机构：图森未来和Nikola有很多共同之处［EB/OL］.capitalwatch.［2021-08-11］.https://www.sohu.com/a/482740925_465792.html.

［4］ 叶二.自动驾驶，李彦宏的挣扎与不甘［EB/OL］.AI蓝媒汇.［2022-04-15］.https://www.163.com/dy/article/H50JHPVJ05118O92.html.

［5］ Alter.AI应用启示录：自动驾驶与"狼来了"的故事［EB/OL］.Alter聊科技.［2022-07-20］.https://m.thepaper.cn/baijiahao_19093771.html.

［6］ 老高.571亿市值灰飞烟灭，两80后玩崩"全球第一"［EB/OL］.投资家.

〔2022-11-08〕.https://caifuhao.eastmoney.com/news/20221108093141615431910.html.

［7］ 张家栋.苹果自动驾驶：走一步，退两步［EB/OL］.观网财经.〔2022-12-08〕.https://baijiahao.baidu.com/s?id=1751643452675913218&wfr=spider&for=pc.html.

［8］ 伍洋宇.自动驾驶万亿级赛道争夺战：智能重卡步入黎明前夜［EB/OL］.界面新闻.〔2022-12-29〕.https://baijiahao.baidu.com/s?id=1753508963861257790&wfr=spider&for=pc.html.

［9］ Juice.突发！谷歌自动驾驶裁员，无人卡车成重灾区［EB/OL］.车东西.〔2023-01-25〕.https://baijiahao.baidu.com/s?id=1755996228025847192&wfr=spider&for=pc.html.

［10］ 雷刚.图森内幕：钢丝绳、平行宇宙，资本家和技术天才［EB/OL］.智能车参考.〔2023-03-17〕.https://baijiahao.baidu.com/s?id=1760607509125510670&wfr=spider&for=pc.html.

［11］ 刘冬雪."自动驾驶第一股"宫斗始末［EB/OL］.市界观察.〔2023-03-28〕.https://baijiahao.baidu.com/s?id=1761605917687692576&wfr=spider&for=pc.html.

［12］ Frank.雪崩的价格战，智驾产业链的生与死［EB/OL］.远川汽车评论.〔2023-04-12〕.https://baijiahao.baidu.com/s?id=1762952338228155745&wfr=spider&for=pc.html.

［13］ 雷建平.图森未来面临被摘牌：股价重挫29%侯晓迪已在内斗中出局［EB/OL］.雷递.〔2023-05-12〕.https://baijiahao.baidu.com/s?id=1765657233587373235&wfr=spider&for=pc.html.

［14］ 贾浩楠.图森未来"脱美入中"：美国裁员50%，重心转向中国发展，此前收到退市警告，联创侯晓迪离开［EB/OL］.智能车参考.〔2023-05-19〕.https://36kr.com/p/2264307209199618.html.

［15］ 科技镜像丨从孵化器走出来的80后学霸团队，成功打造全球市值最高激

光雷达公司［EB/OL］.清控科创.［2023-02-27］.https://www.163.com/dy/article/HUJQKUOE05387O1K.html.

［16］ 刘冬雪.禾赛科技CEO李一帆："卷"明白国内，再"卷"海外［EB/OL］.市界.［2023-05-06］.https://baijiahao.baidu.com/s?id=1765145971008850569&wfr=spider&for=pc.html.

［17］ 熊宇翔，罗松松.禾赛盈利，LiDAR有戏［EB/OL］.远川研究所.［2023-05-25］.https://baijiahao.baidu.com/s?id=1766844169179168551&wfr=spider&for=pc.html.

［18］ 李延安，于建平.禾赛实现盈利的背后：内卷的激光雷达市场迎来第一缕光［N］.华夏时报，2023-06.

第3章

［1］ 姚心璐.疯狂过后，AI芯片走下神坛［EB/OL］.全天候科技.［2020-05-03］.https://m.thepaper.cn/baijiahao_7252649.html.

［2］ 王晓涛.寒武纪IPO首过关，AI芯片低迷中何去何从［N］.中国经济导报，2020-06.

［3］ 张静波.创业27年，牛逼吹了27年，他，终于干翻了英特尔！［EB/OL］.华商韬略.［2020-08-31］.https://new.qq.com/rain/a/20200831A00ESH00.html.

［4］ 余盛.芯片战争［M］.武汉：华中科技大学出版社，2022.

［5］ 陈彬.英伟达头上的一粒灰［EB/OL］.远川研究所.［2022-09-05］.https://baijiahao.baidu.com/s?id=1743097817657746346&wfr=spider&for=pc.html.

［6］ 卢爱芳.英伟达的狂欢时刻，黄仁勋凭什么踩准每一波技术浪潮［EB/OL］.科技资本论.［2023-05-25］.https://new.qq.com/rain/a/20230525A04T7600.html.

［7］ 何律衡，戴老板.英伟达帝国的一道裂缝［EB/OL］.远川研究所.［2023-05-17］.https://baijiahao.baidu.com/s?id=1766105650176559395&wfr=spider&for=pc.html.

［8］华人，撑起了全球芯片产业，却没能撑起中国芯？［EB/OL］.圆子与科技.［2023-06-30］.https://baijiahao.baidu.com/s?id=1770091297389385375&wfr=spider&for=pc.html.

［9］ZeR0.AI芯片群星璀璨十一年［EB/OL］.芯东西.［2023-09-13］.https://baijiahao.baidu.com/s?id=1776877018774203372&wfr=spider&for=pc.html.

［10］曾响铃.CPU+GPU掌舵AI大算力时代，中国企业能否从巨头碗中分一杯羹？［EB/OL］.响铃说.［2023-09-19］.https://baike.baidu.com/tashuo/browse/content?id=eba29de299fdb8c00214e00d.html.

［11］白嘉嘉.英伟达的"镰刀"，不是AI芯片［EB/OL］.硅基研究室.［2023-10-13］.https://baijiahao.baidu.com/s?id=1779606702420817700&wfr=spider&for=pc.html.

［12］IC猫.华人芯片霸权［EB/OL］.SemiWebs芯通社.［2023-12-04］.https://www.semiwebs.com/8646.html.

［13］邹臣.AI大模型持续迭代，推动AI算力芯片高速成长［EB/OL］.中原证券.［2023-12-13］.https://9fzt.com/common/647d982405f4b0b0674b7104b4350090.html.

第4章

［1］十年打渔.从比特神话到兄弟相杀——比特大陆简史［EB/OL］.TechWeb.［2019-11-03］.https://www.ithome.com/0/454/308.htm.html.

［2］杨群.比特大陆控制权争夺战［J］.中国新闻周刊，2019-11.

［3］Jasmine Teng.比特大陆赴港IPO背后的创始人故事［EB/OL］.Forbes.先声会编译.［2018-10-08］.https://www.sohu.com/a/258178077_100246648.html.

［4］张泽宇.梦碎港交所后，比特大陆IPO再掀波澜［EB/OL］.新浪科技.［2019-06-28］.https://baijiahao.baidu.com/s?id=1637542165054419750&wfr=spider&for=pc.html.

［5］泰勒.又出大事！清华毕业、神马矿机创始人被抓！［N］.中国基金报，

2019-12.

［6］王永菲.第三次对簿公堂 比特大陆詹克团与比特微杨作兴的恩怨再现江湖［N］.华夏时报，2021-04.

［7］姜菁玲.比特大陆内斗大结局：吴忌寒辞任CEO，比特大陆正式分拆［EB/OL］.界面新闻.［2021-01-27］.https://baijiahao.baidu.com/s?id=1690024462649989006&wfr=spider&for=pc.html.

第5章

［1］Seuchal.OK药的故事［EB/OL］.知乎.［2018-10-16］.https://zhuanlan.zhihu.com/p/46841294.html.

［2］PD-1的前世今生，你想知道的，都在这里！［EB/OL］.金斯瑞生物.［2021-03-10］.https://baijiahao.baidu.com/s?id=1693640293062617304&wfr=spider&for=pc.html.

［3］尹莉娜.百济神州科创板上市在即，10年融资500亿背后的隐秘往事［EB/OL］.财健道.［2021-11-19］.https://www.sohu.com/a/502104973_116132.html.

［4］林晓晨，锦缎.烧了402亿后，百济神州换来了什么？［EB/OL］.澎湃新闻.［2022-09-29］.https://m.thepaper.cn/baijiahao_20092191.html.

［5］百济神州争流史［EB/OL］.mose tech.［2022-10-15］.https://zhuanlan.zhihu.com/p/506249883.html.

［6］泽生.艾伯维\强生撤回，百济神州上位！泽布替尼能否加速晋升？［N］.医药经济报，2023-04.

［7］朱国广.百创新药，蛟龙出海浪滔滔［EB/OL］.东吴证券.［2023-05-23］.https://baijiahao.baidu.com/s?id=1766648378264614305&wfr=spider&for=pc.html.

［8］陈正青."三足鼎立"变"四国争霸"，BTK抑制剂谁主沉浮？［EB/OL］.药智网.［2023-06-06］.https://baijiahao.baidu.com/s?id=176791984176140216

6&wfr=spider&for=pc.html.

第6章

［1］BiG 专栏.ADC 药物创新之路［EB/OL］.BiG 生物创新社.［2022-04-29］. https://mp.weixin.qq.com/s?__biz=MjM5NTI3MDE0NQ==&mid=2653686829&idx=3&sn=5ee36fa3a5771a5589721364c867d978&chksm=bd23b7438a543e55f9c64f91fc887030935fe4036b50b5cd8ed5c0d9a32f3673c69829cb493c&scene=27.html.

［2］PD-(L)1 市场的冰与火之歌［EB/OL］.医药魔方.［2023-05-25］.https://baijiahao.baidu.com/s?id=1766842852604010942&wfr=spider&for=pc.html.

［3］季媛媛.21深度｜国产"网红"创新药 PD-1 的中场战事［EB/OL］.21 世纪经济报道.［2023-06-14］.https://baijiahao.baidu.com/s?id=1768642647906829467&wfr=spider&for=pc.html.

［4］氨基观察.从最不受欢迎药企到日本一哥，第一三共的崛起启示录［EB/OL］.蓝鲸财经.［2023-11-07］.https://baijiahao.baidu.com/s?id=1781875713574803674&wfr=spider&for=pc.html.

［5］星空.2023 中国 14 起 ADC 出海启示录：在恰当时间寻找最优解 [EB/OL]. 星耀研究院.［2023-12-31］.https://mp.weixin.qq.com/s?__biz=MzI1NjIwMzcyMw==&mid=2652142856&idx=1&sn=8aa566744ba6cb87657fef76d4a30f09&chksm=f1ca93acc6bd1aba71577c6485e52524a5571c2c0f5045cc8c80545ced22e76ff89d651ccb55&scene=21#wechat_redirect.html.

［6］药咖人物 | 全球 Top20 药物研发领袖：范晓虎和他的"传奇"故事［EB/OL］.药咖荟.［2021-09-09］.https://maimai.cn/article/detail?fid=1660917493&efid=tRyhYHNT8i0LdSGC-NCrtg.html.

［7］专访范晓虎 | 中国首个成功出海 CAR-T 疗法的传奇故事［EB/OL］.医药魔方.［2022-03-01］.https://weibo.com/ttarticle/p/show?id=2309404742156140282507.html.

[8] 尹莉娜.首款出海的国产CAR-T是怎样炼成的[EB/OL].财健道.[2022-03-06].https://36kr.com/p/1641724360663942.html.

[9] 谭琪欣,杨晓露,张爽.从15年缩短至11个月,诺奖研究助力mRNA新冠疫苗开发[EB/OL].人民日报健康客户端.[2023-10-03].https://baijiahao.baidu.com/s?id=1778698510482392502&wfr=spider&for=pc.html.

[10] Sally.遗传性视网膜病变基因治疗药物研究进展[EB/OL].37℃.[2020-04-01].https://home.guahao.cn/article/detail/yjtke124618531284254721.html.

[11] 灵昕.从专利许可看天价药Zolgensma的诞生[EB/OL].医药魔方.[2022-01-08].https://mp.weixin.qq.com/s?__biz=Mzg2OTY4MTEzMA==&mid=2247535386&idx=1&sn=3e8538650d67d957068cbc120c34debd&chksm=ce9b599ff9ecd08950a9f11e8c276ec8770a905385c6ff5b55046fd9846e771f0a8d3d73d250&scene=27.html.

[12] 杨翼.创新困局:错过主要临床终点,DMD基因疗法路在何方[EB/OL].同写意Biotech.[2023-11-10].http://www.phirda.com/artilce_33237.html

第7章

[1] sylvieluk.吃很重要·来杯Grande Latte谢谢[EB/OL].知乎日报.[2013-10-29].https://daily.zhihu.com/story/1505831.html.

[2] 半佛仙人.瑞幸咖啡是如何暴打资本主义的?[EB/OL].哔哩哔哩.[2020-02-04].https://b23.tv/h94hDVJ.html.

[3] 鹿虞.简述"故事大王"瑞幸的发展史[EB/OL].哔哩哔哩.[2020-04-13].https://www.bilibili.com/read/cv5591162/.html.

[4] 宋涛.瑞幸咖啡:成于资本,败于内斗?[EB/OL].异观财经.[2021-01-07].https://baijiahao.baidu.com/s?id=1688216237635849129&wfr=spider&for=pc.html.

[5] 浑水做空瑞幸咖啡报告全文.[2020-01-05].https://max.book118.com/html/2022/1228/6122201204005032.shtm.html.

［6］ 谭丽平.大钲资本是如何一步步入主瑞幸的［EB/OL］.盒饭财经.［2022-02-21］.https://www.sohu.com/a/524238006_170520.html.

［7］ 海腰.瑞幸重生，背后资本已成实控人，重演星巴克故事［EB/OL］.创业邦.［2022-05-26］.https://baijiahao.baidu.com/s?id=1733894186291661391&wfr=spider&for=pc.html.

［8］ 瑞幸咖啡前世今生，巅峰坠落如何重回舞台？［EB/OL］.硕眼探企.［2022-12-06］.https://baijiahao.baidu.com/s?id=1751446428994512865&wfr=spider&for=pc.html.

［9］ 严张攀.两年前做空瑞幸的雪湖资本：我为什么旗帜鲜明的看好瑞幸？［EB/OL］.雪湖资本.［2022-11-09］.https://baijiahao.baidu.com/s?id=1748987070967621059&wfr=spider&for=pc.html.

［10］"唱空"瑞幸后转而公开看多，雪湖资本的"双面人设"［EB/OL］.环球老虎财经.［2022-11-10］.https://baijiahao.baidu.com/s?id=1749038076895024209&wfr=spider&for=pc.html.

［11］ 王鹏.小镇年轻人，排队"等"咖啡［EB/OL］.亿欧新消费.［2023-04-10］.https://baijiahao.baidu.com/s?id=1762707477075475180&wfr=spider&for=pc.html.

第8章

［1］ 晚点团队.每日优鲜，多出来的三年［EB/OL］.晚点Latpost.［2022-08-05］.https://baijiahao.baidu.com/s?id=1740325894344245964&wfr=spider&for=pc.html.

［2］ 林一丹.每日优鲜VS叮咚买菜：前置仓生鲜电商盈利路径之争［EB/OL］.巴伦周刊.［2021-06-25］.https://new.qq.com/rain/a/20210625A0ACIU00.html.

［3］ 刘青松.生鲜电商行业深度报告：前置仓的市场空间及竞争力几何［EB/OL］.东北证券研报.［2021-09-28］.https://baijiahao.baidu.com/s?id=1715899101793403174&wfr=spider&for=pc.html.

［4］ 楚勿留香.前置仓要赚回已亏的钱，估计只能去元宇宙……［EB/OL］.灵兽.［2021-11-26］.https://baijiahao.baidu.com/s?id=1717440840203742980&wfr=spider&for=pc.html.

［5］ 庄帅.叮咚买菜的前置仓模式如何盈利［EB/OL］.庄帅零售电商频道.［2022-05-09］.https://m.thepaper.cn/newsDetail_forward_17989772.html.

［6］ 2022年中国生鲜行业市场现状及线上渗透率分析［EB/OL］.中商情报网.［2022-05-23］.https://www.163.com/dy/article/H82OAO23051481OF.html.

［7］ 项雯倩，崔凡平.生鲜电商行业研究：前置仓细分赛道尽显韧性，玩家各显身手［EB/OL］.东方证券研报.［2022-07-01］.https://baijiahao.baidu.com/s?id=1737112276442006961&wfr=spider&for=pc.html.

第9章

［1］ 宁德时代招股说明书、年度报告等公告.［EB/OL］.https://money.finance.sina.com.cn/corp/go.php/vISSUE_RaiseExplanation/stockid/300750.phtml;https://vip.stock.finance.sina.com.cn/corp/go.php/vCB_Bulletin/stockid/300750/page_type/ndbg.phtml.

［2］ "锂电茅"宁德时代两年多涨650% 中信证券调高目标价至754元！［EB/OL］.每日经济新闻.［2021-07-31］.https://baijiahao.baidu.com/s?id=1706786629040795489&wfr=spider&for=pc.html.

［3］ 王磊，熊宇翔.隘口突围：中国锂电沉浮二十年［EB/OL］.饭统戴老板.［2022-01-12］.https://new.qq.com/rain/a/20220112A0CZ1500.html.

［4］ 孟永辉.宁德时代的痛［EB/OL］.百家号.［2022-02-18］.https://baijiahao.baidu.com/s?id=1725061810863604378&wfr=spider&for=pc.html.

［5］ 肖文邦.人物｜宁德时代创始人曾毓群［EB/OL］.睿蓝财讯.［2022-06-29］.https://baijiahao.baidu.com/s?id=1736965782999222495&wfr=spider&for=pc.html.

［6］ 彦飞.曾毓群想做王传福［EB/OL］.盒饭财经.［2022-08-09］.https://

finance.sina.com.cn/tech/csj/2022-08-09/doc-imizirav7358275.shtml.html.

［7］ 刘雨.万字长文回顾中国锂电十年：欧美抢跑，日韩超车，中国企业后来居上［EB/OL］.超电实验室.［2022-09-30］.https://baijiahao.baidu.com/s?id=1745384364930448318&wfr=spider&for=pc.html.

［8］ 刘慧莹.宁德时代称王，比亚迪不服［EB/OL］.亿欧网.［2022-11-06］.https://baijiahao.baidu.com/s?id=1748717736373248214&wfr=spider&for=pc.html.

［9］ 可达."宁王"失速？超四成产能闲置 宁德时代营收增速连续三季度放缓［EB/OL］.新华财经.［2023-07-28］.https://baijiahao.baidu.com/s?id=1772666245150381526&wfr=spider&for=pc.html.

［10］ 柴旭晨.通往巨头之路［EB/OL］.华尔街见闻.［2023-12-19］.https://baijiahao.baidu.com/s?id=1785694094395476898&wfr=spider&for=pc.html.

第10章

［1］ 李想：蔚来汽车和EP9超跑背后的故事［EB/OL］.雷锋网 leiphone.［2017-02-13］.https://baijiahao.baidu.com/s?id=1551646752777505&wfr=spider&for=pc.html.

［2］ 化十哥.车和家SEV，共享汽车的正确打开方式？［EB/OL］.PCD-周红波.［2017-12-14］.http://www.vantk.com/article/4094/.html.

［3］ 王飞.特斯拉的2018：Model 3产能地狱和马斯克中国情缘［EB/OL］.硅星人.［2018-12-29］.https://baijiahao.baidu.com/s?id=1621147217461756427&wfr=spider&for=pc.html.

［4］ 宋媛媛.补贴政策下的共享汽车"坟场"［EB/OL］.法制周末.［2020-01-21］.https://baijiahao.baidu.com/s?id=1656347265616771982&wfr=spider&for=pc.html.

［5］ 张克.2019，疼醒的蔚来［EB/OL］.文书车云.［2020-01-17］.https://k.sina.com.cn/article_1631605552_6140533000100m5al.html?from=auto.html.

［6］ 费雪.昨夜，理想上市暴涨43%，李想身家再增200亿，王兴1个月赚3倍［EB/OL］.投中网.［2020-07-31］.https://baijiahao.baidu.com/s?id=1673691196344177106&wfr=spider&for=pc.html.

［7］ 李婷婷.理想成功IPO我们和它的投资人聊了聊李想与理想｜独家［EB/OL］.资本侦探.［2020-07-31］.https://baijiahao.baidu.com/s?id=1673691476312397133&wfr=spider&for=pc.html.

［8］ 夏君，刘澜.理想汽车研究报告：用独特节奏，做爆款产品［EB/OL］.国盛证券研究报告.［2022-03-01］.https://baijiahao.baidu.com/s?id=1726083511846905259&wfr=spider&for=pc.html.

［9］ 刘慧莹.蔚来全系新车降价三万元，免费换电不再作为基础权益［EB/OL］.观察者网.［2023-06-12］.https://www.guancha.cn/qiche/2023_06_12_696495.shtml.

［10］ 花子健.华为和理想，一场无法回避的竞争［EB/OL］.钛媒体.［2023-10-24］.https://baijiahao.baidu.com/s?id=1780636143614763291&wfr=spider&for=pc.html.

［11］ 当华为再度"挑衅"理想汽车 余承东与李想谁能笑到最后［EB/OL］.一品汽车.［2023-10-10］.https://baijiahao.baidu.com/s?id=1779329835485463259&wfr=spider&for=pc.html.

第11章

［1］ 动向陈义红：服饰业的库存积压问题根源是渠道商、老板战胜了职业经理人［EB/OL］.创业家.［2012-12-20］.https://www.huxiu.com/article/7994.html.

［2］ 罗艺.安踏体育营收反超耐克背后：FILA首次负增长，靠啥守住"冠军"？[N].投资时报，2023-04-13.

［3］ 叶蓁.FILA失速，安踏难行［EB/OL］.深眸财经.［2023-05-11］.https://baijiahao.baidu.com/s?id=1765596679318009537&wfr=spider&for=pc.html.

［4］ 贺泓源.安踏盈利下滑：靠FILA挣钱难了［EB/OL］.21世纪经济报

道．［2023-03-21］.https://www.21jingji.com/article/20230321/herald/472e3926 83168358aa26bab0fca7b9a4.html.

［5］ 营收超500亿：安踏集团的数字化转型之路［EB/OL］.布马网络．［2023-04-15］.https://baijiahao.baidu.com/s?id=1763207877872265395&wfr=spider&for=pc.html.

［6］ 亚马芬IPO传闻背后，"并购王"安踏启动"卸杠杆"？［EB/OL］.环球老虎财经．［2023-09-13］.https://baijiahao.baidu.com/s?id=1776877633293395853&wfr=spider&for=pc.html.

［7］ 曹妍．被中产追逐的始祖鸟，上市后仍然要还债［EB/OL］.钛媒体．［2024-01-24］.https://baijiahao.baidu.com/s?id=1788964110849201501&wfr=spider&for=pc.html.

［8］ 严张攀，胡晓琪．始祖鸟是怎么逆天改命的？［EB/OL］.有数DataVision．［2024-02-02］.https://baijiahao.baidu.com/s?id=1789753097002504690&wfr=spider&for=pc.html.

［9］ 赵晓晓．一战大赚90亿，晋江鞋王拿下今年美股最大IPO［EB/OL］.创业邦．［2024-02-02］.https://baijiahao.baidu.com/s?id=1789758695914913469&wfr=spider&for=pc.html.

［10］ 胡楠楠．美特斯邦威创始人周成建：亏损责任不在我女儿［EB/OL］.中国企业家杂志．［2024-02-04］.https://baijiahao.baidu.com/s?id=1789949147774017198&wfr=spider&for=pc.html.